Monteiro **LOBATO**

Monteiro
LOBATO

FRAGMENTOS, OPINIÕES E MISCELÂNEA

© Editora Globo, 2010
© Monteiro Lobato
sob licença da Monteiro Lobato Licenciamentos, 2008

Todos os direitos reservados.

Nenhuma parte desta obra pode ser apropriada e estocada em sistema de banco de dados ou processo similar, em qualquer forma ou meio, seja eletrônico, de fotocópia, gravação etc. sem a permissão dos detentores dos *copyrights*.

Edição: Arlete Alonso (coordenação), Cecília Bassarani e Luciane Ortiz de Castro
Edição de arte: Adriana Bertolla Silveira

Consultoria e pesquisa: Marcia Camargos e Vladimir Sacchetta
Preparação de texto: Página Ímpar
Revisão: Cláudia Cantarin, Margô Negro e Márcio Guimarães de Araújo
Produção editorial: 2 Estúdio Gráfico
Direção de arte: Adriana Lins e Guto Lins / Manifesto Design
Projeto gráfico: Manifesto Design
Designer assistente: Nando Arruda
Editoração eletrônica: Susan Johnson

Créditos das imagens: Arquivo Família Monteiro Lobato (páginas 12 e 16), Acervo Iconographia (página 19), Biblioteca Guita e José Mindlin (página 21), Reprodução (página 20).

Dados Internacionais de Catalogação na Publicação (CIP)
(Câmara Brasileira do Livro, SP, Brasil)

Lobato, Monteiro, 1882-1948.
Fragmentos, opiniões e miscelânea / Monteiro
Lobato. — São Paulo : Globo, 2010.

Bibliografia
ISBN 978-85-250-4814-1

1. Artigos jornalísticos - Coletâneas
2. Jornalismo - Brasil I. Título.

09-12878   CDD-070.442

Índices para catálogo sistemático:
1. Artigos jornalísticos   070.442

1ª edição, 1ª impressão

Editora Globo S.A.
Av. Jaguaré, 1.485 – Jaguaré
São Paulo – SP – 05346-902 – Brasil
www.editoraglobo.com.br
monteirolobato@edglobo.com.br

SUMÁRIO

12 Monteiro Lobato
15 Obra adulta
16 Reflexões para curar os males do Brasil
23 FRAGMENTOS
24 O farmacêutico
25 O tom oriental
26 Conhecimentos novos
27 Grandiloquência
28 O carro de boi
29 O grande palco
30 O individualismo criador
31 A arte
32 Aparências
33 Deus brasileiro
34 O subsolo
35 A embuia
36 Função suavizante do peru
37 Colonialismo
38 Rápido croquis
39 Espingarda, sim. Mas... e a pólvora?
40 Degradação
41 Saber ler e escrever
42 O que deve ser o governo

43 O tumultuário das florestas
44 O mapa escolar
45 Subtécnica
46 *Melting pot*
47 Quem molda a Pauliceia?
48 O medo de voar
49 *Enfin Malherbe vint...*
51 A palavrosidade
52 No país das invenções
53 O "coronel"
55 A influência americana
56 A escultura e o cemitério
57 A mais cara das artes
58 A química moderna
59 O literalismo
60 Conhecer-se...
62 A laranja
63 Do português degenerado

65 OPINIÕES
66 Psicologia do jornal
70 Audiências públicas
73 O padrão
77 A moeda de borracha
81 Gânglios pensantes
85 A cegueira naval
90 Loucura

- 93 Guerra ao livro
- 96 Artur Neiva
- 101 Resignação
- 104 A morte do livro
- 109 A "desencostada"
- 113 Assessores
- 116 Vacas magras e gordas
- 119 A maravilha do Calabouço
- 125 O quarto poder
- 130 *Honni soit*

- 135 MISCELÂNEA
- 136 Traduções
- 140 Processos americanos
- 144 Primeiro amor
- 148 A doutorice
- 153 *Alice in Wonderland*
- 158 O segredo de bem escrever
- 163 Fim do esoterismo científico
- 166 Pearl Harbor
- 174 Pelo Triângulo Mineiro
- 184 Paulo Setúbal
- 187 Moeda regressiva
- 200 *La moneda rescindible*
- 211 *Planalto*
- 218 De São Paulo a Cuiabá

244 A cidade dos pobres
249 Júlio César da Silva
252 Apelo aos nossos operários
255 A geada
267 Mais estradas...
272 *Jesting Pilate*
277 Quem é esse Kipling?
282 Machado de Assis
290 Bibliografia

Monteiro Lobato

Monteiro Lobato por J.U. Campos

Homem de múltiplas facetas, José Bento Monteiro Lobato passou a vida engajado em campanhas para colocar o país no caminho da modernidade. Nascido em Taubaté, interior paulista, no ano de 1882, celebrizou-se como o criador do Sítio do Picapau Amarelo, mas sua atuação extrapola o universo da literatura infanto-juvenil, gênero em que foi pioneiro.

Apesar da sua inclinação para as artes plásticas, cursou a Faculdade do Largo São Francisco, em São Paulo, por imposição do avô, o Visconde de Tremembé, mas seguiu carreira por pouco tempo. Logo trocaria o Direito pelo mundo das letras, sem deixar de lado a pintura nem a fotografia, outra de suas paixões.

Colaborador da imprensa paulista e carioca, Lobato não demoraria a suscitar polêmica com o artigo "Velha praga", publicado em 1914 em O Estado de S.Paulo. Um protesto contra as queimadas no Vale do Paraíba, o texto seria seguido de "Urupês", no mesmo jornal, título dado também ao livro que, trazendo o Jeca Tatu, seu personagem-símbolo, esgotou 30 mil exemplares entre 1918 e 1925. Seria, porém, na Revista do Brasil, *adquirida em 1918, que ele lançaria as bases da indústria editorial no país. Aliando qualidade gráfica a uma agressiva rede de distribuição, com vendedores autônomos e consignatários, ele revoluciona o mercado livreiro. E não para por aí. Lança, em 1920,* A menina do narizinho arrebatado, *a primeira da série de histórias que formariam gerações sucessivas de leitores. A infância ganha um sabor tropical, temperado com pitadas de folclore, cultura popular e, principalmente, muita fantasia.*

Em 1926, meses antes de partir para uma estada como adido comercial junto ao consulado brasileiro em Nova York, Lobato escreve O presidente negro. *Neste seu único romance prevê, através das lentes do "porviroscópio", um futuro interligado pela rede de computadores.*

De regresso dos Estados Unidos após a Revolução de 30, investe no ferro e no petróleo. Funda empresas de prospecção, mas contraria poderosos interesses multinacionais que culminam na sua prisão, em 1941. Indultado por Vargas, continuou perseguido pela ditadura do Estado Novo, que mandou apreender e queimar seus livros infantis.

Depois de um período residindo em Buenos Aires, onde chegou a fundar duas editoras, Monteiro Lobato morreu em 4 de julho de 1948, na cidade de São Paulo, aos 66 anos de idade. Deixou, como legado, o exemplo de independência intelectual e criatividade na obra que continua presente no imaginário de crianças, jovens e adultos.

OBRA ADULTA*

CONTOS
- URUPÊS
- CIDADES MORTAS
- NEGRINHA
- O MACACO QUE SE FEZ HOMEM

ROMANCE
- O PRESIDENTE NEGRO

JORNALISMO E CRÍTICA
- O SACI-PERERÊ: RESULTADO DE UM INQUÉRITO
- IDEIAS DE JECA TATU
- A ONDA VERDE
- MISTER SLANG E O BRASIL
- NA ANTEVÉSPERA
- CRÍTICAS E OUTRAS NOTAS

ESCRITOS DA JUVENTUDE
- LITERATURA DO MINARETE
- MUNDO DA LUA

CRUZADAS E CAMPANHAS
- PROBLEMA VITAL / JECA TATU / ZÉ BRASIL
- FERRO / VOTO SECRETO
- O ESCÂNDALO DO PETRÓLEO / GEORGISMO E COMUNISMO / O IMPOSTO ÚNICO

ESPARSOS
- FRAGMENTOS / OPINIÕES / MISCELÂNEA
- PREFÁCIOS E ENTREVISTAS
- CONFERÊNCIAS, ARTIGOS E CRÔNICAS

IMPRESSÕES DE VIAGEM
- AMÉRICA

CORRESPONDÊNCIA
- A BARCA DE GLEYRE - VOLUMES 1 E 2
- CARTAS ESCOLHIDAS - VOLUMES 1 E 2
- CARTAS DE AMOR

* Plano de obra da edição de 2007. A edição dos livros Literatura do Minarete, Conferências, artigos e crônicas e Cartas escolhidas teve como base a primeira edição, de 1959. Críticas e outras notas, a primeira edição, de 1965, e Cartas de amor, a primeira edição, de 1969. Os demais títulos tiveram como base as Obras Completas de Monteiro Lobato da Editora Brasiliense, de 1945/46.

Reflexões para curar os males do Brasil

Monteiro Lobato (2º da esq. para a dir.) em Mato Grosso durante a campanha do petróleo.

Aqui temos uma visão abrangente de como Monteiro Lobato era capaz de discutir diferentes assuntos com profundidade sem perder a verve satírica que sempre o caracterizou. Parte das colaborações destinadas à pequena e grande imprensa da capital e do interior de São Paulo, bem como para periódicos do Rio de Janeiro foi, aos poucos, recolhida para compor por Lobato alguns dos volumes das suas *Obras Completas*.

Este divide-se em três partes. A primeira traz fragmentos do cotidiano que o próprio autor pinçou de um velho caderno dos tempos de juventude prestes a ser destruído. A coletânea de sensações e ideias recheava um livrinho que saiu em 1923. Intitulado *Mundo da lua*, seria relançado na década de 1940, acrescido de escritos posteriores. São 37 textos curtos nos quais ele vai alinhavando seus pensamentos sobre literatura, conquistas tecnológicas e geração de riqueza por meio da exploração do subsolo. Para variar, não se abstém de fornecer a infalível receita para a cura de todos os males. De acordo com Lobato, a criação de escolas técnicas transformaria o trabalhador em "unidade de produção eficiente", habilitando-o a contribuir para o desenvolvimento do país. Ao mesmo tempo, critica o ensino público, que deixava de fora das escolas dois terços da população infantil do estado.

Defensor do uso de uma linguagem clara e direta, tecida para atingir um público diversificado, ele ataca a grandiloquência que contagiava o estilo de alguns jornalistas, enquanto ainda abordava o ofício do tradutor, que ele mesmo desempenhou em diversas ocasiões. O segredo, diz, consiste em abrir mão da fidelidade absoluta e reproduzir a essência do autor para que não se torne uma mera transliteração quase ininteligível. Eterno opositor ao costume de plágio e da cópia, em um dos trechos denuncia a mentalidade dos colonizados que requer a aprovação do exterior para legitimar as experiências artísticas. "Mal surge entre nós uma criação original, olhamo-nos desconfiados uns para os outros, incapacitados de formular juízo até que das metrópoles venha o *placet*." E enfim, transpondo os limites da utopia como fizera no seu romance *O presidente negro*, no qual seu personagem enxergava o futuro através das lentes do "porviroscópio", aqui há menção a invenções inusitadas, a exemplo do avião individual: "Cada criatura terá o seu, enrolado debaixo do braço. E haverá diálogos deste naipe: – Que calor! Vamos tomar sorvete ali no polo?".

O segundo conjunto, *Opiniões*, engloba 17 artigos datados, em sua maioria, de 1926. Com o sarcasmo fino que não esconde um desejo sincero de colocar sua terra entre as nações mais prósperas, lamenta que, nas salas de aula, os professores continuavam a ensinar que éramos o lugar mais abastado do planeta. "Rico de resignação e cegueira, sim", alega. Cegueira que ele encontrava na Marinha, incapaz de lidar com o poderio militar da Argentina. Na opinião de estudiosos da vida e obra de Lobato, tais críticas, que se estendiam ao Exército, tido como inútil e dispendioso, resultariam na sua nomeação para adido comercial em Nova York. Isso porque Alarico Silveira, chefe de gabinete do recém-eleito presidente Washington Luís e seu amigo de longa data, teria atuado no sentido de poupar o escritor no contexto de animosidade gerado por seus ataques às Forças Armadas.

Nada, porém, parecia intimidar quem batia de frente com as medidas econômicas do governo que, entre várias coisas, levou sua editora à falência. Por isso Lobato denuncia a pesada tributação sobre o papel em branco simultânea à isenção ao material impresso no exterior, tornando impossível a concorrência para o livro brasileiro. A imprensa surge em dois escritos, nos quais expõe a face corrupta e subserviente do chamado "quarto poder".

Washington Luís

Já *Miscelânea* retoma questões tratadas nos blocos anteriores e inclui novos temas como suas palestras sobre petróleo no Triângulo Mineiro e em Cuiabá, na sua tenaz cruzada em prol da prospecção do óleo combustível em solo pátrio. Dentre os artigos, vale a pena ressaltar um de 1939, feito no centenário de nascimento de Machado de Assis, a pedido do jornal argentino *La Prensa e* reproduzido em *Urupês, outros contos e coisas*. Conhecida como *Edição Ônibus* e lançada pela Com-

Artur Neves, colaborador de Monteiro Lobato na edição de suas obras em meados dos anos 1940

Machado de Assis

panhia Editora Nacional em 1943, foi organizada e prefaciada por Artur Neves para comemorar o 25º aniversário de *Urupês*. "Machado de Assis" seria mais tarde incorporado por Monteiro Lobato a *Mundo da lua e Miscelânea*, volume 10 das suas *Obras Completas*. Nele, faz o elogio ao escritor e se penitencia por ter ousado duvidar do talento de quem, para ele, merecia só reverência humilde: "Machado de Assis expulsou do estilo todas as falsidades. Expulsou até o patriotismo e a grotesca brasilidade – essa intromissão da política de *terroir* na arte".

FRAGMENTOS

O farmacêutico

O papel do farmacêutico no mundo é muito especial. O farmacêutico representa o órgão de ligação entre a medicina e a humanidade sofredora. É o guardião do arsenal de armas com que o médico dá combate às doenças. É quem atende às requisições a qualquer hora do dia ou da noite. O lema do farmacêutico é o mesmo do soldado: servir. Um serve à pátria, outro serve à humanidade sem nenhuma discriminação de cor ou raça. O farmacêutico é um verdadeiro cidadão do mundo. Porque por maior que sejam a vaidade e o orgulho dos homens, a doença os abate – e é então que o farmacêutico os vê. O orgulho humano pode enganar todas as criaturas; não engana ao farmacêutico. O farmacêutico sorri filosoficamente no fundo do seu laboratório, ao aviar uma receita, porque diante das drogas que manipula não há distinção nenhuma entre o fígado de um Rothschild e o do pobre negro da roça que vem comprar 500 réis de maná e sene.

O tom oriental

Em minha frente, no vagão, viajava um casal de turcos. A turca deu-me impressão dum epítome completo do tipo oriental. Morena, do moreno turco que é diferente em valor e tom do nosso, cabelos negros, olhos negros, sobrancelhas fortes e bem arqueadas. No braço um feixe de pulseiras de ouro. No pescoço, mais ouro. Ouro na orelha. Estava ali o segredo do Oriente explicado na tonalidade capitosa do ouro a rebrilhar sobre um fundo de carne. Resulta uma cambiante de opulência – opulência oriental. O perfume típico, o encanto, a sedução, o prestígio, a alma do Oriente é essa associação de ouro e carne.

Conhecimentos novos

O encanto de um conhecimento novo nos primeiros dias em estações de água, em viagem etc. está em que se permutam as ideias mais da alma. Prolongado o convívio, esgotam-se esses recursos íntimos – e os novos amigos oscilam entre a trivialidade sem interesse e a repetição cansativa. E o encanto dos primeiros tempos foge... Conclusão prática: usar, mas não abusar, tanto em matéria de vinhos como de amigos novos.

Grandiloquência

Existe pelo interior um sem-número de aptidões jornalísticas capazes do Grande Estilo. Uma delas escreveu isto: "Há já mais de oito meses que a fatal, destruidora e cruel Parca, com a misteriosa pena do Destino, colocou o ponto-final em uma preciosa existência. Há já mais de oito meses que o lúgubre manto do luto abriu suas negras dobras e envolveu-nos em tétricas trevas. Há já mais de oito meses que deixou de existir o doutor F., meritíssimo juiz desta comarca. O que foi ele como homem social, como amigo, como juiz, não preciso repeti-lo aqui: outros mais competentes já o fizeram!".

É o patético! É a modéstia na grandiloquência.

Como retrogradamos, nós outros que reduzimos todas essas belezas grandiosas à pequice de um período seco: – Faz oito meses que morreu o doutor F.!

O carro de boi

A conversa na botica versava ontem sobre os Estados Unidos, suas grandezas, seus milhões, seus arranha-céus, seu Teodoro Roosevelt, sua Alice Roosevelt que se casou espalhafatosamente com um figurão. E degenerava num hino de sofreguidão ao progresso *yankee* quando a chiada rechinante dum carro de bois que passava o interrompeu. E todos, apontando o carro, tiveram a mesma frase: Nós!

– Nós... afora a graxa – completou um.

É isso mesmo. O Brasil é um carro de boi.

Mas um carro que vexado de o ser traz ensebados os eixos para não rechinar. Falta-lhe a bela coragem de ser carro de cabeça erguida, e chiar à moda velha, indiferente ao motejo de Paris – a grande obsessão brasileira. O mal não está em ser carro de boi. Está em o esconder. Seríamos alguém na assembleia dos povos se o país falasse assim:

– É verdade, sou carro de boi e não o escondo; sou carro como tu, França, és uma velha *maquerelle*; e tu, Albion, uma hiena com farda do *Salvation Army*; e tu, Germânia, um apetite criminoso; e tu, Itália, uma gaita de fole; e tu, Portugal, uma zorra...

O grande palco

O palco dos grandes dramas é a mentalidade. A grande arte é a que reproduzindo a mímica dum personagem deixa entrever o drama desenrolado em seu cérebro. Hamlet parecerá ilógico ao observador superficial que procure o sentido de suas palavras relacionando-o ao que segue e ao que antecede. Porque as palavras do príncipe não respondem ao que lhe pergunta Polônio ou a Rainha ou Horácio – respondem a si próprio, respondem às ideias que lhe sugere um estímulo externo, donde a vaga relação imediata entre o que ele diz e o que lhe dizem. Daí a consequente beleza profunda do drama. Ponham um homem comum a refazer o *Hamlet* e sairá um primor de lógica, o diálogo liso e claro como no catecismo; mas...

O individualismo criador

Os artistas deixam a estrada real por onde segue toda gente e caminham por veredas laterais. Os grandes abrem picadas, os miúdos repisam-nas.

A arte

A arte nasce quando o homem domina o meio adverso; como um luxo, como floração da planta após a vitória desta sobre todos os óbices opostos à sua desenvoltura. Na Grécia, a amenidade ambiente, não opondo resistências ao homem, permitiu que, em vez de dispersar suas forças na luta contra a natureza agressiva, ele as convergisse para a inflorescência.

Nós no Brasil ainda estamos a crescer, a enfolhar, a radicar. Por isso o que chamamos arte não passa de simples reflexos de artes alheias. Arte como a grega – em bloco, conglomerada, todas reunidas em torno dum mesmo tronco (um ideal racial) como vergônteas de igual pujança – tê-la-emos um dia, no ano 2000 ou 2500, quem o sabe? E tê-la-emos porque não há planta que não venha a flor. Se vem a rosas ou a flor de abóbora, já é outro caso.

Aparências

O Samuel saiu com a Winchester em direitura à jabuticabeira do quintal, apinhada àquela hora de sanhaços, saíras e sabiás. Voltou logo depois sem desfechar um tiro.

– Não tive coragem de atirar...

Eu ia dar-lhe parabéns pela sensibilidade do coração, quando ele completou a frase:

– ... porque só tinha duas balas e não valia a pena desperdiçá-las em sanhaços.

Deus brasileiro

É sabido que existe uma Providência especial, ou pelo menos um dedo da Providência comum, escalado para montar guarda à cabeceira do Brasil. Os namorados e os bêbedos já tinham o seu deus protetor – o Brasil entra para o farrancho neste recrudescer de politeísmo. Nas mais graves das nossas crises, a Invasão Holandesa, a Questão Christie, o Amapá, a ocupação da Trindade, o Convênio de Taubaté, o Marechal Hermes, sempre se manifestou a intercessão milagreira do deus nacional, evolução, quem sabe, de Tupã.

O subsolo

Uma rápida vista d'olhos pelo mundo só nos mostra riqueza e poder nos povos que industrializam o subsolo, dele tirando a hulha, o ferro, o petróleo e todas as mais riquezas entesouradas. Os que se limitam a arranhar a superfície por meio da agricultura, esses jamais serão estrelas de primeira grandeza, jamais serão poderosos, jamais passarão de satélites inermes.

Até aqui vivemos como os demais bichos da terra, a explorar umas tantas plantinhas que crescem na superfície – a cana, o cacau, o café, o fumo, o coco etc. – produtinhos coloniais.

Daí nossa fraqueza econômica, a nossa pobreza intensa, o nosso encarangamento. Temos de mudar de política. Fazer o que os Estados Unidos fizeram. Arrancar do seio da terra o ferro e transformá-lo em mil máquinas que nos aumentem a eficiência dos músculos. Arrancar o petróleo para o reduzir a essa potente energia mecânica que move as máquinas. Não mais homens resignados que se repimpam na anca de pobres jegues e minúsculos cavalicoques – mas *he-men* que chispem em autos, que risquem o céu em aviões, que espantem os sururus das lagoas com a velocidade dos *motor-boats*.

A embuia

Todas as nossas madeiras de lei, da cabreúva ao pau-marfim, merecem grandes honrarias; mas é a embuia a que esplende em galas de verdadeira realeza. Esta canela é um puro dom da natureza. De talhe macio, duração ilimitada, inatacável pela carcoma, é de todas as nossas madeiras a mais rica em tons e desenhos. Conforme a direção do corte, variam seus aspectos. Vemo-la, ora desenhando estrias, feixes de linhas retas, ora furtando tons ao gorgorão amarelo, ora copiando ao cetim o seu jogo de luz alternado de brilhos e embaciados. A raiz dá magníficos efeitos esponjosos, vegetações de muscíneas, que a habilidade do marceneiro dispõe de modo a compor belíssimos desenhos simétricos.

Função suavizante do peru

Ao trinchar do peru cessam todas as divergências, estabelece-se um acordo risonho de anjos na presença do Senhor. A Revisão Constitucional divide novamente o campo. Mas ninguém se tema da discórdia. Meia dúzia de perus conciliatórios trarão, como recheio, a Harmonia. Essa ave é uma predestinada. Desde os ex-ominosos tempos do Império vem pingando o ponto final do seu papo em rodas as nossas pendengas, brigas, lutas, salvamentos de pátria, conspirações etc. Muito já nos deu, e dele muito ainda há a esperar. Bênçãos lhe chovam em cima.

Colonialismo

Somos um povo de mentalidade colonial. Nascemos colônia e até agora só conquistamos a independência política. Econômica, espiritual, mental e cientificamente, continuamos colônia. Damo-nos pressa em adotar tudo quanto vem das várias metrópoles que nos seguram pelo barbicacho – Paris, Berlim, Nova York, Londres. Mal surge entre nós uma criação original, olhamo-nos desconfiados uns para os outros, incapacitados de formular juízo até que das metrópoles venha o *placet*.

Rápido croquis

Um volver d'olhos ao país revela uma estrutura *sui generis*. Embaixo, a massa imensa dos Jecas, meros puxadores de enxada; em cima, na cúspide, um bacharelismo furiosamente apetrechado de diplomas e anéis com pedras de todas as cores, verde, vermelha, azul – o arco-da-velha inteirinho. E no meio? Nada. A classe fecunda, a classe obreira do progresso industrial, o pedreiro, o marceneiro, o entalhador, o tipógrafo, o negociante, o mecânico, o eletricista, o bombeiro etc., essas formigas enfim do trabalho técnico, faltam-nos. E como são indispensáveis, importamo-las. Entre o Jeca de pé no chão, que carpe e roça, e o bacharel que requer *habeas corpus* e faz discursos, ambos nacionais, temos de admitir uma cunha estrangeira, de técnicos imigrados.

O problema é abrir à classe de baixo o caminho à imediata. Temos de descascar o Jeca na escola primária, ensinando-lhe, depois, na profissional, a utilizar-se da leitura e da técnica.

Espingarda, sim. Mas... e a pólvora?

Como está a nossa instrução, não há dela colher os frutos preconizados. Ensina a ler aos meninos e lança-os na vida sem nenhum aparelhamento técnico, como se a cartilha fosse um miraculoso sésamo abridor de todas as portas. Isso não basta. É fazer deles parasitas sociais, incapazes duma função econômica. Vão ser eleitores, vão "cavar", e passam a vida em procura de miseráveis empreguinhos públicos de ínfima categoria, julgando indignas de exercício as profissões manuais. A escola pública sem o complemento da escola técnica forma nas classes baixas um estado mental correspondente ao bacharelismo nas altas. É o bacharel de 25 letras apenas, e sem anel, mas tão inútil quanto o seu colega de cima em matéria de eficiência econômica.

Se ao deixar a primária, entretanto, cursasse uma escola profissional, apetrechando-se de um ofício, entraria para a vida armado em pé de guerra. E venceria. E seria para o país uma unidade de produção eficientíssima. Assim como é um crime atirar ao combate soldados desprovidos de armas, não é crime menor lançar na vida meninos desprovidos de ensino técnico. O alfabeto vale como meio, não como fim. É cartucho que para ter valor pede espingarda do mesmo calibre.

Degradação

Uma casa de fonógrafos anuncia um novo disco, o *Ai, Filomena*, com um rápido estudozinho do figurão que lhe deu origem. Começa assim: "Somos capazes de apostar que os senhores julgam que o Dudu não serve para coisa nenhuma desta vida. Atirado à sarjeta da troça de rua, o Dudu transformou-se num trapo que o enxurro das gargalhadas atira ora para um, ora para outro lado. Lembrem-se, porém, que tudo nesta vida tem sua utilidade. O Dudu serve para desopilar o fígado etc.".

E vai por aí além. Um anúncio comercial inserto em todos os jornais de grande circulação! É duro!

A reação contra o presidente Hermes não podia ser mais feroz. O povo não pegou em armas para varrê-lo da presidência; fez pior: riu-se e ri-se dele. Um trapo, diz o anúncio; de fato o Marechal Hermes é hoje um trapo, um judas atirado à fúria estraçalhadora da populaça.

Saber ler e escrever

São Paulo, com toda a sua prosápia de estado líder, locomotiva da União, puxa-fila dos vinte caranguejos – estado *nec plus ultra* de fama bimbalhada em todos os sinos, chegou após 6 lustros de regime republicano à maravilha de fornecer pão do espírito à terça parte de seus meninos, deixando em jejum os dois terços restantes – apenas quatrocentos mil paulistinhas.

O problema torna-se grave. Prosseguir no regime do pão com manteiga para uns e de brisas fagueiras para a grande maioria além de inepto é iníquo. E ainda é o meio de encruar na América do Sul uma eterna e irredutível costa d'África. Mas há um meio caminho.

Se não posso matar a cobra cortando-lhe a cabeça, contento-me em deixá-la viva, mas de espinha macetada. É um grande progresso semimatar a cobra, macetá-la, quebrar-lhe a espinha, e mantê-la assim inofensiva enquanto não nos caia do céu o porrete que a derrancará de vez.

O que deve ser o governo

Uma nação é o conjunto organizado das criaturas humanas que habitam um certo território. Para promover a ordem e a justiça essas criaturas delegam poderes a certos indivíduos para a aplicação de uma coisa chamada lei, a qual não passa da vontade coletiva aceita por consenso unânime. Tais homens constituem o governo. O governo é, pois, um delegado, uma criatura da Nação. Só esta é soberana, porque só esta é a força e a vontade.

Quando os delegados fogem aos seus deveres e voltam contra a Nação os aparelhos defensivos que ela lhes entregou para salvaguardar a sua soberania das agressões externas, esse governo deixa de ser governo. Cessa de funcionar legalmente e – ou rei como Luís XVI, ou ministro, ou presidente, ou congresso – deve ser incontinênti varrido por todos os meios, a guilhotina como na França, ou a processo criminal como nas repúblicas livres.

O dever mais elementar dos delegados da Nação é aplicar sensatamente os dinheiros públicos. O povo dá o imposto para receber em troca um certo número de benefícios de caráter geral. Para fiscalizar esse emprego existe a imprensa, plenário onde se ventila o abuso, o qual abuso, competentemente autuado, sobe à Opinião Pública para o julgamento supremo. Se a opinião pública, por vício incurável, não toma as providências do caso, paciência. A imprensa não tem culpa disso. O seu papel limita-se a esclarecer o público.

Assim, todo jornalista, ou todo cidadão, tem o dever de agarrar pela gola os funcionários relapsos, sejam reis ou ministros, e expor os seus crimes na grande montra.

O tumultuário das florestas

A pecha de tumultuário dada pelos observadores levianos ao interior das florestas vem de que lhes foge justamente a coisa bela por excelência nas matas: o regime ingênito de cada espécie vegetal, o seu modo normal de crescer e engalhar, as modificações a que se submete por contingências de vizinhança. A adaptação daquele jogo de "ânsias de viver" é tão bem realizada que a flora inteira – da árvore gigantesca ao arbusto mesquinho – subsiste íntegra como um todo harmônico, esplendidamente belo, onde cada vida – orquídea, parasita, liana, musgo ou líquen – tem uma função de nota musical em sinfonia. A floresta é um concerto sinfônico de formas, de cores, de apetites e lutas.

O mapa escolar

O mapa da frequência escolar... Um dia entrou-nos em casa uma cozinheira nova. Era mãe de uma rapariguinha de 7 anos que não frequentava escola, mas que de vez em quando saía para a rua de cartilha debaixo do braço.

– Para onde vai ela? – indagamos uma vez.

– Não vê que o inspetor está na cidade e a Beatriz, quando ele chega, costuma ir "encher" a escola. Ela e uma porção de outras. E ganha seus 500 réis de ficar lá sentadinha. Serve. Dá para o cinema...

Industriazinha nova: fingir de menino de escola, a 500 réis por cabeça, nos dias de inspeção!...

Subtécnica

O nosso mal é a incapacidade técnica. Ninguém trabalha porque ninguém aprende a trabalhar. E o remédio é uma coisa só: escolas de trabalho. Foram estas escolas que fizeram a Alemanha. Foram as criadoras dos Estados Unidos. A escola primária fornece ao homem a pólvora e o chumbo. A escola profissional, a escola do trabalho, dá ao homem a espingarda dentro de cujo cano a pólvora e o chumbo adquirem eficiência mecânica.

A escola técnica opera como redutor do elemento parasitário do país. Salva milhares de criaturas da calaçaria sórdida, impede-as de irem engrossar a nuvem dos *faineants* que vegetam à custa do conhecimento da cartilha: a nuvem dos eleitores, dos biscateiros, dos barganhistas, dos bicheiros, dos capangas, dos fósforos políticos, dos literatos de sarjeta, dos cafajestes pernósticos, dos poetas caspentos, dos incompreendidos – dos *ratés* em suma.

Melting pot

São Paulo é um cadinho. Variados fatores étnicos para ele confluem e, sob a preponderância do fator italiano, borbulham na fervura da decantação em que se plasma o futuro. Do mosaico virá a unidade. O sistema de cristalização, entretanto, é imprevisível. O elemento indígena bem pequena contribuição dá, porque, acuado na concorrência, ou foge à luta, abandonando o campo, ou acantoa-se nos palanques da bacharelice e do funcionalismo. E que frutos dão estas árvores?

Quem molda a Pauliceia?

Quem molda a cidade e a enfibra de caráter próprio é o operário, é o comerciante, é o industrial, é o artista – é o que confeiçoa a matéria-prima, o que a mobiliza, o que imprime às coisas a forma estética. Assim, na vegetação seivosa com que o alienígena cria em nossa casa um estado *sui generis* de civilização, nós, os donos da casa, com pouco mais contribuímos além do doutor – a orquídea; o funcionário público – o cipó; e o governo – o mata-pau.

O medo de voar

O medo que o nosso público tem da aviação decorre do barulho que a imprensa faz com qualquer desastre. O telégrafo se apressa em espalhar pelo mundo inteiro a notícia destes desastres, mas se mantém silencioso a respeito dos milhares de cavaleiros que todos os dias morrem de quedas de cavalo, ou de carreiros que morrem espetados nas guampas dos bois, ou carroceiros que são esmagados pelas respectivas carroças. Se se noticiassem estes desastres, verificariam que o cavalo, a carroça e o carro de boi são coisas diabólicas em face do angelicismo da aviação.

Enfin Malherbe vint...

A aviação sempre foi o sonho dos homens. Mas, mera aplicação mecânica que é, estava condicionada ao progresso mecânico. Tudo consistia em imprimir um certo número de rotações a uma hélice. Por meio da força muscular a coisa era impossível – e a aviação permaneceu sonho enquanto o motor foi o músculo, humano, bovino ou cavalar.

Papin revelou-nos o vapor. Um mundo inteiro irrompeu da sua chaleira de água a ferver – e a era ferroviária consequente já atingiu o apogeu. Mas a máquina a vapor manifestou-se impotente para dar à hélice as rotações requeridas no voo. Muito pesada. Muito quilo de ferro para cada cavalo de energia obtida.

Enfin Malherbe vint...

O Malherbe da energia foi o motor de explosão. Veio e revolucionou tudo, criando o automóvel e por fim a aviação. No começo sofria do mesmo mal que a máquina a vapor: muito peso por cavalo. Mas foi se aligeirando. Quando chegou a cinco quilos por cavalo, já permitiu a Santos Dumont o primeiro voo – voo tatibitate, de borboleta de asas úmidas que acaba de romper o casulo. Mas continuou a aperfeiçoar-se. Passou a um quilo por cavalo e hoje está em fração de quilo.

Quando a nova fonte de força que se prenuncia na dissociação atômica da matéria estiver conquistada, chegaremos talvez a um cavalo por grama, por decigrama, por miligrama. Em vez da pesada carga de gasolina que os aviões levam hoje, o piloto trará no bolso do colete o fragmento de matéria que, dissociado, lhe fornecerá a energia precisa para conduzir o seu aparelho de polo a polo, veloz como onda hertziana.

Até o Jeca Tatu voará nesse dia. O avião será como o guarda-chuva de hoje. Cada criatura trará o seu, enrolado debaixo do braço. E haverá diálogos deste naipe:

– Que calor! Vamos tomar um sorvete ali no polo?

O convidado adere. Ambos abrem os seus aviões-guarda-chuvas e vão refrescar as tripas entre os ursos-brancos e focas, "ali no polo", onde um bisneto de Amundsen terá montado o seu barzinho de sorvetes de... brasas, únicos aceitáveis na zona hiperbórea.

Quanto leitor não sorrirá disto, murmurando o clássico – "Utopia!". Se esse cidadão olhar para trás há de ver na sua prosápia um avô que teve idêntica exclamação quando lhe contaram do trem de ferro, máquina de transformar lenha e água em corrida por cima de trilhos. Verá um bisavô que se riu com superioridade quando lhe contaram de um palito cabeçudo que friccionado dava fogo. Verá um tataravô que não acreditou na invenção da pólvora. Verá um milésimo avô que também sorriu quando Jê-Ahah lhe contou de uma tribo que andava polindo a pedra dos machados.

– Qual, Jê-Ahah, utopias! Pedra, só lascada...

A palavrosidade

O tempo, o papel e a tinta gastos em glosar o melhor modo de "fazer" patriotismo e salvar esta Pátria, se os aplicássemos no estudo das coisas prosaicas da vida de que tudo mais deflui, redundaria em uma forma de patriotismo prático de tremendo alcance. Quanto se disse por aí este ano sobre o sorteio militar, a crise do caráter e os males vários da alma nacional, não vale para a vida e futuro do país um caracol bichado; no entanto, a difusão pela imprensa do combate às saúvas pela batata de arroba, se a prática vier confirmá-la, far-nos-á caminhar uma passada gigantesca para a frente.

No país das invenções

O motor da evolução social é um: a invenção. Progredir não passa de inventar. O carro do progresso foi carro de boi na contemplativa Idade Média; passou a trem no século XIX; é aeroplano hoje.

Mas não em toda parte. É aeroplano nos Estados Unidos e na Alemanha, países onde o cérebro do homem dá de si o rendimento máximo, mantido à pressão de 99 atmosferas, antepenúltimo grau da escala psicomanométrica. O último grau é cem, ponto de explosão – que no caso é a loucura.

Entre nós o progresso é ainda carro. Anda sobre rodas nem sempre redondas. Carro de boi? Não. Nosso progresso é trole. Gozamo-nos das invenções alheias e não tiramos os olhos das terras donde nos vêm cinemas, autos, telégrafos, rádios etc.

Muito mais cômodo adotar do que criar.

No entanto o brasileiro é ferozmente inventivo. Raro o jornal que não anuncia qualquer maravilhosa astúcia mecânica, destinada a revolucionar o mundo, saída de um cérebro brasileiríssimo. Os funcionários da Central, por exemplo, vivem inventando motos-contínuos, para-choques, modificações no aparelho Morse e grelhas de queimar carvão inqueimável. Mas um vício de morte inquina os nossos inventos. Nascem paralíticos, ou porque são de inutilidade absoluta, ou porque são de absoluta impraticabilidade.

Os inventos de que realmente precisamos não aparecem. A Central, por exemplo, reclama um "para-desastre", aparelho que é de crer já exista em uso nas vias férreas americanas, dado o coeficiente mínimo de desastrabilidade que revelam.

O "coronel"

Será possível que cheguem a acordo as nossas damas quanto à fundação da Academia de Letras e Ciências Femininas? Haverá temas feminilmente científicos e literariamente feminis capazes de absorver a atividade de quarenta damas? Se a associação fosse histórica, um problema surgiria capaz de por si só encanecê-las todas no estudo: qual a primeira mulher que veio ao Brasil?

Nós homens sabemos, com certeza de pedra e cal, qual o antepassado branco que primeiro pisou estas plagas. Era um Pero, ou Pedro... a não ser que fosse um Vicente, o Yáñez Pinzón. Mas nossas gentis contrárias em sexo ignoram em absoluto qual a vovó inicial que veio diluir a brancura de pele no pigmento dos Jês e Nu-Aruaques, que é como o senhor Roquette Pinto, com muito pico etnológico, chama o nosso velho bugre.

Seria portuguesa? Seria francesa?

Jean de Léry conta que em seu navio, além do reforço masculino mandado por Coligny ao senhor Nicolau de Villegaignon, vinham cinco francesas. Seriam Rosemonde, Yvette, Colette, Suzanne e Louise as primeiras arianas que respiraram o ar brasílico?

Léry, Staden... Que sabor delicioso possuem os velhos livros!

E quantos detalhes pequeninos neles encontramos, desses que os historiadores *au grand complet* desprezam, apesar de profundamente sugestivos!

Léry conta-nos das primeiras francesas. Staden, do primeiro coronel. Foi ele Tomé de Sousa, vindo em 1557.

As cinco francesas vieram em 1556. Nenhum homem de boa-fé poderá ligar os dois acontecimentos. As gaulesas chegaram num tempo em que tudo eram araras e papagaios por cima das frondes e apetites canibalescos por baixo. Nada indiciava o surto da nova fauna cuja semente Tomé de Sousa fez vir consigo.

Reverenciemos, pois, a memória de tão honestas vovós.

A influência americana

Ponto em que a influência americana se faz sentir por cá é nas pequenas invenções jornalísticas – paginação, escolha da matéria, dosagem das ideias, cinematografismo policial etc.

Partimos da convicção de que os nossos jornais não prosperam por não darem o que o público instintivamente deseja.

Erro. O de que precisamos é melhorar o público. Enquanto for o que é, o melhor jornal do mundo levará aqui a mesma vida precária que caracteriza os atuais. Basta frisar o seguinte: ou por pilhagem, ou por arranjo com as agências, temos em nossos periódicos a flor do jornalismo mundial, os Lausanne, os Brisbane, os Harden. E o público não o percebe.

Isto de perceber não é para qualquer. Casagrande não percebeu que para transvoar o Atlântico a frieza de cálculo vale mais que o d'annunziano eretismo da imaginação. A retórica ensopada em nitroglicerina do Duce terá forças para arrastar multidões de camisas-pretas ao assalto dos focos oposicionistas, mas é impotente para corrigir um defeito de lubrificação num motor. E se o óleo não circula matematicamente bem, não há Casagrande que chegue ao fim da prova.

A escultura e o cemitério

Um só campo existe aberto, hoje, para as obras esculturais de algum vulto: o cemitério. Quando um rico morre e no testamento deixa ordem para que o glorifiquem na necrópole, os herdeiros arrenegam, mas lá contratam um escultor para um amontoamento de mármore e bronze sobre a sepultura. E em meio de muita obra de fancaria, onde há sempre um anjo pendurado na ponta duma trombeta, emergem de quando em quando lídimos primores de arte pura. Os escultores de real mérito, por acaso contratados, dão largas às suas faculdades criadoras e, usando da licença poética, fazem do enterrado (em regra um simples rico) um herói merecedor de maravilhoso desdobramento alegórico. Mas para a Arte pouco importa qualquer ligação entre a individualidade do defunto pagante e a sua apoteose estética. Para a Arte basta que haja ali beleza. A condenação da vaidade humana é iníqua. Muito do que há de belo na terra, unicamente à vaidade o devemos.

A mais cara das artes

A desgraça dos escultores está em que raramente podem executar, com o vulto necessário, as grandes obras concebidas. O poeta, mais afortunado, põe-se todo num poema, porque um poema, mesmo que seja a *Divina comédia*, cabe num livro. O pintor se realiza em grande nas telas murais. O músico, igualmente, dá ao mundo a sua criação na íntegra. A *Nona sinfonia* de Beethoven ocupa bem pouco papel. Mas o escultor?

Trabalha na mais penosa e cara das artes, a que pede mais trabalho físico, material mais especializado e de maior vulto e preço. Vem daí que só em ocasiões excepcionais, quando surgem papas como os da Renascença, ou, aqui e ali, um Mecenas, ou um louco sublime como Luís da Baviera, podem os escultores realizar suas obras como as concebem na imaginação. Mas como esses ensejos são excepcionalíssimos, têm de contentar-se os escultores com dar em gesso apenas uma reduzida amostra daquilo de que seriam capazes se o mundo não fosse a mesquinha coisa que é.

A química moderna

A Idade Moderna se chamará um dia a idade da química, tanto a ciência das agremiações moleculares imprime nela, e cada vez mais, os vincos da sua influência. Tudo se faz pela química. Tudo ela resolve. Penetrando no âmago da matéria desfá-la nos seus íntimos componentes e, senhora destes em liberdade atômica, pela síntese a recompõe em formas novas, ao sabor das proteiformes exigências da civilização. Valem os povos pelo valor da sua química. Todo o esplendor da Alemanha tem na química o grande segredo. Um povo que não sabe química é um povo antecipadamente subjugado nesta perene batalha do Somme que é a concorrência industrial moderna – tremenda batalha pacífica de resultados mais extensos que as fulgurantes Marengos e as formidáveis Tannenbergs. Esse primado da química revelou-o ao mundo a guerra. Na surpresa do arranque germânico, Inglaterra e França vislumbraram a falha do arnês que as inferiorizava tanto nas lutas da paz como nas mais persuasivas da guerra. E lançaram-se, sôfregas, ao laboratório, como ao antro mágico onde se organizam, na equação e nas fórmulas, todas as vitórias. Vencerão se conseguirem dotar-se de química superior à da rival. Em caso negativo suas vitórias serão vitórias de Pirro, serão ganhos aparentes, domínio de momento, coisa de esvair-se em névoa quando, volvida a paz, cessar o trom dos obuseiros para recomeçar a guerra sem pólvora em que os laboratórios é que bombardeiam.

O literalismo

A tradução literal, isto é, de absoluta fidelidade à forma literária em que, *dentro de sua língua*, o autor expressou o seu pensamento, trai e mata a obra traduzida. O bom tradutor deve dizer exatamente a mesma coisa que o autor diz, mas dentro da sua língua de tradutor, dentro da sua forma literária de tradutor; só assim estará realmente traduzindo o que importa: a ideia, o pensamento do autor. Quem procura *traduzir a forma do autor* não faz tradução – faz uma horrível coisa chamada transliteração, e torna-se ininteligível...

Conhecer-se...

Nosce te ipsum, eterna verdade psicológica, fonte única do aperfeiçoamento moral, mental, social e físico, tanto nos indivíduos como nas coletividades. Só quem se conhece progride e vence. A apatia do nosso viver coletivo, explicada em parte pela rarefação do habitante, exige o agrumar de núcleos sistematizadores e orientadores. Mil boas vontades desligadas entre si, trabalhando fora do amplexo fecundo de uma norma comum, ou não trabalhando de todo (e é este o nosso caso) em virtude do sentimento de impotência de quem se vê só, valem menos do que meia dúzia unidas em ação conjunta.

Só no dia em que bem nos conhecermos teremos nas mãos todos os dados do "nosso problema". E só quando tivermos nas mãos todos os dados dos nossos problemas é que se nos deparação as soluções exatas. Soluções nossas aos nossos problemas – eis o rumo verdadeiro.

* * *

Um meu amigo, grande patriota, dizia sempre:
– Meu ideal é a diplomacia. Viver do Brasil, mas longe dele, de modo a sentir sempre doces saudades da pátria, que delícia!

* * *

Os trogloditas da pedra lascada, quando entalhavam num osso de urso a cabeça duma rena, faziam arte mais elevada que neste nosso século XX as senhoritas que pespegam num vaso a paisagem japonesa tirada... de outro vaso, ou bordam a seda, numa almofada, um lombricoide pilhado... de outra almofada. Eles lá criavam; elas aqui furtam.

A laranja

É a mais generosa dádiva com que nos enriqueceu Pomona. Se o país ainda o não percebeu, culpa não cabe à deusa nem à fruta. Já o norte-americano a levou daqui para constituir na Califórnia o paraíso da laranja. Nós...

Nenhuma fruta vai melhor com o nosso irregularíssimo fácies meteorológico. De sul a norte, na boa e na má terra, na quente e na fria – variando embora em qualidade consoante a riqueza do solo – em todas as zonas a laranja prospera e em nenhuma vegeta improdutiva. Zomba das secas como zomba da geada. Quatro inimigos mortais dão-se mãos para esmagá-la – a formiga, a erva-de-passarinho, a broca e a incúria do homem.

Premida por essa quádrupla "entente", ela reage de mil maneiras e, operando maravilhas de adaptação, vinga subsistir. Nas taperas antigas, onde é já tudo morto de quanto o homem plantou e construiu, só as velhas laranjeiras sobrevivem, ocultas na maranha retrançada da "erva". E à sombra do maldito dossel da parasita tentacular, que lhe rouba a seiva e intercepta o sol, ela ocultamente frutifica e redobra de sementes na ânsia de perpetuar a espécie. Como pela adaptação vence a "erva", pela paciência vence a formiga, explodindo a cada tosa em rebentos novos; e pela tenacidade vence a broca, emitindo da base ou de grossas raízes vergônteas destinadas a substituir o velho tronco minado pela carcoma. Se neste estado de miséria vital o homem intervém e a liberta do bloqueio, com que esplendor reviça a mais sovada laranjeira! Em virtude de tão preciosas qualidades tornou-se a nossa grande fruta nacional.

Do português degenerado

É assombroso como do português retaco, robustíssimo, que de sol a sol brita pedra nas pedreiras do Rio, o "meio" extrai em duas gerações... um candidato a porteiro de grupo escolar!

OPINIÕES

Psicologia do jornal

Antes de iniciar sua colaboração n'O Jornal, M. L. filosofa sobre a psicologia ou feição dos jornais. Isso em 1926.

Convidado a escrever n'O Jornal, confesso que vacilo. E enquanto vacilo, ouço o filosofar sensato da pena. Estas humildes obreiras do pensamento de tanto lidar com ideias aprendem a julgar-lhes o jogo de xadrez. E quando o cérebro se exalta, explui lava eruptiva ou desarrazoa, elas emperram e saem-nos com sensatíssimos conselhos.

– *Piano*, amigo. Olha a feição do jornal...

A pena é mulher, e dotada, portanto, do bom-senso prático das mulheres – as iletradas, que não fazem versos. E não erra quem segue o conselho do que é mulher. Este, por exemplo, relembrativo da feição do jornal, é sábio como a própria sabedoria.

Cada folha tem sua feição personalíssima. É como o tom maior ou menor das músicas, esta linha mental que afina o órgão inteiro, do artigo editorial à mais simples notícia. Se fogem do tom, da linha, ai da música!, ai do jornal! Auditório e público, chocados, torcem o nariz, rezingam e acabam pondo o chapéu na cabeça.

O jornal é uma casa de pasto, com quitutes de ideias e arranjo de pratos diários com o tempero ao sabor dum paladar que não muda. Freguês de jornal é como freguês de restaurante.

Adquire hábitos gastronômicos, sérios e respeitabilíssimos. Se o jornalista, levado pela veneta ou por humores extravagantes, perde o ponto de bala, dá sal demais ou mete banha de lata no que requer manteiga, arrisca-se a um "Idiota!" desconcertante e à perda dum freguês. Isso porque não há público: há públicos, partidos, facções, gente afim em matéria de exigências mentais, tom, timbre, estilo, temas e até disposição tipográfica.

Agremiam-se lentamente em torno da folha que melhor lhes vai com o diapasão, afazem-se à sua mesmice, e a ela identificam-se. Nada evidencia melhor este fato do que a observação dos leitores dos velhos órgãos. Chegam a abdicar do pensamento próprio e esperam, para formar opinião, que lá se manifeste o seu mentor de papel e graxa.

— A peça de ontem? Fui assisti-la, mas não sei se é boa ou má. Inda não li o "jornal"...

Não dizem os jornais. Singularizam, porque opinião decisiva há uma só, a do seu jornal. Os outros...

Daí jornais de todas as cores e feitios — amarelos, rubros, cinzentos; escritos com cordite líquida ou mel rosado; vestidos à última moda ou capistranescamente; sisudos ou brincalhões; honestos ou canalhas. Diz-me que jornal lês, dir-te-ei que bisca és.

Na Inglaterra celebrizou-se a feição imutável do *Punch*. Passassem os decênios, estraçalhassem-se as nações, criasse novas manchas o Sol — o *Punch* não mudava —, e isso dizia muito alto do encoscoramento conservador da mentalidade inglesa. Pois o *Punch* um dia mudou! Anda agora de frontispício novo, e todo gamenho das suas reformas internas.

Sintoma ultrassério do traumatismo mental ocasionado pela Grande Guerra e sinal, sobre todos grave, de fim de um mundo.

Pois que mudou o *Punch*, adeus equilíbrio de até aqui! A ordem velha naufraga. A Rússia de Lenine vencerá. Incapazes de compreender a significação gravíssima do fato, os punchistas irredutíveis, clã vindo de pais a filhos com uma reforma de assinatura no orçamento caseiro, andam de focinho torcido e tristes. É que pressentem a seriedade do caso.

Entre nós um jornal houve especializado em asneiras. Duas ou três, gordas, cabeludas, e uma dúzia das miudinhas, temperavam-lhe a matéria diária, à guisa de azeitonas em pastéis. Assim prosperou. E chovesse ou fizesse sol, fôssemos monarquia de Pedro II ou república hermética, nunca deixou de servir à gulodice da praxe. Certo dia um secretário novo deu de reformar o cardápio, suprimindo as azeitonas. Pois o público percebeu, deu-se como lesado, murmurou, e passando da murmuração à boicotagem indicou no termômetro da caixa o grau da sua desaprovação. Apavorada com a queda das rendas, a empresa pôs no olho da rua o tal secretário e fez voltar o homem das azeitonas. O público serenou e tudo correu daí por diante como no melhor dos mundos possíveis.

Este fato tem sua explicação psicológica. Mostra a complexidade da vida, e como até a asneira é elemento da harmonia universal. Fornecendo-a diariamente, a granel, aquele órgão dava aos seus fregueses um meio prático de se demonstrarem, pelo contraste, que eram eles uns alhos. Ao topar uma cabeluda, diziam, gozosos:

– É idiota este jornal! – e riam o saudável e reconfortante riso da superioridade mental provada.

Para conquistar o seu público jogam os jornais com dois elementos: tempo e constância de atitude. Confirma-se aqui o adágio: pedra que muito mexe não cria limo. Sem esta adoção duma cara ou máscara fixa, seja ela qual for, impossível criar o limo que torna o jornal vivedouro. Se muda de cara duas ou três vezes, está irremediavelmente morto. O público – o limo afasta-se, murmurando: "Ventoinha!".

Mudar nem para melhor, porque bem ponderado não há melhor nem pior. A verdade não existe, a vida é uma irisação, e tanto está certo Rui como Seabra. Tudo varia com o ponto de vista. O Rio é um para quem o vê da Avenida; é outro olhado da Praia Vermelha; e do alto do Pão, quatrocentos metros apenas acima do mar, não é mais nem um nem outro, e sim um quadro da natureza, uma simples paisagem. Afirmar que o verdadeiro Rio é este ou aquele é de ótima política para o partido em que formamos – mas nada filosófico. Pelo menos é isso o que nos ensina o filosofar da pena, fiel companheira por cujo bico escorre toda a sabedoria humana. E não só a sabedoria como a sandice, o que dá na mesma, polos que são, sabedoria e sandice, do mesmo mundo, o cérebro. Daí o prognóstico dos jornais. Afirme cada um o que bem saiba ao seu limo, e nada de voos planados pelo éter da filosofia pura onde mora a Dúvida – certeza única, mas de perigosíssimo uso cá embaixo. Jornal assim, só de filósofos seria entendido, e de mais ninguém. Quer isto dizer que nem um só leitor teria porque os filósofos ignoram a existência dos jornais. E quando apanham um é para dar-lhe emprego muito diverso do visado pelas empresas, chegando até a filosofar sobre o maravilhoso que seria se por acaso pudessem vir em branco.

Audiências públicas

Quando o presidente Washington restabeleceu as audiências públicas suprimidas no governo anterior, M. L. pôs em relevo a ação profilática desse contato do chefe do Estado com o público.

Muito se tem louvado, à boca pequena e na imprensa, o restabelecimento pelo novo presidente da velha praxe das audiências públicas, tão respeitadas pelo cada vez mais saudoso Dom Pedro II. Chamam-lhe "praxe democrática" e por isso louvam – embora seu verdadeiro mérito não seja esse.

Que é uma audiência pública? Contato semanal do ápice da pirâmide com a base, do diretor supremo com o humílimo dirigido.

E quais as suas consequências? Aparentemente, solução de uns tantos casinhos pessoais; na realidade, profilaxia de maravilhosos efeitos.

Todos nós temos na vida uma só coisa que nos interessa: o nosso problema pessoal. O Brasil, como povo, significa um bloco de trinta milhões de problemas pessoais que intentam resolver-se – e se resolveriam muito bem, visto como a criatura humana é engenhosíssima nesta matemática, se não interviessem dois fatores anômalos – abuso das autoridades e reflexos inconciliáveis da má organização político-social. Mas os fatores anômalos intervêm e o problema pessoal encrenca-se, tornando-se "um caso". Ora, como no Brasil o arbítrio da autoridade virou regra e a organização político-social é perto de monstruosa, podemos afirmar sem medo de erro que os trinta milhões de problemas pessoais que somos equivalem a trinta milhões de casos pessoais.

A média das pessoas atendidas em cada audiência semanal é de sessenta; quatro anos de audiências públicas significarão, portanto, 11.520 casos resolvidos.

É pouco. É praticamente igual a zero.

O valor das audiências, todavia, não reside na sua escassa função terapêutica. Reside na ação profilática. O simples fato das autoridades, cevadas no arbítrio, saberem que o chefe da nação atende aos queixosos, como no tempo daqueles imperantes *debonnaires*, Henriques Quartos e Pedros Segundos, leva-os ao abandono do mau regime e à volta automática ao regime da justiça. E milhões e milhões de problemas pessoais entram a resolver-se por si mesmos, pelo jogo natural dos interesses e das limitações da lei. Eis como, com a simples instituição ou restauração das audiências públicas, o senhor Washington Luís passa a contribuir mais para a boa ordem das coisas do que com mil quilômetros de telegramas morais e cívicos – dos que os destinatários recebem com piscadelas de olho, a murmurarem de si para si – Que pirata!

São as audiências o meio prático que a experiência política dos povos encontrou, seja em monarquias, seja em repúblicas, de fazer o chefe do Estado agir por catálise, isto é, por ação de presença.

Além desta possui outro efeito de não menor importância: pôr às vistas do chefe certos aspectos humanos deplorabilíssimos, consequentes à viciosa organização social. O mendigo que lá aparece diz que há mendicância e fá-lo refletir nos meios de minorá-la ou saná-la. O opilado que o presidente recebe o conduz a meditar nas endemias que se alastram nas zonas rurais – e a dar atenção ao eterno clamor dos apóstolos ao tipo de Belisário Pena.

Mas se o chefe se tranca, ao modo de um Dalai Lama, e só deixa que os rumores do mundo lhe cheguem aos ouvidos por meio de uma corte celeste de espíritos santos de orelha?

Dizia-nos há pouco um fiscal da prefeitura:

– O doutor Alaor não é má bisca, mas não sabe do que se passa. Tranca-se no gabinete, como um Deus, e só conhece dos fatos através dos santos – da Secretaria. Estes santos fazem o seu joguinho e só o informam do que lhes convêm.

A audiência pública é, portanto, o meio prático de pôr a divindade em ligação direta com as criaturas. Suprime a agência dos santos – e faz que muita gente má se coíba pela simples ação do medo.

O padrão

Tempo houve, no governo Washington, em que M. L. se preocupou com os problemas financeiros. Neste artigo procura explicar com clareza o que é padrão monetário.

Os leitores dos jornais hão de andar tontos com o início dos debates em torno da estabilização da moeda, ponto central do programa do futuro presidente. Surgem economistas de todos os lados, como durante a Grande Guerra surgiam estrategistas em todos os cafés. E o público "fica besta". Mais discutem, mais debatem, e menos o público se esclarece. Por quê? Porque em regra os expositores também não possuem ideias claras. Baralham coisas embaralháveis e dão valores arbitrários às cartas. O coringa vale tudo para um; para outro só vale dez. Não definem os termos e discutem. Daí o caos.

Ameaçado de meningite pela leitura desses debates, resolvi socorrer-me de um velho amigo filósofo, sem níquel no bolso nem conta corrente no banco, e pois insuspeito para falar de dinheiro. Os que o possuem ajeitam suas ideias às conveniências do pecúlio. Não merecem fé.

Esse pobre velho há quatro anos que vive como hóspede do Estado, num medíocre hotel de pedra com grades de ferro nas portas. O Estado garante sossego em torno da sua pessoa. Não deixa que ninguém vá incomodá-lo, nem sequer os parentes. Também impede que o meu amigo saia dos seus aposentos. Podia extraviar-se – como o Costa Leite –, privando assim o Estado da obra de benemerência que é hospedar as criaturas de ideias um tanto diversas das dos demais. E esse amigo possui positivamente ideias novas, ideias meninas, dessas que irritam as ideias matronas, sacramentadas pelo bispo e oficializadas pelo governo.

Mas fui-me a ele. Obtive uma licença para visitar o precioso hóspede, e fui.

— Desejava trocar ideias a respeito do problema financeiro – disse-lhe após as efusões do encontro.

O hospedado sorriu com doce malícia.

— Perdoe-me, mas não troco ideias. Sempre que o fiz fui roubado. Dá-las-ei, mas não aceito paga na mesma espécie. Pague-mas com um charuto, pois tenho o vício de fumar – e cá o dono do hotel não inclui charutos no menu. De que se trata?

— Do padrão. O futuro presidente ameaça quebrá-lo, e vestais já surgiram, abespinhadíssimas. Dizem que é uma heresia e uma imoralidade. Será?

— É! É uma heresia de lógica falar em quebra do padrão.

— Por quê?

— Porque não se pode quebrar o que está quebrado. Quando muito eu admitiria que se dissesse – requebrar o padrão.

— Falo sério e vou levar as suas ideias aos jornais, ajudando assim a orientar a opinião pública.

— Diga, a opinião que se publica, que dirá certo. Mas venha cá: que é padrão?

— Padrão é...

— É uma coisa em que todos falam mas sobre que poucos refletem. O sossego de espírito que o nosso bondoso Estado me proporciona permitiu que eu meditasse sobre essa palavra, habilitando-me a responder à sua pergunta como se o próprio padrão falasse pela minha boca. Padrão é simplesmente o valor de uma coisa em relação a outra.

— E que é valor?

— Também uma relação entre uma coisa e outra.

— Mas valor econômico?

— Relação entre uma coisa chamada oferta e outra coisa chamada procura.

— Quer dizer que o padrão da nossa moeda é o valor...

— ... que ela tem em relação ao ouro, que é a moeda universal.

— A nossa moeda não é moeda, então?

— Moeda só é o ouro, por consenso universal dos povos. O nosso papel-dinheiro não passa de vales emitidos pelo governo – vales que o governo não paga em ouro porque não o tem e em vista disso os portadores os descontam na praça. A taxa desse desconto indica o padrão dos vales, isto é, a relação de valor entre o vale e o ouro.

— É móvel, nesse caso, o padrão do nosso dinheiro...

— Está claro. É de borracha. Daí a asneira que é falar-se em *quebra de padrão*. Desde que a moeda só é o ouro, e a relação de valor entre o ouro e os vales emitidos pelo governo varia sempre de acordo com os descontos que esses vales sofrem na praça, o tal padrão será sempre móvel.

— Mas o padrão de 27, o par?

— Houve um momento na nossa vida econômica em que esse número 27 marcou a relação entre os vales e o ouro. Esse momento passou. Em seguida os números que descem de 27 a 4 vieram por aí afora marcando o padrão dos nossos vales, conforme a maior ou menor abundância de vales na praça.

— Mas a lei marca o número 27 como o padrão fixo.

— A lei marca, mas que tem isso? Que vale a marcação legal? A vida segue por um lado e a lei fica feito múmia num canto. A vida não dá a mínima importância às leis escritas, em regra asnáticas e contrárias aos movimentos da vida. Não há padrão fixo. Isso é asneira da lei. Se padrão é relação de valor, como pode ser fixo?

— Nesse caso, como fixar o valor da nossa moeda?

— Passando do regime de vales para o regime da moeda-ouro. Enquanto houver vales de curso forçado, haverá padrão, isto é, relação de valor entre esses vales e o ouro. Quebrar padrão é asneira de rabo.

— E qual o verdadeiro padrão da nossa moeda?

— Ai, ai, ai! Vejo que perdi todo o meu latim. Verdadeiros são todos, desde o de 27 até ao de 4. Em cada momento de nossa vida é verdadeiro o padrão indicado pelas taxas de câmbio do dia. Tão verdadeiro que qualquer banco troca os vales por ouro a essa taxa de câmbio, ou de desconto. Não há um mais verdadeiro que outro. Há a verdade do momento.

– E acha que o futuro presidente realiza o seu programa e nos dota de moeda de verdade?

– É possível. Ele está profundamente imbuído da necessidade de arrolar o país entre os povos honestos. A convicção é uma grande força e além disso ele é...

– Empacador!

– Isso mesmo. Só lamento que não complete seu grandioso programa pondo no Ministério os dois grandes nomes nacionais naturalmente indicados.

– Na Praia Vermelha o Assis Brasil, não é?

– Isso mesmo. E na pasta da Guerra...

– Ele.[1]

O meu amigo sorriu e rematou:

– Como todo mundo neste país se entende bem em certos pontos! Passa-me o charuto.

Despedi-me e lá deixei o meu velho amigo Bom-senso no hotel de pedra onde o Estado o mantém incomunicável. Pelo caminho vim pensando:

– Será possível que as ideias deste homem sejam realmente tão perigosas?

---

[1] Prestes. Nota da edição de 1946.

A moeda de borracha

VERSATILIDADE DA POLÍTICA FINANCEIRA

Os jornais noticiam mais uma grande falência. Uma formidável empresa ligada a incontáveis progressos de São Paulo, e resultado da inteligência e operosidade de dois homens de excepcional valor, caiu.

Mas a um exame rigoroso do assunto será certo que esses homens faliram? Não. Pois seus nomes significam inteligência e trabalho, e seria absurdo admitir que inteligência e trabalho possam falir.

O que faliu foi o nosso governo. O que faliu por excesso de estreiteza mental, de incompreensão, de ignorância queixuda, de estupidez, foi este nosso governo central de paranoicos.

Tal governo assumiu dentro do mesmo quatriênio duas orientações diametralmente opostas e igualmente denunciadoras da mais absoluta estreiteza mental: inflacionismo e deflacionismo.

Na primeira emitiu papel-moeda e fomentou o redesconto no banco central, determinando com esta política financeira um artificial estímulo de vida nos negócios com base no crédito. As possibilidades e as facilidades de crédito bancário permitiram, muito logicamente, a todos os homens de iniciativa, largos saques contra o futuro, saques que seriam pagos a tempo, com grande lucro para o enriquecimento do país, se... se o mesmo governo, subitamente, sem dizer água-vai, não adotasse nova política financeira, justamente oposta à seguida até então. Adotou-a com a inconsciência ingênua e convencida de que a pobreza de miolo dá a certos homens levados ao poder pelo nosso absurdo regime de seleção às avessas.

As consequências foram as mesmas observáveis num trem a toda a velocidade em cuja locomotiva um maquinista bêbado desandasse a manivela do contravapor: parada brusca, choques violentíssimos, telescopagem, mortes, destruição de material etc. Até que tudo se remende e o trem possa retomar o movimento, quanta riqueza destruída, quanta energia inutilizada!

A RELAÇÃO ENTRE FINANÇAS E ECONOMIA

A adoção de uma qualquer política financeira cria um estado de coisas a que toda a vida econômica do país se adapta. Torna-se um sistema de equilíbrio. Se esse sistema de equilíbrio se rompe de súbito, mil males se sucedem até que novo sistema de equilíbrio sobrevenha.

Foi o que se deu. O capricho queixudo do centro rompeu um sistema de equilíbrio por ele mesmo até ali aceito e fomentado, para criar outro. *Melhor* – diz ele na sua santa simplicidade, como se em física, por exemplo, o fenômeno da endosmose pudesse ser *melhor ou pior* que o da exosmose...

A vida de um país – seus negócios, seu comércio, sua indústria – só exige uma coisa para a plena expansão: estabilidade. Dentro de um regime de câmbio baixo ou de câmbio alto, o país pode igualmente prosperar e enriquecer *se houver estabilidade*. A condição da prosperidade não é esta ou aquela relação da moeda em curso com o valor do ouro, não é esta ou aquela taxa de câmbio, 27 ou 7, mas simplesmente a estabilidade. Do contrário não há prosperidade possível, pois prosperar é construir e a base de qualquer construção é que o terreno não trema.

O MAL DA MOEDA ELÁSTICA

O nosso pobre Brasil vive no rol dos países mais pobres do mundo – e aqui na América entalado, qual um mendigo de *fundings*, entre dois nababos cada vez mais ricos, Estados Unidos e Argentina, unicamente por força da instabilidade do valor da moeda.

A moeda móvel (medida móvel! metro móvel! litro móvel!), sujeita a espichar-se ou encolher-se como borracha, cria no domínio econômico um regime equiparável ao do terremoto periódico em certas regiões vulcânicas do globo, onde não há construir nenhum edifício de vulto, senão casebres de palha e bambu.

O câmbio, índice visível do estado de doença da moeda-papel, ora sobe, ora desce, como termômetro que é. E a descer ou a subir está sempre a destruir riquezas. Se sobe, destrói as riquezas criadas sob o regime da baixa; se desce, destrói as criadas sob o regime da alta. De modo que *sempre, sempre, uma metade do país está perdendo o que ganhou*.

Vem daí que o pobre Brasil *trabalha* mas não *acumula* e vem daí a sua grotesca situação econômica no mundo.

UM EXEMPLO FRISANTE

Basta um exemplo para mostrar a nossa miséria. O Brasil, com os seus incontáveis recursos naturais e seus trinta milhões de habitantes, produz menos que... a fábrica Ford! Henry Ford, à testa de cinquenta mil operários, transforma matéria-prima em utilidades no valor de 8 milhões de contos por ano. Nós, um país!, não chegamos lá!...

E como chegarmos, se o regime é *criar e ver cair*?

Vivemos, em matéria de riqueza, a fazer e ver desfazer-se. O bom povo trabalha de sol a sol, os homens de iniciativa lançam as bases de grandes negócios; mas o fatal tremor na moeda sobrevém e tudo rui. Estes tremores são uma contingência lógica do sistema monetário que nos envenena – funesto em si e ainda por permitir experiências pessoais de governantes paranoicos que acaso subam ao poder.

Por uma inaudita felicidade parece que tudo vai mudar no próximo quatriênio. O sr. Washington Luís está senhor do problema e empenhadíssimo em resolvê-lo. Se o fizer, se estabilizar a moeda, se puser fim ao regime crônico do tremor da moeda, realizará uma coisa tão desconformemente grande que a nada se poderá comparar. Isso será o verdadeiro início da nossa vida como povo decente; será o fim da jogatina que tem sido a vida nacional; será o fechamento da era das aparentes falências da inteligência e do trabalho.

E será também o fim do ódio a São Paulo. Porque é espantoso que a ininteligência chegue aos extremos a que chega. Há o propósito deliberado de abater São Paulo *já que o resto do país não lhe pode acompanhar o progresso!*

Daí um imposto sobre a renda que só alcançará São Paulo, daí os contravapores na política financeira, e o bombardeio etc. Tudo isso é planejado para *refrear* a marcha de São Paulo!

Para tais mentalidades o Brasil não é um corpo uno. É um corpo parasitado por outro corpo: – São Paulo, e cumpre atrofiar este para benefício daquele...

Tais cabeças raciocinam como o louco que queimou a mão direita por vê-la mais hábil e produtiva do que a esquerda, convencido de que com isso beneficiaria o corpo...

A seleção às avessas dá resultados assombrosos...

Gânglios pensantes

Curiosa investigação, mas fora do alcance humano, seria, num dado momento, estudar o cérebro de um povo. Mas se nada há mais complexo que um cérebro humano, que dizer-se do cérebro de um povo, composto de milhares de gânglios esparsos pelo país inteiro, correspondendo cada qual a um cérebro individual autônomo? Os dirigentes julgam que dirigem, mas não dirigem coisíssima nenhuma. Quem na realidade dirige ou, melhor, quem elabora as diretrizes sociais são os pensadores, são os gânglios esparsos do cérebro coletivo. Aqui um medita – e dele virá uma futura norma financeira. Ali outro pesa e repesa fatos, conclui, induz – e dele sairá a clara visão sociológica de amanhã. Adiante outro adivinha – e em suas ideias se alicerçará um melhor código de regras industriais.

Onde está neste momento o cérebro do Brasil? Quais os gânglios autônomos cujo pensamento justo e certo nos encaminhará a todos, pela força de sedução da lógica e da verdade pragmática, para uma justiça e uma certeza?

Impossível dizê-lo, mas muito possível acertar com a indicação de um ou outro lóbulo elaborador de pensamento construtivo, realmente orgânico.

Em São Paulo há um, Carlos Inglês de Sousa, de feição intuitivamente econômica e dotado da grande força persuasiva necessária para fazer adeptos, formar corrente e atuar com a benéfica eficiência do jato de luz nas trevas do nosso caos econômico. Apareceu há bem pouco tempo com um livro olhado de revés pelos sábios em finanças, pelos banqueiros que se gozam e tiram o máximo partido da nossa anarquia monetária. Essa obra é o olho-d'água de um rio de amanhã.

Da *Anarquia monetária*, de Carlos Inglês de Sousa, vai sair o reajuste da economia nacional à base única da prosperidade: a fixidez da moeda.

Carlos Inglês é pois um gânglio cerebral do país – o gânglio do bom-senso econômico.

Outro reside em Niterói, ignorado dos grandes do dia, esses medalhões que remoçam a velha fábula de La Fontaine – *"L'âne portant les reliques"*. É Oliveira Viana. Em seu modesto retiro, à rua São Boaventura, esse gânglio pensante erigiu um laboratório de análise sociológica para onde conflui o melhor instrumental do mundo. Em suas estantes não falta a mais recente obra dos penetrantes sociólogos americanos e ingleses, como nenhum dos clássicos universais da ciência que estuda o jogo das raças, sua interpenetração recíproca, seu condicionamento pelo meio físico.

Mas o valor de Oliveira Viana está em que desses mestres não toma as ideias, e sim apenas os métodos de estudo. Por meio deles apenas apura a sua técnica, apenas aperfeiçoa o seu aparelho mental de análise e observação. O objeto de estudo é o nosso povo, sua contextura, os movimentos que nele se operaram e se operam, a dose de eugenismo dos vários fatores, o modo por que se comportam na reação contra o meio físico formação e evolução, em suma, do povo brasileiro.

Sua obra de revisão de valores, de exame e refugo de ideias feitas, de visão e previsão social, dará outro norte ao país, uma vez concluída. Os dirigentes que hoje atuam às cegas, sem uma diretriz cientificamente deduzida a lhes guiar os passos, ver-se-ão por fim na posse de bússola e roteiros. Oliveira Viana está criando "olhos de ver", que mais tarde lhes substituam na cara os olhos de olhar apenas.

Os livros que já deu a público impressionaram fundamente, como *algo nuevo* em nossas letras. Eram ciência da boa, ciência crioula, cujos princípios qualquer criatura de mediano bom-senso pode controlar por meio da observação própria e comezinha. Mas apesar desses livros representarem muito, nada são diante da obra que Oliveira Viana elabora com paciência de frade bolandista, no recesso do seu laboratório de ideias. Em duas partes ele a divide. A primeira, "O problema étnico brasileiro", virá esclarecer para sempre a nossa constituição racial, com a minúcia e clareza com que Fabre esclarece a biologia de um inseto.

O *nosce te ipsum* é conselho de verdade eterna. Não há construção possível sem o conhecimento exato do material que entra na construção. E o *nosce te ipsum* até hoje nos faltou. A extensão territorial e a variedade de fatores componentes do nosso povo têm desnorteado a nossa visão ligeira, o nosso concluir apressado, a nossa meia ciência livresca e mais de reportagem do que construtiva.

Grandes homens tivemos, como Rui, cuja ignorância do povo foi grande. Nossos presidentes da República em regra imaginam um Brasil teórico que em nada se ajusta ao de carne e osso.

Quando veio a República e os constituintes se meteram à tarefa de coser para o país um novo terno constitucional, nenhum se lembrou de tomar medidas ao corpo do gigante nu, recém-despido do casacão monárquico. Importaram dos Estados Unidos uma roupa feita – muito bem cosida, de muito bom pano, lindo corte, mas com o grave defeito de não servir para o gigante. Vem daí que para que as coisas funcionem é mister um periódico despi-lo e enfiá-lo na camisola de força do estado de sítio.

Não contente com essa obra que vai ser a pedra mestra das nossas construções futuras, Oliveira Viana elabora outra, deduzida da primeira e de consequências práticas evidentíssimas. A primeira é a lei. A segunda será o regulamento da lei: "A educação das classes dirigentes".

Até aqui vem acontecendo entre nós o mais curioso dos contrassensos. Exige-se habilitação para tudo, menos para dirigir o país. Ninguém toma uma cozinheira que não saiba cozinhar, nem um pedreiro que não saiba assentar tijolos, nem uma datilógrafa que não saiba dar ao teclado. Mas se se trata de presidir a uma municipalidade, a um estado ou à União, qualquer indivíduo serve. Não é preciso que entenda de coisa nenhuma, como o marechal Hermes; nem que tenha ideias sãs e operativas. Daí a nossa permanência numa eterna "insolução de problemas".

Ora, no dia em que um homem de governo possua um guia, uma verdadeira obra de ciência que lhe dê ideias claras e justas, fará como os bacharéis recém-formados, que dão a ilusão de saber alguma coisa à custa dos "vade-mécuns" e "assessores forenses". Estarão dispensados de pensar com suas próprias cabeças e nos vitimar com as lamentáveis ideias que elas partejam. Uma luz os guiará – e como essa luz se terá difundido pela elite orientadoramente, a elite se achará habilitada a impor ao chefe diretrizes sãs nos casos em que a cegueira suprema se mostre cega além do coeficiente tolerável.

Para a treva só há um remédio, a luz. A treva em matéria de inteligência tem o nome de estupidez. Ideias claras, ciência: eis a única luz que bate a treva da estupidez. Quem elabora ideias claras como as de Oliveira Viana, ciência de verdade como a sua, não pode deixar de ser um dos gânglios pensantes do cérebro da nação. Os homens de hoje não percebem isso. Mas os do futuro far-lhe-ão justiça.

A cegueira naval

Neste artigo, de 1925, M. L. prevê o que a aviação vai representar para as marinhas de guerra como vedetas em altitude.

UMA LIÇÃO DE MARINHA

– É muito maior por dentro do que por fora! – disse, resumindo a sua visita a um dos nossos *dreadnoughts*, certo... finlandês.

Esta ingênua observação é recordada por todos os oficiais da Marinha sempre que um paisano penetra no *São Paulo* e assombra-se com as dimensões imprevistas dessa cidade flutuante. Quem o vê de fora só apanha a massa correspondente a dois andares, e o arranha-céu às avessas (arranha-fundo) tem onze. O que se vê à tona das águas corresponde ao telhado; a massa maior do monstro de ferro só se visibiliza para os peixes – que muito se hão de admirar do engenho dos seus netos. Sim. O *Homo sapiens*, pelo transformismo, procede dos peixes. No *amphioxus* está um dos nossos avós – donde não passar de puro canibalismo retrospectivo o comermos uma simples pescada de escabeche...

Uma visita ao *São Paulo*, puxada pelo comandante Vilar, proporcionou-nos a "lição de Marinha" que todo brasileiro devia receber.

Lição, sim. Porque a Marinha brasileira, por absurdo que o pareça, *existe* – no seu espírito, na sua tradição, no seu sacrifício, na sua tristeza, na sua renúncia. Espírito que a longa continuidade de trabalho num certo rumo formou. Tradição que Tamandaré, Amazonas e Saldanha paragonaram. Sacrifício que é ver-se à margem de um coração que a mal compreende. Esforço que é dar mais do que pode. Tristeza de saber-se descolocada no continente. Renúncia que é a certeza da derrota no momento decisivo...

O segredo de dirigir nossa gente

O primor de asseio e apuro técnico com que o velho *São Paulo* se mantém chega a enternecer. Brummel fazendo prodígios para substituir pela arte a mocidade que já lá se foi... Aquilo reluz como automóvel novo. O visitante percorre-o inteiro, d'alto aos fundos, toca em todas as máquinas, esbarra em todos os metais e ressurte na coberta sem a menor mancha na alvura dos seus brins. E espanta-se ao saber que esse prodígio é obtido com o terço da guarnição normal – toda ela formada de jecas da roça, a gente de maior rendimento útil quando se cura e o acaso põe a competência a dirigi-la.

Uma leva de homens do Norte chegou, coletada para o serviço da Marinha. Caboclos, jagunços, jecas – a rija e surrada carne sertaneja, o rude coração que a iniquidade transforma em cangaceiros e o espírito de justiça transfaz em heróis. Vinham dos fundos do sertão, ingênuos, ambientados ainda pela aura humilde da querência.

O comandante foi-lhes dando os respectivos destinos, até que chegou a vez dos dois últimos.

– Você, para o *Belmonte*, e você, para o *Minas*.

Os dois sertanejos entreolharam-se, aflitos e incertos. Por fim um falou:

– Não vê que nós queria ficar perto. Nossa malinha vem junto desde o Catolé...

O comandante olha para a humílima trouxinha em comum, comove-se e junta-os de novo. Não se sentiu com ânimo de separar o que aquela trouxinha unira...

Mas a visita prosseguiu e, ao cabo, por voz unânime, nossa impressão se sintetizou numa frase:

– É o máximo que se poderia exigir.

Todos a dissemos – e mais que isso todos o sentimos.

A MAIOR FORÇA DE UMA MARINHA

Adiante, de surpresa, uma nova peça mestra da nossa Marinha nos surpreende: o almirante Sousa e Silva. Meia dúzia de palavras e um retrato se desenha. O retrato do equilíbrio sereno, do homem finamente policiado em suas ideias e sentimentos, senhor de si em todas as emergências, amplo de cultura bem personalizada, chefe nato sob o chefe que o estudo conforma. A aura de respeito que o envolve não procede apenas das suas insígnias de almirante. Não é almirante só porque as tem. Sê-lo-ia sem elas. O que faz o almirante, o general, o chefe nunca são os galões, senão as qualidades superiores de comando e descortino. O capitão Prestes, nu, é general. Quantos generais permanecem cabos, por mais galões que se pendurem neles?

E, instruídos pela lição daqueles oficiais superiores e pelas manobras que outros tiveram a gentileza de executar, varremo-nos das noções falsas que tínhamos na cabeça. Verificamos que no descalabro das nossas coisas a Marinha existe; e como um quadrado que se fecha na defesa silenciosa de um pendão, subsiste, insiste, resiste, persiste.

A Marinha teima heroicamente em ser. Olha para Saldanha, faz que a maruja olhe para Marcílio Dias e em silêncio se obstina em não renegar suas tradições.

Este verso de medalha revê heroísmo. Já o reverso só revê melancolia, porque a Marinha sabe do seu mau aparelhamento, reconhece a sua inferioridade material e pende a cabeça sobre o peito.

A maior força de uma Marinha, a força eletrizante capaz de impelir seus homens aos maiores heroísmos, é a convicção da eficiência bélica. Quando uma esquadra inglesa, japonesa ou americana parte para a luta, em todos os corações freme a certeza da vitória. Todos sabem que durante a paz nada foi descurado para consegui-la. Sabem que a arma que vão manobrar consagra a aplicação do que há de última palavra na matéria. E essa segurança da vitória corresponde a meia vitória.

Em caso idêntico a nossa esquadra partiria com o coração a estalar na certeza absoluta da derrota. Partiria desarmada da grande arma do entusiasmo, deseletrizada como pilhas vazias...

Por quê?

Porque nosso programa naval não visa coisa nenhuma. Temos navios por ter, porque é uso dos países terem navios – e isto jamais constituiu programa. Um programa visa fins definidos, objetivos próximos, inimigos prováveis. A Inglaterra visa à supremacia sobre as duas maiores esquadras do continente europeu reunidas.

Os Estados Unidos visam à supremacia sobre o Japão. A Argentina visa-nos. Nós visamos... à Lua.

Mais pragmática, a Argentina, com muita lógica, visa o vizinho de sentimentos pouco afins em virtude de certas fatalidades históricas. Tudo nos une, sim, diz ela... Ituzaingo, Cáceres... mas armemo-nos contra esse vizinho amigo. E seu programa naval corresponde na Sul América ao do *two powers standard* da Inglaterra. Pragmática, sensata, pouco ideóloga, seu programa naval estatui uma superioridade constante sobre a Marinha brasileira. Cada passo que o Brasil dá no mar é seguido de passo e meio da Argentina – e hoje, como ontem, como há dez anos, como há vinte anos, a nossa arma de mar se conserva em relação à da Argentina em atraso de um quarto de hora...

Mas quem não sabe que nos recontros vence aquele que chega um quarto de hora antes?

Combatente que conheça o atraso do seu relógio parte na certeza matemática do desastre. Sabe que no choque uma só coisa o espera: o mergulho sinistro da destruição antes que um só projétil seu alcance o adversário...

Os olhos das esquadras modernas

Uma nova arma veio revolucionar o mundo. São os aviões os olhos das esquadras modernas. Águias de visão agudíssima, que das alturas norteiam o movimento técnico das unidades navais – e talvez amanhã o elemento novo que as vai varrer dos mares. Foi um filho destas terras quem criou esses olhos que faltavam à Marinha – olhos de que hoje se estão provendo todas as Marinhas do mundo. A Argentina possui mais de trezentos pilotos e talvez outros tantos aviões. Trezentos olhos já!

O Brasil, na sua inconsciência de "gigante bobo", de país que espera não se sabe o quê, conserva a sua Marinha tão sem olhos como nos bons tempos do almirante Tamandaré. Força-a a dirigir-se ainda pelo tato, a caminhar apalpando, como Noé na sua arca. Forçá-la-á no momento do perigo a fazer o papel de cabra-cega sob um revoo vertiginoso de águias.

O Brasil possui uns trinta pilotos e uns três ou quatro aviões que voam... Só.

Os patriotas de palavras chamam derrotistas aos que clamam a tempo de se evitarem derrotas. Mas o verdadeiro derrotista é quem esconde a verdade ou apoteosa o regime do cabra-ceguismo, quando nas fronteiras o vizinho previdente vai formando o seu viveiro de olhos.

– Mas o vizinho é amigo. Tudo nos une...

– Sim, e os anjos digam amém a essa amizade e à eternidade dessa união. Mas fique o trabuco bem escorvado ali no canto.

Povo que em relação aos seus vizinhos ardorosos e fortes não admite o "mas" da velha prudência inglesa, copiado pela jovem prudência argentina, acaba um dia de luto, murmurando entre lágrimas a dolorosa interjeição dos franceses – *Hélas!*...

Loucura

Um autor americano acoima de madness
o que nós aqui chamamos governo.

Acaba de aparecer nos Estados Unidos um livro sobre o Brasil, dum turista que anda pelo mundo derramando seus dólares em troca de impressões.

Como sempre acontece, esse impressionista viu tudo a seu modo e no livro estampa coisas justas ao lado de outras injustíssimas.

Entre as injustas há uma que não sei como ainda não arrepiou as escamas da nossa tão escamável imprensa. Imagine-se que o homenzinho diz que somos um povo de mulatos e loucos!

Vá que dissesse de loucos; mas de mulatos, é demais! Calúnia pura. Mulato só existe no Brasil o de Aluísio de Azevedo. E a melhor prova disso está na indignação da imprensa todas as vezes que em livro estrangeiro aparece repetido tão monstruoso aleive.

Que estranho daltonismo assalta os turistas que pisam terras brasileiras! Todos veem errado, ou veem coisas que não existem...

Savage Landor viu no sertão um povo doente, que ele acoimou de fim de raça. Afonso Arinos, de Paris, rebateu-o vitoriosamente e deslumbrou o mundo com o quadro de saúde e beleza física do nosso jeca.

É preciso que surja agora um novo campeão e prove ao turista de trator que não há mulatos aqui, e muito menos loucos.

Mas transcrevamos as palavras de Mister Cooper, o tal turista.

"Não me posso explicar de outra maneira", diz ele no capítulo "*Madness*", "a leviandade com que se legisla no Brasil. Por mais que eu procure desviar o espírito, a palavra *madness* (loucura) me obsessiona. Imagine-se que dentro de um mesmo período governamental (que é dos mais curtos, quatro anos) adotam-se duas políticas financeiras diametralmente contrárias: a política emissionista e logo em seguida a deflacionista, consistente na restrição do papel-moeda circulante. De acordo com a política número um, o banco central, armado de faculdade emissora, operou em escala amplíssima. Fabricou dinheiro à larga para com ele redescontar os efeitos comerciais recebidos pelos bancos-satélites. Isso deu origem a uma forte expansão dos negócios (*boom*), com base na facilidade do crédito bancário. E São Paulo, que é a parte viva e produtora do país, aproveitou-se das ensanchas para um verdadeiro e vertiginoso elance (*rush*) industrial.

Repetiu-se ali o fenômeno que observamos cá durante a guerra. Os negócios cresceram como cogumelos, sem outra base além das facilidades do crédito.

Subitamente o governo central muda de orientação. Passa à política número dois, deflacionista. Cessa de emitir, suprime o redesconto no banco central e, não contente, passa a queimar o papel já integrado no movimento dos negócios e, pois, indispensável.

Sobrevém o pânico. As praças comerciais veem-se descavalgadas e sem meios de prosseguir nos negócios. O crédito desaparece, ao mesmo tempo que as reservas em espécie minguam.

Os negócios, colhidos de surpresa em meio da corrida, tropeçam e caem. Começam as falências. Só em São Paulo chegam a 30 milhões de dólares, soma altíssima para um país pobre como o Brasil.

O fenômeno torna-se perfeitamente equiparável a uma temperatura que cai às bruscas de 25 graus a 5. Não há organismo que tenha tempo de adaptar-se. Todos se resfriam e grande número de organismos rola por terra vítima do choque traumático.

Quando me lembro que na Inglaterra o Parlamento leva anos e anos a debater a menor lei passível de reflexos econômicos, quando me lembro do que vem sendo há um século a luta entre o protecionismo e o livre-câmbio – quando vejo a prudência com que a *poor France*, na angústia em que se debate, evita mutações repentinas, não posso deixar de acoimar de loucura esta inconsciência do brasileiro.

Ao lado da loucura dos dirigentes outro fato que me impressionou foi a resignação do povo.

Entre nós, ou na Inglaterra, um semelhante ato de loucura levaria o governo ao chão e seus membros seriam internados em manicômios.

No Brasil, nada disso. O povo abaixou a cabeça; quem faliu ficou falido; quem morreu, morreu; quem ganhou, ganhou.

Conversei com vários homens de negócios e em todos vi o mesmo gesto de resignação muçulmana, acompanhado da mesma palavra: Que fazer? O governo quer...

O governo no Brasil não é o órgão coordenador que temos aqui (*a sort of central distribution point where all our efforts are coordinated for the general good*). É uma espécie de dono, de senhor das coisas, como na Idade Média europeia. Age de acordo com os caprichos do momento (*lunacy*) sem consulta aos interesses mais vitais da nação. É em suma o que pode ser num país de mulatos tarados e loucos."

São estas as duras palavras de Mister Cooper – que até parece um leitor assíduo da "certa imprensa".[1]

Como se vê, palavras injustíssimas. Calúnias. Nada do que ele refere se deu por cá, nem há mulatos no Brasil. Somos todos louríssimos, de olhos azuis; e quanto a bom-senso, temo-lo para dar e vender a esses miseráveis *yankees*, tão degenerados que já nem álcool bebem.

---

[1] *Nos tempos anteriores à Revolução, a imprensa oposicionista era chamada pelos jornais do governo de "certa imprensa"... Nota da edição de 1946.*

Guerra ao livro

Vão reformar-se as tarifas da Alfândega e entre as novidades introduzidas no projeto há uma equivalente a profundo golpe em nossa débil, incipiente cultura. Parece até que a mira do legislador foi quebrar-lhe as pernas raquíticas, para divertir-se, à maneira de Nero, com o trambolhão da aleijadinha.

A cultura se faz por meio do livro. O livro se faz com papel. Carregar de taxas o papel é asfixiar o livro. Asfixiar o livro é matar a cultura. Pois no seu projeto de reforma o legislador parece que não visou a outra coisa.

Começa onerando proibitivamente a entrada do papel próprio para livros, em taxas que vão até 800 réis o quilo, um puro absurdo. Depois abre a porta ao livro estrangeiro, ou impresso fora. Resume-se assim o seu critério: papel em branco para ser impresso aqui: proibido; papel impresso fora, sob forma de livros e outras: isenção completa.

Torna-se impossível a concorrência. Que editor fará livros em oficinas nacionais se fazendo-os em oficinas estrangeiras ganha só no papel até 800 réis em quilo! Morre a indústria do livro nacional, positivamente, e morre por mãos dos homens a quem o povo confiou implicitamente a missão de fomentá-la.

A guerra ao livro vai além. Não contente de desferir contra ele esse golpe tremendo, o reformador de tarifas subgolpeia-o à direita e à esquerda, por cima e por baixo. Como? Onerando com ferocidade a importação de máquinas gráficas. Cento e cinquenta réis por quilo é quanto terá de pagar o imbecil que se proponha a importar prelos, linotipos etc. Esse ônus, somado ao ônus imposto ao papel, equivale àquela famosa medida adotada pelo governo português contra os prelos do Brasil Colônia, mandando-os destruir a marreta. Os extremos tocam-se. A mentalidade metropolitana d'antanho irmana-se agora com a mentalidade dos nossos republicaníssimos fazedores de leis. Ambas querem a mesma coisa: trevas mentais. Ambas guerreiam o mesmo dragão: o livro. São manas. O mesmo útero as gestou. A diferença é apenas de época de nascimento. Uma nasceu a tempo. Outra fora de tempo. A mentalidade de hoje, bibliófoba, explui como um feto teratológico, filho de Pina Manique, com gestação emperrada de um século.

Como explicar numa época como a nossa sobrevivências assim? Parturições de mostrengos peludos, enormíssimos de orelhas, com quatro patas cascudas?

Todos os povos civilizados procuram aplainar por todos os meios o caminho da cultura. Nós atravancamo-lo de empeços. Na Alemanha o povo atingiu o mais alto grau de cultura porque o Estado asfaltou o caminho que a ela conduzia. Vimo-la, assim, editando em 1913 35 mil obras, enquanto a Inglaterra dava 12 mil e a França 10 mil. Nós, em vez de asfaltar a estrada, barramo-la de arame farpado!...

Um único regime é possível aqui: entrada franca para o livro estrangeiro e para a matéria-prima do livro nacional. Tudo o que sair disso vai de encontro às nossas necessidades vitais. Vítimas da incultura, pobres por incultura, doentes por incultura, mal governados por incultura, sem bom conceito por incultura, o meio único de nos arrancarmos ao atoleiro é a cultura. Como, pois, cerceá-la, torcendo o pescoço ao instrumento de cultura que é o livro?

Já era caro e capenga o livro nacional. Apesar disso abria o seu caminho e lá ia desempenhando a sua missão. Começava. Experimentava os primeiros passos. Veio a alta do papel, a maior de quantas registrou a indústria, mas ele a ia vencendo, com a boa vontade do público e uma restrição de lucros para o editor. Venceria a crise. Aguentaria o mau passo. Súbito, intervém o governo. A favor? Não! Contra. Para fomentá-lo, ampará-lo? Não! Para matá-lo. Matá-lo com carinho ao menos, disfarçadamente, aos poucos, sem sofrimento para a vítima? Nada disso. Matá-lo por estrangulação imediata – garrote velho!...

Sob o novo regime tarifário por que preço vai sair um livro impresso entre nós? Certamente que por preço inacessível ao público. E este o dispensará, está claro. Já anda o livro por 4 mil-réis, o que é muito, o que é mesmo o limite máximo que o público tolera. A nova tarifa pô-lo-á a 5, e o público o deixará às moscas. Eis a bela perspectiva que se nos abre ante os olhos...

O Congresso anda escarafunchando meios de comemorar o Centenário da Independência. Há um em absoluta coerência com este e outros atos legislativos: decretar que a cultura é um mal e a incultura um bem; e organizar na praça onde se ergue a estátua de Pedro I um soleníssimo auto da fé do livro. Depois, todo mundo de quatro, a zurrar evoés ao cavalo de bronze do imperador.

Artur Neiva

Quando o grande cientista de Manguinhos pôs em prática suas ideias na chefia sanitária de São Paulo, M. L. exaltou-o com calor.

Certo dia, na Universidade de Leipzig, um estudante japonês abordou o eminente Ostwald com esta pergunta estranha:

– Haverá meios de distinguirmos cedo os homens que um dia se notabilizarão nas ciências?

Esta pergunta, encomendada pelo governo nipônico, embaraçou deveras o grande professor alemão e ficou a verrumar-lhe os miolos por muitos dias. Mas ao cabo de longo matutar ele apreendeu finalmente o traço característico dos futuros grandes homens, o primeiro a revelar-se em anos verdes: horror à escola! Os alunos mais bem-dotados nunca se mostram satisfeitos com o que lhes oferece o ensino secundário, conformado sob medida para a mentalidade e o caráter do maior número, isto é, dos medíocres. As criaturas de exceção, essas sofrem a asfixia do ambiente estreito e revoltam-se. Passam a constituir a classe dos maus alunos, dos vadios, dos indisciplinados, e acabam, não raro, expulsos da escola.

A pergunta do japonesinho deu lugar a que Ostwald escrevesse o mais interessante dos seus livros, *Os grandes homens* – no qual estuda o problema com o rigorismo analítico dos métodos germânicos. Seus numerosos anos de vida letiva na universidade, onde pôde observar a evolução de milhares de alunos, mais o escabichamento da vida duns tantos grandes homens verdadeiramente criadores, como Davy, Liebig, Robert Mayer, Faraday e Helmholtz, confirmaram-no naquela intuição.

O sinal característico do grande homem na vida escolar é sempre a rebeldia ao ensino clássico, tendente, como diz Nietzsche, a arruinar a exceção em favor da regra.

Eis por que as academias de ciências nunca dão de si os frutos esperados. A formação fecunda faz-se fora delas, em torno de professores apaixonados pelo ensino e bastante compreensivos para sofrear em si a tendência, inata no homem, de impor tiranicamente a personalidade própria, em vez de permitir o livre surto da personalidade dos discípulos. É clássico o exemplo da ação formadora de Justus Liebig. Ao mundo deu esse químico mais sábios do que uma universidade inteira; vários países disputavam os seus alunos, vindo ele a exercer, dessarte, uma influência enorme no movimento científico da época.

Acodem-nos à memória estes fatos diante de Artur Neiva, mais um a confirmar as teorias de Ostwald. Enquanto aluno de academias, vadiou – forma usual da revolta contra os métodos de ensino. Seus contemporâneos são contestes neste depoimento. Vadiou, e vadiando assinalou-se como um predestinado a brilhar na plêiade dos nossos maiores cientistas. O acaso, depois, fê-lo discípulo de Osvaldo Cruz – e aí começa a sua verdadeira formação. Osvaldo era o tipo do mestre criador, à maneira de Liebig. Catalítico, agia pela presença. Fecundava os cérebros com o pólen da sua bondade e do seu fervor pela ciência. Favorecia no mais alto grau a evolução personalíssima dos alunos. Criava grandes homens. A ele deve o Brasil o mais fulgurante núcleo de cientistas jamais formado em nossas plagas. Um deles foi Artur Neiva. Ao influxo da alma ardente de Osvaldo Cruz, Neiva revelou-se a si próprio, compreendeu a ciência, amou-a e entregou-se-lhe de corpo e alma, como outrora os místicos se entregavam à religião.

Ele próprio o reconhece, dando-se como criação osvaldina; e não perde ensejo de proclamar a força de radiação do grande mestre.

De natureza contemplativa, com singular vocação estética, à força de treino conseguiu no jogo das suas faculdades dar hegemonia ao pendor científico, subordinando-lhe todos os mais. E é hoje um exemplar acabado do sábio moderno, com visão das mais amplas, sensação ecológica da interdependência dos fenômenos humanos, naturais e sociais, seguro de si, confiante, rijo no trabalho, todo olhos para o futuro, frio às injunções mesquinhas do presente, norteado sempre por um calmo determinismo científico, criador, ampliador e catalítico à maneira do seu mestre – tipo, em suma, dessa classe de obreiros através dos quais se realiza hoje o progresso do mundo.

Uma anedota documental. Em excursão a Iguape, a ver com seus olhos como iam os trabalhos de combate à opilação e à malária lá iniciados, convidou-nos para companheiros de viagem. Fomos. Viagem longa, de um dia inteiro, começada em trem e concluída em lancha pela Ribeira abaixo. Chegamos ao escurecer. Depois do jantar, enquanto os outros se ajeitavam para o descanso ou no bilhar batiam bola para desentorpecimento dos músculos, vi parar à porta um camarada com três matungos arreados. Neiva convidou-me a acompanhá-lo e lá fui, nove da noite, sem saber ao quê. Penetramos na mata, alguns quilômetros fora da cidade. Vi-o apear-se e acender a lanterna elétrica, e correr a luz pelo couro do cavalo em procura das anofelinas que incontinênti acudiram àquele inesperado banquete. Uma hora passou ele assim, caçando mosquitos e dissertando sobre as particularidades de cada espécie. O caso era este: havia daquelas bandas um foco malárico resistente a todos os trabalhos da profilaxia – drenos, roçados etc. Vindo Neiva a saber disso durante o jantar, não resistiu à comichão duma pesquisa direta, e a ela se fora enquanto os mais descansavam da viajada no hotel. E resolveu o problema. Encontrou as anofelinas da espécie perigosa. Tinham o ninho na água depositada pelas chuvas nas bromélias parasitas. Estava liquidado o caso. Regressamos – e no outro dia ordens precisas eram dadas para matar de vez a malária de Iguape em seu derradeiro reduto.

Nessa noite compreendi o homem e alcancei a força tremenda que se potencializa nos apaixonados da ciência. Pela primeira vez em São Paulo um diretor do Serviço Sanitário esquecia as suas funções burocráticas e fazia ciência pessoalmente à moda de Osvaldo.

Este fato ilustra a "maneira" de Artur Neiva. Não se limita nunca a organizar um serviço; vai ver, cheirar, apalpar; identifica-se com ele, apaixona-se, e com o exemplo transmite aos seus auxiliares aquele fervoroso interesse sem o qual todo serviço encrua em caquetismo burocrático. Foi assim que remodelou, inteira, a organização sanitária de São Paulo.

Esta sua obra não pode ser bem compreendida no momento. Neiva criou demais, inovou demais: o quadro saiu de dimensões muito arrojadas para que possamos vê-lo no conjunto sem o recuo do tempo. As telas pequenas enxergam-se a um metro de distância; nas grandes, um espaço tão pequeno só permite a visão de detalhes. É o que se dá com a obra de Artur Neiva em São Paulo. É cedo para apreciá-la devidamente. A de Osvaldo, no Rio, não foi compreendida pelos contemporâneos, chegando até a provocar uma revolução. Mas haverá hoje imbecil, um que seja, que não perceba a harmonia da tela?

Não se limitou Neiva à função cômoda de chefe dum departamento público, com rapapés lisonjeiros aos jornais, tendentes a criar uma irisação adjetivosa em torno de sua pessoa. Criou. Plantou. Semeou. Remodelou serviços velhos e perros. Iniciou serviços novos. Restringiu a burocracia ao mínimo. Venceu a resistência tremenda do espírito de inércia, de rotina e de apercepção.

Gastou quatro anos de sua vida nas funções de mecânico, montando um aparelhamento de primeira ordem, por meio do qual, em matéria de higiene, São Paulo pudesse conquistar no mundo um lugar de honra. Pô-lo em funcionamento, corrigiu-lhe os defeitos iniciais e legou aos seus substitutos a tarefa infinitamente mais simples de não deixar que parem as máquinas.

De Butantã fez um instituto científico superiormente aparelhado para o fabrico de numerosos soros, muitos deles concentrados, novidade no Brasil, e lançou os alicerces da sua transformação numa das primeiras casas de ciência da América do Sul – rival do Instituto de Higiene de Buenos Aires e de Manguinhos. Se o novo governo compreender a importância deste fato e levar a cabo a conclusão do projeto nos termos em que o eminente Rocha Lima o propôs, fará uma obra de incalculável alcance para o progresso deste país, vítima sempre do descaso, ou da nenhuma importância dada à ciência, como se não fosse ela a fada mágica de cujas mãos tudo hoje sai. As bases do grandioso instituto estão lançadas; bastará dotá-lo com um quinto da verba anual gasta pelo governo passado em "gavar" vilíssimos piratas da imprensa para que São Paulo alcance uma hegemonia a mais, a científica.

Bastaria Butantã para notabilizar a passagem de Artur Neiva por São Paulo. Ele foi muito além, entretanto. Iniciou batalha tremenda contra as endemias assoladoras. Várias zonas já se acham libertas das verminoses e da malária. Trabalho silencioso, sem toque de caixa, sem manobra apoteótica de imprensa, não diz dele uma procissão de adjetivos comprados pela verba secreta a tanto por cabeça. Mas abençoam-no os milhares de doentes opilados ou maláricos, libertos do flagelo graças à sua energia.

Atacou, ainda, a sífilis, criando cinco postos de assistência gratuita, por onde já passaram milheiros de doentes.

Estes serviços, se valem, e muito, como realização, valem imenso como prova de possibilidades. É a máquina do saneamento que partiu. É a ideia transformada em ação. É o repúdio definitivo da parolagem bacharelesca de até aqui e o início da arrancada para a civilização. É o lançamento da primeira pedra do Brasil de amanhã – curado, ressurgido, capaz de pôr-se de pé e caminhar.

Foi tudo? Não. Artur Neiva completou sua obra dotando São Paulo dum Código Sanitário Rural que é novidade não só para o Brasil como para toda a América do Sul. Visa estender à população do campo, largada até aqui na maior miséria física e moral, os benefícios que a higiene já deu às cidades, estabelecendo medidas profiláticas contra as endemias, contra a invasão dos indesejáveis e contra a má habitação que as fazendas proporcionam aos trabalhadores. Novidade absoluta, foi o código no começo recebido com desagrado e até revolta. Hoje, melhor compreendido, está aceito e vai sendo aplicado em escala cada vez maior. Muitas fazendas já se remodelaram e instigam as outras a fazerem o mesmo.

Uma palavra resume a ação de Artur Neiva em São Paulo: semeadura. E a seara virá, farta e consoladora.

Resignação

O desalento de M. L. em face da nossa pobreza, decorrente de erros da nossa organização social e política, aparece mais uma vez aqui.

A todos espanta o fato de não existir entre nós um jornal, um pelo menos, ao molde e das proporções de *La Nación* e *La Prensa*, poderosíssimas folhas argentinas, de tiragens acima de duzentos milheiros. E ainda há pouco um eminente jornalista carioca, estudando o fato, frisou como causa – uma delas – a fraca porcentagem de anúncios que revelam nossas folhas em comparação com as platinas.

O comércio pouco anuncia, é fato, mas cabe culpa ao comércio? Não. O anúncio entre nós raro corresponde – e sempre que corresponde é feito em larga escala. Os fabricantes de tônicos, por exemplo, elixires maravilhosos, panaceias etc., esses anunciam em quanto jornal e jornaleco existe. E mais anunciam, mais vendem. Os vendedores de automóvel, idem. O cinema, idem. E pode-se dizer que é só. O mais com que o comércio mercadeja não paga uma alta e intensa publicidade. Por quê?

Pobreza do país. Quem desembarca no Rio, vindo do Prata ou da América do Norte, confessa logo a sensação de pobreza que a nossa capital lhe dá. E quem sai das capitais e penetra no interior, mais que de pobreza tem a sensação da miséria. Pouco importa que o Brasil possua inúmeras possibilidades naturais. Não é com possibilidades que se compram melões. E como dorme um sono de mendigo sobre o montão das suas possibilidades, o nosso pobre país vive de facadas, empenha e reempenha a capitalistas de fora tudo quando possui, tendo chegado à triste posição de por duas vezes interromper o pagamento de juros e amortização desses débitos levianamente contraídos.

Os jornais do governo, por exemplo, andam agora a entoar louvores ao patrão porque... porque o patrão hipotecou em segunda ou terceira hipoteca uns arqui-hipotecados tarecos. Hipotecar os bens de família, em condições onerosíssimas, é ser estadista entre nós! É fazer jus a louvores pagos com o dinheiro tomado de empréstimo!...

Sobre a causa desta miséria crônica ninguém diverge hoje... hoje que mestre Washington Luís erigiu em pivô do seu futuro governo a estabilização da moeda.

Mas qual a causa última da instabilidade da moeda, causa próxima da nossa miséria?

A desonestidade dos nossos governos, a inconsciente desonestidade dos nossos estadistas, tão louvados por si próprios através da imprensa paga. Os crimes que eles vêm cometendo acumularam-se e a situação de beco sem saída em que nos achamos é uma resultante lógica.

O regime criado pela moeda móvel impede o país de enriquecer. Todo negócio se torna jogo e a riqueza acumulada pelo trabalho periodicamente se destrói ao choque das convulsões rítmicas das crises, isto é, das rupturas do equilíbrio financeiro.

O que está se dando em São Paulo é impressionante. Terra de imensa vitalidade, terra que não para de criar, a indústria lá toma grande incremento cada vez que se beneficia com um periodozinho de equilíbrio. Quando o câmbio caiu a 5 e nesse nível permaneceu alguns anos, a indústria paulista aproveitou-se do equilíbrio e ergueu suas formidáveis construções. Subitamente o câmbio entra a subir – o equilíbrio rompe-se e a indústria desaba como sacudida de um terremoto.

E é bem isso. No terreno econômico uma variação de 40% no valor da moeda equivale a um tremor de terra – violenta ruptura no equilíbrio dos valores; e até que novo sistema de equilíbrio se forme e a ele possa adaptar-se a indústria, quanto desastre, quanta riqueza destruída!

Desse modo vai vivendo o país, a trabalhar sem acumular, a criar riquezas e a vê-las submergirem-se nos vortilhões das rupturas de equilíbrio – vasto Ceará onde a seca periódica mata todo o gado que os anos chuvosos permitem produzir.

O comércio pouco anuncia porque a força aquisitiva do público é fraca demais para responder à sugestão do anúncio. "O anúncio não paga" – é como o comércio traduz em breve síntese o fenômeno. Não há anúncios e, portanto, não há jornais. Fora um ou outro a nossa imprensa opera prodígios para viver, e vive com extrema dificuldade, embora procure por todos os meios promover o surto do anúncio.

A pequena parte do comércio que anuncia pede tiragem; a grande tiragem exige público pagante; o público não pode pagar porque é pobre; o público é pobre porque trabalha mas não enriquece, eternamente vitimado pelos terremotos da moeda; a moeda sofre essas crises periódicas porque os governos são bem-falantes mas ineptos, visto como descuram dum dos problemas fundamentais de todos os países: a fixidez da moeda, a fixidez dos alicerces sobre os quais tudo se constrói.

E assim vamos vivendo, vergonhosamente entalados entre dois países cada vez mais prósperos e poderosos: Estados Unidos e Argentina, este dez vezes, aquele cem vezes mais rico do que nós. E os nossos estadistas continuam a ser grandes estadistas – enquanto transportam no lombo as relíquias da fábula. E continuam a hipotecar os móveis de família e as magras rendas dos impostos. E nas escolas os professores continuam a ensinar aos meninos que somos o país mais rico do mundo.

Rico de resignação e cegueira, sim...

A morte do livro

Os livros nacionais são caros e malfeitos. Nosso aparelhamento gráfico, além de atrasado e deficiente, não tem a manobrá-lo o operário técnico à moda europeia, treinado no ofício de pais a filhos, especializadíssimo, capaz do apuro de linha e tom que é mister. Nada sai das nossas oficinas que possa ombrear com os produtos gráficos dos prelos ingleses, alemães, espanhóis ou norte-americanos, líderes nessa matéria. Em confronto com os estrangeiros nossos livros fazem sempre a triste figura de jecas de papel e graxa em face de elzevirismos d'alto coturno. Ainda quando pretendem alçar-se à categoria de obras de luxo, nunca deixa de cantar o galo, a páginas tantas, na capa, na escolha do tipo, num cabeçalho: a impressão digital da "indústria nacional" nalgum lugar tem de apor a sua conhecida marca.

Ora, tal capenguice do livro nacional, em vez de comiserar nossos legisladores, provocou-lhes a ira, com este consequente raciocínio:

— Se não vingaste até aqui, é que sofres de debilidade congênita. Em vez de acudir-te com paliativos e mezinhas, vou fazer obra mais limpa: torcer-te o pescoço.

O Congresso Nacional raciocina muito bem. A vida é de quem pode. Quem com ela não pode o melhor que tem a fazer é desocupar o beco. Provada a vantagem de nos alimentarmos com pão argentino, bacalhau da Terra Nova, sardinhas de Portugal, ervilhas de Nantes, vinhos da Champagne, é lógico, em matéria mental, que nos alimentemos de livros exóticos. Mais baratos, mais benfeitos, veículos de literaturas mais ricas, não há razão para prejudicar o livro estrangeiro com a concorrência dos nossos livrinhos capengas, dentro de cujas páginas chora de fome e frio a literatura em cueiros que uns tantos idealistas se empenham em aleitar. Matá-los, a ela e ao livro que a abriga, é medida não só de boa higiene e ótima estética, como de alta misericórdia.

Além disso, para que livros na terra do "não preparo"? Não é o "despreparo" a forma mental que conduz a tudo? Valeu algum dia a Rui Barbosa ser o prodígio de cultura que é? E impediu a ignorância, uma só vez que fosse, que aos postos supremos chegasse o ignorante?

Pensando assim, a mesma corporação que no prélio entre o "preparo" e o "não preparo" deu a palma da vitória a este,[1] vai desfechar no livro nacional o abençoado tiro de misericórdia. O coitadinho está a padecer de fome, frio e feiura? Bala nos miolos! É limpo, expedito e eugênico. E é duma coerência inatacável. O Senegal não edita livros. Não obstante, a pretalhada vive luzidia, contente da vida, felicíssima com o cérebro em edênico repouso.

Olhemos para o Senegal.

Letras nunca deram felicidade a ninguém, e o ideal de um povo não pode ser outro senão a felicidade do músculo e do cérebro.

À Alemanha – valeu-lhe ser o maior centro produtor de livros do mundo inteiro? E ter, só em 1913, publicado mais de 35 mil obras novas? Não está vencida, derrotada, espoliada, saqueada pelos que produziam menos, inclusive nós, que publicamos naquele ano duzentas?

O livro é um mal. Envenena o escol e azeda o povo. Inocula os germens da revolução. Junto com ovos de caruncho traz larvas de Lenines, Rousseaus e Luteros, agitadores perigosíssimos. É ele que desvia de honestas carreiras comerciais tantas aptidões preciosas. O pobre Casimiro de Abreu... Estra-

---

[1] *No quadriênio Hermes foi muito debatida na imprensa a tese do "não preparo versus preparo". Como Hermes derrotasse Rui nas eleições, ficou oficialmente estabelecida a superioridade do "não preparo" sobre o "preparo" – isto é, da ignorância sobre a ciência. Nota da edição de 1946.*

garam-no os livros, maus conselheiros, induzindo-o a poetar. Podendo morrer negociante forte, como o queria o seu sensato e honrado progenitor, estourou em verdes anos, fora de tempo, criança ainda, legando, em vez de suculentas apólices, chorosos versos. Também o desvairado Álvares de Azevedo acabou vítima dos livros que traziam Byron dentro. Se os não conhecera, teria acabado velho, morto de pigarro senil, rodeado de numerosa prole, juiz aposentado dum tribunal superior ou coisa assim.

O Congresso sabe disto e, zeloso que é da felicidade de todos nós, vai dar mais um passo a ela conducente matando o livro nacional. Para isso, no projeto de reforma das tarifas alfandegárias, resolve:

1º) – Isentar de direitos a entrada de livros estrangeiros e de trabalhos gráficos feitos no estrangeiro.

2º) – Taxar proibitivamente a entrada das matérias-primas de que se alimentam nossas artes gráficas e a nossa rudimentaríssima indústria editora.

3º) – Proibir por meio de taxas ferozes a importação de máquinas manipuladoras do livro.

É engenhoso o plano e muito honra a habilidade dos congressistas em matéria de tiros de misericórdia.

Feito fora o livro, nada pagará na Alfândega; feito aqui, terá pago na Alfândega, *sub especie,* papel, máquinas e tinta, um imposto de escachar.

Vindo o papel já impresso: entre, a casa é sua! Vindo o papel em branco para imprimir-se aqui: pague de 10 a 800 réis o quilo.

Paga 10 réis o papel de jornal: por muito favor concede-se vida ao jornal. Paga 400, 500, 600, 800 réis o papel próprio para livros: mata-se o livro.

Há mais mortes.

O papel já estampado com gravuras não paga coisa nenhuma. Se, porém, surge em branco, para imprimir-se a gravura aqui, paga uma exorbitância. Mata-se assim a gravura indígena.

Cartazes, catálogos, prospectos e cartões feitos fora pagam apenas 150 réis por quilo. Papel para cartazes, catálogos, prospectos e cartões feitos aqui pagarão até *cinco vezes* mais. Morte, pois, à indústria nacional dos cartazes, catálogos, prospectos e cartões.

O plano de campanha contra as artes gráficas nacionais parece elaborado pelas casas estrangeiras, empenhadas em suprimir os concorrentes medrados na Terra de Santa Cruz.

Cifra-se – insistimos – em isenção ou taxas mínimas para o papel impresso lá, livro, gravura, o que seja; e taxação leonina para o mesmo papel quando em branco e destinado a ser impresso aqui. Nada mais simples, nem mais prático, nem mais inteligente. Nada mais denunciativo de que olhamos para o Senegal e lhe copiamos o regime intensificador da felicidade estomáquica.

O nosso pobre livro nem seis meses resistirá ao golpe. Dará o mais angustioso dos berros e, batendo com o rabo na cerca, irá para a cova chorando saudades daquele bom velho, tão seu amigo, Pedro II, banido, talvez, por excesso de amor aos cartapácios.

Livres do livro nacional, comemoraremos o Centenário da Independência com indigestões de livros portugueses e franceses, senhores absolutos do mercado.

Apesar da sua arquicomprovada boa pontaria, o Congresso teve receio de errar o tiro e precaveu-se contra a hipótese adotando medidas indiretas, auxiliares. Assim, taxará as máquinas gráficas – está no referido projeto – com verdadeiro furor. *Cento e cinquenta réis por quilo* é a taxa estabelecida para prelos, linotipos, monotipos etc. Estas máquinas são mostrengos de ferro, pesadíssimos, e por mais peças que possuam, possuem sempre mais quilos do que peças. Cobrar por cada um deles 150 réis é pô-los aqui quase pelo dobro do valor que têm lá fora. Equivale, portanto, a restaurar a lei portuguesa da destruição dos prelos. Destruí-los, proibir-lhes a entrada, é tudo um.

A reforma das tarifas resolve assim, de maneira indireta, o nosso eterno problema do braço. Matando o livro retira das letras legiões de poetas, cronistas, contistas, romancistas, ensaístas. Forçados a não se publicarem, esses homens do mundo da lua ou plantam papiro para à moda egípcia nele vazar as comichões beletreantes, ou vão plantar batatas, arroz ou café. Como o papiro pode não dar bem aqui, é provável que predomine a realização da segunda hipótese, e teremos um aumento sensível das safras agrícolas. Menos "ouvir estrelas" e mais batatas de arroba, mais porcos de ceva, mais pés de café no limpo. É o que serve. Letras, só de câmbio. As outras não enchem a barriga.

Olhemos para o Senegal – com a mesma atenção com que outrora olhávamos para o México. Já que em tudo é forçoso imitar, imitemos o país da felicidade pura, onde não há nenhum dos males decorrentes do papel impresso. Pretos por fora e por dentro, toda gente lá come e digere na perfeição, sem nunca sentir necessidades mentais. É um Éden, aquilo. Ora, está em nossas mãos ter um Éden em segunda via por cá, gordo e feliz. Tenhamo-lo.

A estrangulação da indústria editora é o primeiro passo; o segundo virá com a supressão das escolas. Depois... depois é regressarmos à tanga, ao içá torrado, ao bicho-de-pau-podre, à rede, ao anzol de osso, à zarabatana. Araras e tucanos pelo ar, um pajé no Catete, vinte feiticeiros no Monroe – e todo mundo a mascar milho para fornecer cauim ao Alvear. Que felicidade!

A "desencostada"

Depois do ato de Dona Maria I mandando destruir os prelos do Brasil Colônia, nenhum maior golpe inda sofreu a cultura neste país do que a elevação de taxas sobre o papel ocorrida em 1918. A agravação foi, justamente para o tipo de papel de uso mais corrente, de 3.000%, a maior agravação ainda sofrida, em qualquer país do mundo, de qualquer continente, por qualquer artigo de importação!

Imposto sobre o papel significa imposto sobre a cultura, visto como é o papel a matéria básica do livro, do jornal e da revista, os três grandes instrumentos modernos da cultura. A nossa incipiente cultura sofreu, pois, o mais rude dos golpes com o advento dessa taxa brutalíssima. E tão grande foi ele que o governo logo o reconheceu e a tempo acudiu com um remédio, outorgando absoluta isenção de direitos de entrada para o papel destinado aos jornais e revistas. Reconhecia, assim, tacitamente, que esses instrumentos de cultura não poderiam viver sob o regime da taxação absurda.

Mas ficou de fora o livro, justamente o que mais merecia proteção, já que como instrumento de cultura o livro prima sobre o jornal e a revista. Ficou de fora como um excomungado e passou a definhar na mais dolorosa das decadências. A indústria do livro deixou de constituir negócio dos que tentam os homens detentores do capital. Dos poucos editores existentes, uns se restringiram ao livro escolar, de consumo forçado; outros cortaram fundo na publicação de obras novas, agindo com grandes cautelas e só dando a público o que lhes parecia de absoluta segurança. Deixou de viver essa indústria, passou a vivotar apenas, como essas plantinhas às quais roubam o sol e dia e dia mais se raquitizam na desclorofilização.

Uma circunstância toda eventual, entretanto, é que permitia esse modesto vivotamento: o contrabando do papel, o abençoado, o benemérito contrabando feito pelos jornais e revistas. Importavam quantidades acima de suas necessidades e vendiam aos editores o excedente. A cartilha das nossas crianças passou a ser feita em papel de contrabando – único meio que possibilitava a indústria de um artigo por essência infimamente barato. De 1918 para cá, pois, as nossas crianças aprenderam a ler por contrabando...

Não ficou aí a calamidade. A carta régia de Dona Maria I ressurgiu logo disfarçada em convênio literário com Portugal, maromba que estabeleceu entrada franca de direitos para os livros impressos naquele país. Quer isso dizer que o nosso governo instituiu uma monstruosidade inédita no mundo: um protecionismo às avessas, protecionismo à indústria de lá contra a sua concorrente de cá... Livro já vem impresso de lá, entrada livre de qualquer taxação. Se vem em branco para ser transformado em livro aqui, a tal taxa de 1918, que correspondeu a um aumento de 3.000%!

É ou não é a ressurreição da carta régia de Dona Maria I, que o demo tenha no seu ardente garfo? Tanto faz destruir os prelos como impedi-los de funcionar, pondo-os em situação insustentável perante os de uma nação europeia cuja língua é a mesma que a nossa.

Ferido de morte pela taxa de 1918, proibido de existir graças ao convênio criminoso, mesmo assim o pobre perseguido teimava em viver, humílimo, modestíssimo, ressabiado, sempre na dependência de um contrabando que era a sua única tábua de salvação. Mas, ai!... A reação mineira não tardava. O quatriênio de chumbo, no seu ódio à luz, percebeu a pia fraude e, de dentes arreganhados, desferiu golpe mortal na indústria que teimava em impedir que nos afogássemos de vez no estado de alma ledo e cego duma viçosa escuridão. E *zás* – matou-o.

A supressão do contrabando foi o tiro de misericórdia no livro nacional – e, pois, na nossa cultura. Os editores entraram a falir, um por um. Cinquenta por cento desses abencerragens se viram estatelados no chão, como o sapo que foi à festa no céu e de lá caiu.

Hoje a situação chega a ser cômica, de tão dolorosamente trágica. Autor que surja de originais debaixo do braço às portas de um dos raríssimos editores sobreviventes, só falta ser recebido a tiro. Propor a um editor a publicação de um livro significa propor negócio que cheira a facada – e o editor apita, como é natural. As escassas edições que ainda saem, em regra por conta dos autores, além de extremamente exíguas de tiragem são postas à venda por preços de espantar freguês – e ficam às moscas, como tudo quanto não confere com a força aquisitiva do público. Equiparou-se o livro à fruta. Breve só o veremos nas montras dos joalheiros, ao lado da maçã e do abacaxi, competindo em preço com as pulseiras e os *pendentifs* de brilhantes.

E estruge o clamor: o povo não lê, o brasileiro tem horror ao livro.

Está errado. O povo não lê porque não pode ler, porque está impedido, proibido de ler. A viçosa reação,[1] assim como o impediu de espernear sob as torturas, também lhe vedou o acesso ao livro. Para que livro? Não viviam os nossos avós tupinambás tão bem sem ele? Acaso souberam jamais os pretos do Congo o que isso é? Povo que ainda apanha bolos lá tem direito de pensar em livro? Cultura... Isso é bolchevismo. A felicidade dos povos reside no culto da santa Estupidez.

Todos os países decentes demonstram o mais entranhado amor à cultura do povo; e seus governos tudo fazem para desenvolver a indústria do instrumento fundamental da cultura, que é o livro. E os que a têm incipiente chegam a conceder ao livro favores excepcionais. Entre nós, o contrário. País onde se protegem de maneira escandalosa todos os artigos industriais, por meio de tarifas embaraçadoras da livre entrada dos similares estrangeiros, o Brasil abre exceção para a indústria básica da cultura. Para todas as outras, protecionismo escandaloso. Para a do livro, protecionismo ainda, sim, porém às avessas, a favor da de fora, contra a de dentro...

---

[1] *Reação de Viçosa, a cidade natal do presidente Bernardes. Nota da edição de 1946.*

Seria isso caso de assombrar, se alguma coisa assombrasse num país onde ainda impera a palmatória.

Por felicidade, com a entrada do novo governo bruxuleiam esperanças de melhoria. Um deputado por Pernambuco, moço que além de finamente culto sabe auscultar as necessidades superiores da nação, promete apresentar à Câmara um projeto de lei que ponha fim a tamanha monstruosidade. Vencerá ele o espírito de Dona Maria I, funesto espírito santo de orelha que até aqui tem inspirado os nossos legisladores em tal assunto?

Esperemos. Se essa tentativa for bem-sucedida, o Brasil estará salvo. A Estupidez terá de fazer as malas e sumir-se, cedendo o passo à pobre "desencostada". A desencostada é a Cultura.

Até ontem era uma encostada... ao contrabando. Hoje, nem isso. Apenas uma desencostada posta no olho da rua, sem albergue onde acolher-se, trêmula pária a retransir-se de fome pelos desvãos escusos.

Quem a viu tão animada por Pedro II e quem a vê nos trapos em que a deixou a República não pode deixar de redizer levemente modificado o verso célebre de Catulo Cearense:

– Meu Deus, por que não fizeste os brasileiros irracionais?

Assessores

Apareceram, finalmente, depois de tantos labores, um no Senado, outro na Câmara, dois projetos de lei animados do mesmo objetivo: salvar o livro nacional do despenhadeiro em que rola. Barbosa Lima justifica o primeiro em poucas palavras – poucas mas fortíssimas e vibrantes. O ilustre senador não esconde a indignação que o atentado lhe acendeu na alma.

Já o projeto da Câmara põe de lado o tom fulminatório do grande tribuno e procura a eloquência da demonstração. Solano da Cunha, seu autor, justifica-o à força de dados insofismáveis. Mostra que o papel para livros nos fica hoje 500% mais caro do que antes da guerra e que o imposto de entrada corresponde a 170% sobre o preço de custo! Mostra ainda que o papel para livros está pagando uma taxa quase dupla da... da seda!

Taxada como artigo de luxo, a seda paga, em média, 80%, e só nalguns tipos 100% sobre o custo. O papel para livros, 170%!

O brasileiro já perdeu o hábito de abrir a boca diante de disparates fiscais, tantos são. Mesmo assim muita gente abriu a boca. Sobretudo no Congresso.

Logo depois que Solano da Cunha leu sua exposição de motivos, um congressista ao seu lado murmurou:

– Incrível! Então há oito longos anos que o papel para livros está taxado assim ferozmente? Confesso que em absoluto ignorava semelhante infâmia. Taxar o livro! Asfixiar a cultura num país que está definhando por falta de cultura! Reclama-se contra o analfabetismo e proíbe-se o livro!

Aproximou-se um congressista, a pedir esclarecimentos ao autor do projeto.

— Mas é sério isso, Solano? Mais que a seda, artigo de luxo?

— As sedas pagam em média 80% e só nalguns casos 100%. Logo, o papel para livros paga o dobro da seda, se a aritmética não falha.

— Realmente é escachante! Se isso me tivesse chegado ao conhecimento, eu já teria apresentado um projeto salvador. Mas nunca o soube, ninguém me disse nada.

Ia passando um terceiro pai da pátria.

— E tu, X, sabias?

— Esse negócio do livro? Não. Aliás nunca me interessei por livros, nem acho que sejam coisa de alto interesse para a nação. Em todo caso, concordo com os amigos que a taxa é pesadinha e votarei a favor... se o governo mandar.

Disse e afastou-se, sob o olhar comiserado de Solano da Cunha.

Um novo deputado surgiu.

— Ali vem F. – disse Solano. – Consultemo-lo. Cumula as funções de legislador com as de beletrista; já publicou várias obras...

— ... que não lemos...

— ... e deve estar ao par disso. Que achas, F., do caso do papel?

— Horroroso! Pura infâmia! Como há de este pobre país arrancar-se do atoleiro da incultura, se lhe proíbem o livro? Esse índice de 170% sobre o custo é simplesmente fantástico!

— O fantástico – aparteou um novo deputado – não é que seja assim. O fantástico é que nenhum de nós soubesse disso, apesar de temo-lo votado!...

Entreolharam-se todos.

— E que tenhamos passado oito anos sob este regime, na mais absoluta insciência do que estava acontecendo com a indústria do livro, a mais merecedora, talvez a única merecedora de todos os carinhos do Estado. Só me admiro que ela haja resistido por tanto tempo.

— Engano. Essa indústria não resistiu e em grande parte naufragou. As casas de São Paulo na maioria desapareceram; outras se fecharam aqui, e neste momento venho de saber da queda de uma das maiores e mais antigas do Rio Grande do Sul.

O nosso povo não é dos mais amigos da leitura. Herança. O luso, sabemos, é de muito pouco ler. O tupinambá não consta que lesse. O negro, idem. Já assim hereditariamente avesso ao livro, muito lógico que o nosso povo haja deixado perecer a sua indústria quando os produtos dela se lhe tornaram inacessíveis à bolsa.

Vejam-se os preços dos últimos publicados. *Terra desumana*, duzentas e tantas páginas, 8 mil-réis; A *planície amazônica*, 6 mil-réis; *Raça de gigantes*, do Ellis Filho... 10 mil-réis. Livros de 250 páginas, em papel de jornal, brochados!...

– Preços proibitivos. Fica o livro ao alcance apenas da gente de dinheiro, isto é, dos que têm mais que fazer do que dedicar-se ao estudo.

– E fomos nós que votamos essa taxa mortífera! E passamos oito anos a ignorar que a tínhamos votado! Decididamente, falta ao Congresso brasileiro um aparelho complementar.

– Qual?

– Um grupo de funcionários incumbidos de prestar atenção no que fazemos e advertir-nos quando as asneiras forem muito grossas. Homens esclarecidos sobre todos os problemas nacionais e que saibam deduzir as consequências dos nossos projetos.

A nossa intenção é sempre boa, mas saem tantos tiros pela culatra que um corpo assessor se impõe. Eu, por exemplo, ando em comichões por apresentar um projeto sobre açambarcamento de gêneros. Tenho medo, porém, que em vez de acertar o tiro no açambarcador, acerte no açambarcado. Já errei tantas vezes que estou com sérias dúvidas a respeito da minha pontaria. Ora, se tivéssemos um corpo consultivo, de absoluta confiança, era só chegar e perguntar:

– Que é que vocês acham? Se eu der este tiro, bem apontado, naquele alvo, onde é provável que acerte?

Vacas magras e gordas

Paz traduz-se em mecânica por equilíbrio, e guerra por interrupção, ruptura desse equilíbrio. Dada a interdependência de todas as coisas físicas ou humanas, cada ruptura de equilíbrio determina uma série infinita de repercussões que só cessam quando as coisas convulsionadas encontram um novo sistema de equilíbrio. A ruptura de 1914, sendo a maior de quantas nos registra a história, suas repercussões alçaram-se a um grau de intensidade e extensão nunca vistos. E sua duração será... Quem pode medir até quando irão os seus círculos concêntricos, se ainda hoje percebemos os círculos concêntricos determinados pela pedra do bárbaro caída no espelho d'água da paz romana?

Um destes efeitos patenteia-se no mundo inteiro com idênticas características: a inflação das cidades e o consequente agravamento dos males do urbanismo.

As cidades encheram-se fora de conta e medida, e todas sofrem hoje a "afrontação" da pletora.

Por que essa congestão? Donde veio o fluxo humano?

Dos campos.

A guerra determina um consumo intensificado de gêneros alimentícios. A produção dos beligerantes diminui com a mobilização militar dos braços ocupados no labor agrícola, e os governos, sacando sobre o futuro, empenham tudo para manter *stocks* abastecedores do tonel das Danaides. Isso acarreta a imediata valorização dos gêneros sem os quais não há vida. O produtor agrícola, eternamente explorado na paz pelo parasitismo intermediário do comércio, vê chegar, enfim, a sua vez. É a desforra. É a alta. É o *royal-flush* que no *poker* da vida vem afinal ter às suas mãos. As cidades, os governos, os exércitos, os estômagos em suma, ficam numa terrível dependência do campo. O eterno explorado esfrega as mãos. Virou fiel da balança. Está a salvo de blefes. "Vê" todos os jogos, na certeza de ganhar. E ganha sempre. E ganha cada vez mais. E ganha de enriquecer. E enriquece.

Foi assim na última guerra. Milhões e milhões de homens retirados ao labor da produção ocupavam-se em consumir e destruir. Cinco anos nessa loucura. Cinco anos de sorte para o produtor – sorte reiterada, insistente. E ele não perdeu a vasa. Dobrou, triplicou as semeaduras; dobrou, triplicou, quintuplicou os preços. Enriqueceu com furor. Fez às rápidas o que normalmente não faria a vida inteira pelo sistema de juntar aos vinténs um mealheiro doloroso. Não houve um só ramo da classe agrícola que se não beneficiasse com a alta.

O ouro vinha de toda parte bater-lhe à porta, oferecendo-se humilde em troca do pão, da carne, do couro, do açúcar, de cereais de qualquer espécie. E ele trocava, dando sempre menos mercadoria em troca de mais ouro.

A consequência desse afluxo metálico às suas mãos foi um imediato reflexo na mentalidade. Surgiu a tentação urbana. A atração das cidades empolgou-o. Viu o seu sonho – o sonho de todo agricultor: morar na cidade – transfeito de sonho vago em possibilidade ao alcance da mão. E como havia sobras permissoras da mudança de estado, o agricultor mudou de estado. Trocou o campo pela cidade. Urbanizou-se.

Cada qual, conforme as posses realizadas, deu o seu passo à frente. O mais fraco mudou-se para a freguesia próxima; outro mais forte comprou casa na vila; outro, na cidade; os mais empenados, na capital. Este deslocamento, tão perceptível entre nós, reproduziu-se no mundo inteiro sem exceção, tanto nos países beligerantes como nos neutros. Na Argentina e na Espanha, como na Alemanha ou na França. E as cidades pletorizaram-se, literalmente entupidas. Não houve e não há casas nem hotéis que bastem. Todas transbordam, derramam. Daí a alta dos aluguéis. Consequência lógica do afluxo, a alta aparece como elemento equilibrador. Há de ir numa ascensão até desanimar os invasores, forçando-os a permanecerem no campo ou voltarem para o campo.

Em 1913 deu-se entre nós, muito visível em São Paulo, o fenômeno contrário. A crise agrícola, agravada com o terremoto balcânico, esvaziou as cidades. Quem pôde saiu. Milhares de pessoas passaram das capitais às cidades, das cidades às vilas, das vilas às freguesias, das freguesias à roça.

Os senhorios, tão gordos hoje, emagreceram. Os aluguéis caíram a níveis irrisórios. O inquilino fazia favor "morando". Não havia rua onde dezenas de casas fechadas não pedissem, com o papel do "aluga-se", a esmola de um morador. O inverso de hoje, exatamente.

Pergunta-se agora: quanto tempo durará a alta?

Desde a época dos Ramsés que as enchentes e vazantes humanas se calculam por períodos de sete anos. O povo consagrou esse número em redor do qual realmente se ciclam os fluxos e refluxos. Quer isto dizer que estamos no fim da alta e que vamos comemorar a Independência com maré baixa.

Entrementes, discute-se. Discutem-se mil expedientes de soluções artificiais para a crise – como se a "crise" não fosse uma permanente, um ir ou vir de pêndulo. E adotam-se as mais cômicas medidas: comissariado, restrição de exportação etc., esquecidos todos de que o equilíbrio vem por si, pelo próprio efeito da alta e da baixa. Uma determina a outra. Uma sai da outra. Uma é a um tempo mãe e filha da outra. Na crise de casas, por exemplo: a alta determina o surto das construções. O surto das construções por sua vez determina a baixa. Do ponto de vista das cidades – dado que crescer lhes seja um bem – a alta dos aluguéis é um fator precioso. Só ela tem forças para cogumelar do solo os milheiros de prédios novos que virão solver o problema. Assim, os que moramos em cidades, em vez de lamuriar da alta dos aluguéis, devíamos abençoá-la. E achá-la pequena ainda. E pedir ao senhorio que não tenha dó, que enterre a faca até ao cabo. Porque tanto mais forte é a febre, tanto mais rápida é a cura. Salvo quando o doente morre. O que aliás também é uma solução – e a melhor, na opinião de muitos...

A maravilha do Calabouço

Quando, mais forte que a explosão da Ponta do Caju, reboou pelo país o estranho caso da "Revista do Supremo", foi de assombro a impressão geral, seguida de uma lógica sensação de aniquilamento. É o fim de tudo, ouvia-se dizer. Já que tais monstruosidades se geram no seio do nosso tribunal supremo, o país precipita-se vertiginosamente no abismo.

De fato, apresentado o negócio como o fez a imprensa, com a virulência dos adjetivos exacerbada pela força comprobante do número dos milhares de contos, outra não podia ser a impressão, resumida logo numa síntese fulminatória: "A maior cavação do século".

Pois para uma simples revista milhares de barricas de cimento importadas? Vidro importado a granel? Aparelhos sanitários em grandes lotes? Arame farpado, ferro, azulejos, mil coisas em proporções desnorteadoras, além de dinheiro a rodo e todos os favores possíveis e imagináveis?

Confesso, encampei a síntese fulminatória e lamuriei entristecido sobre o descalabro do caráter nacional. Convenci-me de que, sob o pretexto da montagem de uma oficina gráfica destinada à impressão de uma revista, homens espertos haviam, em proveito próprio, com a mira exclusiva no dinheiro, sangrado *a blanc* o Tesouro. Foi, pois, com açodamento que aceitei o convite de um amigo para uma visita ao Calabouço. Ardia por medir com meus olhos a extensão da inominável patota.

Fui, corri o palácio inteiro e dele saí com as ideias mudadas. A síntese popular é evidentemente errônea. Não se trata da maior cavação dos tempos, mas de um belíssimo caso de delírio estético.

Tudo são nuanças na vida; daí o perigo dos julgamentos simplistamente crus: – é preto, é branco. Nada é preto, nada é branco, porque nada é simples.

O caso da revista escapará aos anais da cavação porque tem seu lugar nos da psicopatia. Transcende os âmbitos de uma negociata de alto calibre com mira exclusiva no dinheiro para incluir-se nos domínios da psiconevrose megalomaníaca. Os seus hoje caluniadíssimos autores serão de futuro estudados no capítulo que Luís II da Baviera encabeça como singularíssimos casos de megalões. Poucos exemplares do tipo mental desses homens apresenta a nossa história: de pronto acodem-nos dois, um grosseiro, o famoso contratador de diamantes do Tejuco; outro mais nobre, o impressionante nababo paulista que se chamou Guilherme Pompeu do Amaral.

Para a compreensão nítida do caso da revista é indispensável o estudo dos homens que idealizaram a obra, e ainda uma retrovisão indagadora sobre os seus ancestrais.

De um deles conta-se que, morador numa pequena cidade mineira, fazia chegar até lá as grandes celebridades que no tempo aportavam à Corte; ouvia assim Tamagno, Borghi-Mamo, Viana da Mota, em serenatas domésticas de absoluta intimidade.

Para criaturas deste tipo mental o valor mais alto do dinheiro é exatamente esse de permitir a realização das mais delirantes fantasias. Luís II da Baviera, cujo sangue talvez corra nas veias dos nossos sonhadores, apresenta o exemplo clássico desta maravilhosa tara, graças à qual o mundo se vem enriquecendo de obras d'arte inconcebíveis e irrealizáveis pelo homem normal. Para este chatíssimo bípede, todo vísceras de tranquilo funcionamento como as do carneiro, a função do ouro é produzir mais ouro, quando não "utilidades". A pintura lhes presta apenas como utilidade: encher o vazio das paredes. A música, como meio de matar o tempo. A poesia serve para compor suas estantes com volumes bem encadernados.

Inteiramente outro é o conceito do dinheiro para os tarados de eleição. Os rajás indianos, os monarcas eslavos e orientais, alguns césares romanos – entre os déspotas, em suma, é vulgar este desdobramento do ímpeto criador que age sem pedir meças ao prosaico utilitarismo. E vêm daí as coisas belas que enfeitaram o mundo, os Kremlins, o famosíssimo Taj Mahal, os jardins suspensos de Semíramis.

Força de fácil expansão nas monarquias ao molde aristocrático, esta nevrose do grande não encontra campo propício nas democracias, medíocres e sórdidas por natureza; daí vem que as criaturas nascidas com o selo da predestinação ou recalcam a tara, engalhando-a pelos rumos que Freud deslinda, ou acostam-se ao Estado para ao menos em parte dar-lhe asas.

O Estado democrático é um tirano de chinelas incapaz de conceber algo de grandioso; mesmo assim, só por intermédio dele, iludindo-o as mais das vezes, os megaloestetas conseguem criar alguma coisa.

Foi o que fizeram os ideadores das oficinas gráficas da Revista do Supremo. Sonharam uma obra única e com espantosa habilidade realizaram-na à custa do Estado, em honra e homenagem ao poder que no Estado prima sobre os demais – em teoria pelo menos. E tudo o fizeram sem que o tirano de chinelas o percebesse, pois de outra forma não se explica a violência com que hoje o Estado arremete contra uma obra de arte que ele autorizou e pagou.

Erro clamoroso, pois, acoimar de cavação uma obra destas. O característico da cavação está em tirar do Estado nada dando em troca. No caso vertente os nossos geniais realizadores esqueceram-se de si e tudo quanto tomaram ao Tesouro carinhosamente empregaram na ciclópica obra d'arte concebida.

Obra d'arte, sim, e ciclópica, sim, a empresa ideada por Humboldt e Murilo Fontainha (a predestinação dos nomes!...). Sem ver com os próprios olhos ninguém ajuizará ao certo do que vai pelo Calabouço – e quem o imaginar errará para menos. Tomaram eles desse palácio, a mais bela coisa que apresentou a Exposição Nacional em matéria arquitetônica, casa imensa, com panoramas deslumbrantes descortinados das janelas (e estou que isto influiu na escolha) e adaptaram-no ao fim em vista. Como? Estirando galpões de zinco? Erguendo tabiques de pano? Nada disso. Multiplicaram-no por três, com absoluto respeito ao estilo e clara intuição artística de como é possível multiplicar as dimensões de um palácio sem o mínimo prejuízo da sua unidade estrutural. As obras novas espantavam os visitantes tanto pelo vulto como pelo primor do acabamento, do qual jamais se afasta a preocupação estética. E dentro do palácio assim afeiçoado instalaram eles a maior e a mais perfeita oficina gráfica que seria dado a um Luís da Baviera conceber. Não a oficina ao tipo Ford, onde a preocupação única é a da eficiência e da higiene. Mas *algo nuevo*, pura criação de berrante ineditismo. Sonho de ópio realizado...

Em todas as seções ressalta a procura de um luxo britânico, com base na elegância e na beleza sóbria. Nada de aproveitamentos ou arranjos. No centro do Calabouço havia, implantado desde que o mundo é mundo, um formidável bloco de granito que os construtores do palácio não se animaram a atacar. Eles o fizeram; a ponta de pique desbastaram a monstruosa pedra, em seu lugar erigiram uma sala de impressão e sobre esta um jardim suspenso, ladeado de galerias de cristal. Necessidade nenhuma havia de conquistar à rocha uns tantos metros quadrados de área, num país que tem tantos quilômetros quadrados para dar e vender. Mas a estética o exigia... Cavadores esses homens, que só no desbaste desse pedrouço gastaram soma suficiente para se enriquecerem?

Adequado assim o prédio, em cujas obras novas se vê aplicado o copioso material recebido com isenção de direitos alfandegários e que tanta celeuma causou, era mister enchê-lo – e surgem as máquinas. Vem de França um técnico de alta competência para orquestrar a espantosa soma de maquinismos modernos que o bojo do Calabouço devia comportar. Esse homem, apesar de filho de um país líder, certo que se assombrou com a empresa, pois tudo leva a crer que nunca, no mundo, jamais um técnico teve de avir-se com tamanho e tão complexo bloco de material gráfico.

As grandes oficinas em toda parte ressurtem de pequenas sementes e crescem com o tempo, tal qual as árvores, entroncando e engalhando ao sabor das necessidades.

Aqui, não.

A árvore – baobá adulto – havia de armar-se de chofre, da

raiz às folhas, ao arrepio das leis naturais por um puro golpe de mágica.

Imagine-se a dor de cabeça que torturou o francês! Entrosar tudo aquilo, harmonizar todos os conjuntos, equilibrá-los no sentido da produção, afinar todas as peças ao diapasão de uma chave única que, voltada, tudo fizesse trabalhar qual um relógio – isto, mais que mecânica, era música, e o francês, apesar dos ódios de raça, teve momentos, sem dúvida, em que lamentou não possuir a envergadura orquestral de um Wagner.

Mas tudo se coordenou, por fim, da melhor maneira e, embora ainda incompleta, a montagem a meio já permite ao espectador apreender a beleza do total e fazer ideia da maravilha que será tal organismo em pleno funcionamento.

É mais do que oficina o que se vê no Calabouço. Aquela grande ópera mecânica aberra de todos os estalões conhecidos e pede para a nomear palavras novas, inventadas *ad hoc*. A criarem equivalentes, os seus autores teriam feito, na música, os Mestres Cantores; na poesia, a *Divina comédia*; na arquitetura, o Taj Mahal. O destino embicou para as artes gráficas a vertigem criadora que lhes tumescia o cérebro – e saiu esse prodígio, a mais curiosa e grandiosa coisa que depois do Pão de Açúcar apresenta o Rio.

Todas as artes concorrem ali. A pintura, pelo pincel de C. Osvaldo, enriquece de alegorias um imenso salão destinado a conferências internacionais; o entalhe, pelos mais hábeis entalhadores do Rio, trabalha finamente a embuia para *boiseries* luxuosas; a arquitetura chama a postos o colonial e, dos azulejos desenhados especialmente aos telhões de beirais feitos na própria casa, tudo estiliza com sutis preocupações de síntese. Há a sala de Rui Barbosa, em cujo teto uma série de alegorias de Osvaldo mostra a evolução do nosso direito subsidiado pelo romano e culminado pelo Código Civil. Há a sala dos ministros do Supremo, verdadeiro templo onde tudo é ouro verdadeiro.

– Mas para que tudo isto? – pergunta a democracia.

A obra d'arte tem a sua finalidade em si mesma; num principado indiano o rajá faria coisa assim para seu gozo exclusivo. Aqui, democracia, exige-se fim utilitário. Premidos por essa tola exigência, os nossos criadores consagraram-na ao Supremo Tribunal, como poderiam tê-lo feito a Shiva ou a Osíris. Fizeram o Vaticano industrial da nossa justiça, o aposento dos velhinhos supremos, a máquina que lhes veicula a rabulice interpretativa para uso de todos os cérebros julgadores do país.

Saiu coisa desproporcionada aos fins. Apesar de supremos e apesar da importância que a voz desses velhinhos tem para a vida social e econômica da nação, tamanho aparato certamente que os aterrorizará. À deusa Têmis, sim, caberia um tal templo – uma Têmis moderna que não se contenta com julgar mas quer ver suas decisões escoarem-se através dos linotipos, estamparem-se em papel e circularem pelo país inteiro como os leucócitos da harmonia jurídica.

A função dos realizadores desta maravilha está quase terminada. Nada lhes há a imputar. O destino os predestinou a enriquecer o país com uma ciclópica obra d'arte industrial e eles superiormente o fizeram.

Resta a segunda parte. Tal obra pertence ao Estado. Este a autorizou, a custeou e a viu erigir-se como o veículo suntuário do seu ramo supremo. Mas subitamente esse mesmo Estado se rebela, nega seus atos anteriores e procura uma forma para destruir a obra d'arte, levado apenas de um motivo: tê-la achado bela demais, grandiosa demais para uma rabona. E o povo embaraçado abre a boca sem saber o que pensar dos seus homens. Se, entretanto, permitissem ao povo, que tudo pagou, um desfile através da oficina-palácio, com um livro à porta de saída para nele ser lançada a sentença final, estou que o veredicto seria unânime.

– "Não me bulam nesta obra! A vida não é só comer, beber e construir vilas. O senso estético de um povo e o seu orgulho também possuem exigências. Quero que fique de pé esta maravilha para regalo dos meus olhos e da minha vaidade. Faltava-me ao Pão de Açúcar, dom de Deus, um companheiro, obra do gênio humano. Tenho-o cá. Que fique."

E estou ainda que, saindo dali, esse povo iria infalivelmente votar em massa num dos autores da obra-prima para prefeito vitalício do Rio de Janeiro – meio único de transformar a cidade na oitava maravilha do mundo.

O quarto poder

Neste artigo e no seguinte M. L. descreve o começo da submissão dos jornais ao controle do Estado – pelo suborno inicialmente e por fim à força, por meio do DIP no governo Getúlio Vargas.

A imprensa evoluiu num sentido imprevisível aos seus ingênuos criadores – aqueles velhos sacerdotes que manejavam a "alavanca do progresso". Fez-se a picareta do progresso, e cresceu como força social a ponto de penetrar no Estado como um quarto poder. Na futura reforma da nossa Constituição os legisladores serão forçados a aceitar a coisa, legalizando assim uma situação de fato.

É a imprensa o poder que completa os outros e lhes manipula os atos para uma conveniente apresentação ao público. Os governos dependem da harmonia dos poderes. Sem esta sobreviria o caos, a guerra intestina – e o governo se devoraria a si próprio.

A lúcida inteligência de Campos Sales, depois da sua violência empasteladora contra jornais paulistas, foi a primeira a compreender a nova ordem de coisas.

Verificando o erro da resistência às brutas contra a maré montante, aplicou, quando na Presidência da República, um sistema novo, bastante racional; o qual sistema, aceito e desenvolvido pelos governos posteriores, caminha de forma a legalizar-se no futuro em artigo expresso da Carta Magna.

É lógico. Não há razão para remunerar os agentes do Poder Judiciário, do Executivo, do Legislativo, e exigir dos agentes do quarto poder gratuidade de serviços.

Este lance genial de Campos Sales muito honra o espírito prático dos paulistas, os quais, pioneiros sempre, persistiram na senda do iniciador e alargaram-lhe a obra com a amplitude com que se fazem as coisas em São Paulo.

Ao atual governo paulista cabe no movimento um grande passo. Não achou razoável considerar a imprensa sob o aspecto estreito do regionalismo e só admitir em seu posto de quarto poder, regiamente paga, a imprensa paulista. Dados a hegemonia do grande Estado e os seus interesses cada vez maiores na política geral, era imprescindível fortificar o quarto poder com a oficialização da imprensa carioca.

A realização da bela reforma dependia apenas duma coisa: dinheiro – e havia-o em quantidade mais que suficiente. Montou-se pois o quarto poder definitivamente, com dotação apreciável. Calcula-se em 300 contos mensais o orçamento da Secretaria da Publicidade, ainda incorporada às outras por motivos óbvios. É bastante para um serviço novo, ainda em período de clandestinidade, mas concordemos que é pouco, dada a importância do quarto poder.

É forçoso, pois, prosseguir no movimento, alargar ainda a dotação e regulamentá-la para que cesse o odioso vexame imposto aos agentes do quarto poder, de receberem seus honorários pela verba secreta.

É tempo de os sacerdotes de Gutenberg erguerem a cabeça e exigirem o pagamento à plena luz, como se faz com os deputados e os juízes. Nada mais odioso do que esta vexatória exceção.

Como também nada mais odioso do que a atitude de certos jornais paulistanos e cariocas, birrentos em não admitirem o fato consumado. Não fosse a funesta posição guerrilheira desses órgãos amarelos, irredutíveis num pirronismo grotesco, teimoso em combater uma evolução muito natural e lógica, e estaríamos já com o Departamento da Publicidade definitivamente instalado.[1]

---

[1] *Ironicamente o autor previa em 1923 o que veio a ser a imprensa na ditadura Vargas. Nota da edição de 1946.*

As vantagens para o público seriam imensas. Cessariam as chamadas "campanhas contra o governo" e esses horríveis ataques contra as pessoas dos governantes, os quais ataques dão ao povo a impressão de sermos governados por uma quadrilha. O governo, por sua vez, teria o campo livre para uma "atuação" serena, sem empeços, sem o mínimo aborrecimento. O róseo seria a cor nacional por excelência, porque tudo correria girando sobre mancais de bolinhas S. K. F.

Desgraçadamente subsistem por aí uns Catões incompreensivos, gente de fígados maus, incapazes de atinar com as imensas vantagens da unanimidade. Que lhes preste.

Ao atual governo de São Paulo cabe ainda a honra de ter reduzido ao mínimo a odiosa facção dos não conformistas. Soube captar para o rebanho não só grandes órgãos de publicidade, como ainda a miuçalha lambareira das revistas. Não tem conta o número dos que se ligaram neste quadriênio à verba secreta por meio do seu cordãozinho umbilical. Resultado: vivem felizes, sem mais a espada de Dâmocles da falência a lhes ameaçar o sono, e fazem felizes aos seus leitores com o dar-lhes uma impressão sempre rósea dos nossos homens e das nossas coisas.

O governo de São Paulo deixa no passivo muita coisa má, indigna dum governo decente. Mas para compensação deixa no ativo um gordo saldo que resgata longe tais mazelas. Basta, por exemplo, este simples fato da criação do quarto poder para guindá-lo à primeira plana dos grandes governos da República. É inegável a sua benemerência. No entanto, por uma estranha ironia, não há um só jornal que o gabe sob este aspecto! Elogiam-lhe todos os atos, sua ação financeira, sua atuação agrícola, sua equidade na justiça. Mas a coisa que mais de perto interessa à imprensa não merece dela o mais leve toque...

Por quê? Talvez por injunção de velhos resíduos morais, persistentes no caráter moderno como uma espécie de gafeira.

Mas a moral, como tudo, evolui. O que é crime hoje pode ser virtude amanhã. O gatuno na Grécia era honrado como um hábil prestidigitador; perdeu o prestígio depois, chegou a ser considerado como o mais infame dos homens; hoje reabilita-se, e terá ainda honras como nunca lhas concedeu o grego.

Nas escolas futuras muitas disciplinas inúteis, ensinadas hoje, serão substituídas por outras de alto utilitarismo. Em vez de o mestre interpelar meninos sobre ângulos, triângulos, senos e cossenos, farão perguntas assim:

– Quando, ao abrir uma burra, se verifica que a resistência do aço do instrumento perfurante é dois pontos menor que a resistência do aço perfurado, qual a fórmula a adotar-se: a equação de Rocca ou o binômio de Carletto?

É tolice, pois, ficarmos toda a vida no Marquês de Maricá, convencidos da imutabilidade dos princípios morais. *Le monde marche...* e lá vai de roldão Marco Aurélio, Epicteto, o Decálogo, Maricá e quanto fóssil procura entravar as rodas do ex-carro, hoje aeronave do progresso.

Já foi, *in illo tempore*, ato de suborno remunerar a imprensa pelos seus serviços em prol desta ou daquela causa. Hoje a imprensa "advoga" a bela causa governamental, e como esta causa não tem fim, a imprensa, em vez de atacar o serviço parceladamente, com soluções, de continuidade nocivas ao Estado, fá-lo incorporada nele, às definitivas, como uma procuradoria *sui generis*. Nada mais honesto, mais limpo nem mais inteligente. Nada mais "evolução". Governar foi sempre uma arte difícil; o surto moderno da imprensa veio agravar essa dificuldade com o pôr-se a imprensa em frequente antagonismo com o governo. O povo, sabendo da ação do governo unicamente por intermédio da imprensa, sofre com a apresentação desairosa que esta lhe faz dos atos.

De modo que se tornou impossível governar sem auxílio da imprensa.

Mas era imoral suborná-la.

Como sair do dilema?

Suprimi-la? Impossível. Amordaçá-la? Pior ainda. A solução única é portanto a paulista, experimentada no último quadriênio com tamanhos resultados: subvencioná-la.

Realizada já esta grande conquista, que faz fremir de entusiasmo os ossos de Gutenberg, resta ainda escoimá-la da bioquice hipócrita; e sobretudo poupar ao Quarto Poder a frequência malsã da Verba Secreta.

Tenhamos a coragem dos nossos atos.

Afirmemos de cabeça erguida a nossa evolução, em que pese aos rançosos moralistas e a esses remanescentes grotescos duma moral morta: os jornais de oposição. Opor-se à prosperidade, à comodidade, às delícias do oficialismo, à aposentadoria, à fecunda irrigação com as águas do Pactolo, somente por amor do povo, ralé ignóbil indigna do menor sacrifício, é coisa que depõe contra a sanidade mental dos díscolos. Hospício com eles! E, orgulhosa, eliminado o amarelo da gama das suas cores, penetre a imprensa, com desassombro, na fase áurea de sua existência, legalmente transfeita em o Quarto Poder do Estado – com rubrica nos livros do Tesouro e libertada para sempre da aviltante focinhação na gamela suja da odiosa Verba Secreta. Amém.

Honni soit

Uma folha carioca, notável pelo criterioso da informação e pelo tom elevado com que aborda nossos problemas, insinua, em artigo de fundo, como fato gravíssimo, o singular "emagrecimento" do *stock* de café adquirido pelo governo paulista. Dá assim o curso da letra de forma ao murmúrio da praça de Santos, em face da quebra de 4% verificada nesse café por ocasião do reensaque.

Uma ninharia, esses 4%: apenas cento e vinte mil sacas, valendo 9 mil contos no bloco dos três milhões de sacas adquiridas.

Citamos esta insinuação da folha carioca simplesmente para robustecer nossa tese relativa à oficialização da imprensa, exposta nesta coluna há uma semana.

Estivesse já totalmente realizada a grande reforma da incorporação da imprensa ao Estado como o seu quarto poder, e o espírito público não passaria neste momento pelo desgosto de sentir pelas ventas o bafo duma nova maroteira.

Mas não está realizada a reforma. Subsistem fora do aprisco vários órgãos pirrônicos, e tanto basta para que se perturbem a paz de consciência dos governantes e a doce beatitude dos governados.

Em plena apoteose a fogos de bengala do governo paulista, quando toda a imprensa rósea se abre em louvores, atribuindo aos seus gestores o grande surto econômico do estado nestes últimos quatro anos, desde a safra de algodão até a geada valorizadora, a nota do jornal amarelo cai como pingo d'água no azeite em fervura. O público, opiado pela palavra maviosa das sereias, acorda e arrepia-se; sofre na bossa do comodismo um desagradável choque e entra-se de dúvidas quanto à onzemilvirginal pureza dos apoteosados.

Ora, a felicidade do povo deve ser o fim supremo do governo, e lesam o estado de felicidade dos súditos todos os conceitos desairosos que corram à conta dos magnatas. Deve, pois, o governo impedir por todos os meios essa lesão da felicidade pública, causada pela apresentação aleivosa que de seus atos faz a imprensa rebelde.

Sob o regime da oficialização criado por São Paulo, e que defendemos com o máximo calor, fica livre a opinião pública desses desagradáveis traumatismos.

Porque tudo vai da apresentação dos fatos, pouca importância tendo os fatos em si. Neste caso, por exemplo. Apresentado como foi o fato pelo jornal carioca, dá a impressão dum formidável "avança" no café armazenado, ligeireza que só poderia ser praticada com a conivência dos próprios membros do governo; do contrário procuraria este apurar responsabilidades, o que não fez.

Ora, tal apresentação é aleivosa. O *stock* emagreceu, é verdade, mas em virtude de causas naturais de que têm culpa as leis da física e não os homens. Explica-se, pois, cientificamente o fenômeno, sem que se cubram de lama os nossos pró-homens.

Cento e vinte mil sacas correspondem em peso a sete milhões e duzentos mil quilos. Parte dessa massa é composta de água, cujo evaporamento, num clima quente como o de Santos, é fácil de explicar. Outra parte é composta de óleos essenciais, muito voláteis, cujo desaparecimento não tresnoita o cérebro de ninguém numa terra onde o sol evapora até o asfalto das ruas. Água e óleos lá estão pelo espaço integrados no turbilhão atômico.

Resta o resto: a parte sólida desses sete milhões de quilos. Aqui a explicação científica é mais complicada, e seria mesmo impossível anos atrás; mas depois da descoberta do *radium* pelo casal Curie, não apresenta a mínima dificuldade.

Impressionado com as propriedades do *radium*, Gustavo Le Bon publicou um livro – *Evolução da matéria* – onde formula as novas hipóteses científicas desse corpo. Le Bon argumenta com muita lógica que o princípio de Lavoisier – nada se cria, nada se destrói –, pedra fundamental que foi da química, está errado e deve ser substituído por um outro que concilie a ciência com as propriedades do *radium*. Nada se cria, tudo se destrói: eis o novo alicerce da química. A matéria perde-se, esvai-se, extingue-se. A radiação não é uma propriedade exclusiva do *radium*, e sim de todos os corpos; apenas se manifesta com maior intensidade no *radium*.

E a radiação é a forma, o modo de extinguir-se da matéria.

Os átomos dissociam-se, turbilhonam, e perdem-se nos intermúndios siderais. Os três estados clássicos da matéria, sólido, líquido e gasoso, passaram a quatro, com a entrada em cena do estado radiante. Mas este estado radiante não é propriamente um quarto estado da matéria, e sim uma propriedade que a abrange toda. Líquida, sólida ou gasosa, a matéria é sempre radiante, isto é, subsiste num permanente estado de dissociação atômica que lhe dá cabo do canastro.

Apesar da infinita lentidão com que se opera o fenômeno dissociativo, tempo virá em que a matéria estará totalmente extinta, dispersada, difundida pelo espaço como discreto perfume.

Ora, com o auxílio desta nova teoria nada mais fácil do que explicar com rigorismo científico o emagrecimento do *stock* de Santos, sem inculpar os nossos governantes. Que culpa têm eles, afinal, de que a dissociação atômica seja um fato? E que se tenha manifestado no café com intensidade imprevista, em virtude duma anafilaxia qualquer? O café evaporou-se nas partes líquidas e dissociou-se nas partes sólidas. Transferidos em átomos, os sete milhões de quilos que faltam andam a fazer propaganda da terra roxa pelos confins etéreos. Nada mais claro, nem mais rigorosamente científico.

Vê-se, pois, deste exemplo, como tudo varia com a apresentação do fato, e como há vantagens para a felicidade do povo na apresentação oficializada. Todos ficamos satisfeitos, e ainda o povo se instrui com a lição científica chamada a esclarecer o mistério, lição esta muito adequada à compreensão de muito desfalque até aqui injustamente atribuído aos homens. Porque está provado que o dinheiro também se irradia, chegando mesmo, quando público, a possuir um dos mais altos coeficientes dissociativos.

Nesta hipótese, sob o novo regime dos jornais, não se negaria a evidência do fato; o fato viria à tona banhado de luz, mas da boa, da santa, da fecunda luz rósea de que depende a felicidade dos cavalgantes e cavalgados.

Outro caso, agora. Suponhamos, por exemplo, que um senador da República, de alto destaque na política e velho amigo do jogo, sai da capital do país e vai à capital dum estado vizinho fazer sua fé na mesa de *poker* dum clube elegante, ponto de reunião da plutocracia provinciana. E lá é pilhado roubando no jogo. E que a diretoria desse clube se reúne e propõe a expulsão do "indelicado". E que esta se realiza. E que o suposto senador, grande magnata alguns furos apenas abaixo do presidente da República, se vê proibido de jogar naquele círculo por *indelicatesse*.[1]

Um fato desta ordem, no caso da imprensa oficializada, não seria apresentado ao público por forma nenhuma, em respeito à posição oficial do cleptômano. Se o fosse, provocaria um abalo formidável no país e fora, enxovalhando coisas que valem mais que o homem. E o mal ficaria por aí, sem repercussão maior.

Já sob o regime atual da imprensa, o regime misto, composto de órgãos oficializados e órgãos rebeldes, subsiste o perigo de um destes, antipatriótico, amigo do escândalo e sempre movido por paixões más, trazer a público a gravíssima denúncia, com funestas consequências para a nação.

Não há, pois, negar. Por mil e um motivos a oficialização integral da imprensa impõe-se cada dia mais. Todos a reclamam: o povo, cansado da pintura negra que diariamente lhe dão os órgãos amarelos; os governantes, sempre apavorados ante a possível má apresentação dos seus feitos; e a própria imprensa, assoberbada pela tremenda crise do papel. É o meio prático de entrarmos todos de chofre num período áureo como jamais o gozou país nenhum do mundo.

E maldito seja quem malicia isto!

---

[1] *O artigo refere-se a um famoso senador federal que foi pilhado no Automóvel Club de São Paulo a roubar no jogo, sendo convidado a nunca mais aparecer por lá. Nota da edição de 1946.*

MISCELÂNEA

Traduções

Foi M. L. quem rompeu com o preconceito de que "não ficava bem" a um escritor traduzir. Traduziu muito, deu o exemplo – e depois dele os escritores tomaram a si uma tarefa até então confiada a anônimos.

Entre os aspectos novos que o movimento editorial criou nestes últimos tempos cumpre assinalar a fúria tradutora. Começou-se em São Paulo a traduzir intensamente e o movimento estendeu-se a outros estados onde também se editam livros, como o Rio Grande.

Começou-se... Sim, começamos agora. Até bem pouco tempo o Brasil só conhecia em traduções Escrich, Ponson du Terrail e Alexandre Dumas. Positivamente só. Jornais gravíssimos davam e redavam em rodapé os romances populares desses autores – e alguns mais avançados inovavam com Heitor Malot e Zamacóis e mais coisas. Mas só traduzíamos do francês e do espanhol.

A literatura inglesa, tão rica de monumentos, era como se não existisse. A alemã, a russa, a escandinava, idem. A americana, idem. Um dia um editor inteligente teve a ideia de arejar o cérebro dos nossos eternos ledores de escrichadas e ponsonadas. Aventurou-se a lançar no mercado Wren, Wallace, Bourroughs, Stevenson, e que tais. E foi além. Lançou alguns dos sumos: Kipling, Jack London – e já pensa em Joseph Conrad e Bernard Shaw.

A surpresa do indígena foi enorme. Sério? Seria possível que houvesse no mundo escritores maiores do que Escrich e Dumas? Que fora da França e da Espanha houvesse salvação?

Era sim. Havia salvação e o mundo mental revelado pelos novos livros fez abrir a boca à nossa gente. Foi com verdadeira avidez que o público se atirou às traduções, fazendo que as tiragens se sucedessem num elance imprevisto. Basta dizer que o *Rosário* de Florence Barclay alcançou uma saída de cinquenta milheiros, suponho.

A novidade era absoluta. Livros arejados, cinematográficos, de cenário amplíssimo – não mais a alcova de Paris. Almas novas e almas fortes, violentíssimas, caracteres shakespearianos, kiplinguianos, jacklondrinos – novos, fortes, sadios. E deliciado com tanto novo, o público passou a pedir mais, mais, mais, até que se saturou, ou antes, que os editores saturaram o mercado.

Só então os leitores começaram a dar tento ao mérito das traduções. Foi verificando que com a pressa de apresentar novidades os editores descuravam da qualidade, dando inúmeras traduções perfeitamente infames. E o público reclamou, ao mesmo tempo que vários autores indígenas bradavam contra o fato de se traduzirem autores de fora enquanto eles permaneciam inéditos.

Realmente era um desaforo. Dar Kipling, Jack London, Dickens, Tolstoi, Chekov e outros quando poderíamos dar Almeidas, Sousas, Silvas etc. Dar o *Lobo do mar*, de Jack London, em vez da *Mulatinha do caroço no pescoço*, do senhor Coisada Pereira, que é o grande gênio literário do Pilão Arcado, onde vive pálido como cera e todo caspas. E eles apelaram para o governo. Em Pilão Arcado governo ainda é palavra mágica.

Quanto à reclamação do público, os editores estudaram o caso e verificaram que havia razão na queixa. Traduzir é a tarefa mais delicada e difícil que existe, embora realizável quando se trata da passagem de obra em língua da mesma origem que a nossa, como a francesa ou a espanhola. Mas traduzir do inglês, do alemão ou do russo equivale de fato a quase absurdo. Ocorrerá fatalmente uma desnaturação.

Se a tradução é literal, o sentido chega a desaparecer; a obra torna-se ininteligível e asnática, sem pé nem cabeça, o que não se dá com uma tradução literal do francês ou do espanhol.

A tradução tem de ser um transplante. O tradutor necessita compreender a fundo a obra e o autor, e reescrevê-la em português como quem ouve uma história e depois a conta com palavras suas.

Ora, isto exige que o tradutor seja também escritor – e escritor decente. Mas os escritores decentes, que realmente são escritores, isto é, que possuem o senso inato das proporções, esses preferem e têm mais vantagens em escrever obras originais de que transplantar para o português obras alheias. Os editores pagam menos e o público não lhes reconhece o mérito. Daí um impasse.

Mas o caminho é esse. Os editores têm de resignar-se a sacrificar a quantidade das traduções pela qualidade; e têm de procurar por todos os meios descobrir bons tradutores. Nos países mais civilizados a função do tradutor está equiparada à do escritor. Vemos Baudelaire receber em França tantos aplausos pelas suas traduções de Edgard Poe como pelos seus versos. E ainda agora no *Mercure de France* há várias páginas de necrológio sobre o recém-falecido Luiz Fabulet, cuja atividade literária se resumiu em transplantar para o francês a obra inteira de Rudyard Kipling.

Os tradutores são os maiores beneméritos que existem, quando bons; e os maiores infames, quando maus. Os bons servem à cultura humana, dilatando o raio de alcance das grandes obras. Baudelaire e Fabulet, por exemplo, dilataram o raio de alcance da obra de Poe e Kipling, tornando-a acessível ao mundo latino ou pelo menos à parte do mundo latino que joga com a língua francesa. Sem eles ou sem outros que fizessem o mesmo, Poe e Kipling ficariam limitados ao mundo inglês.

A literatura dos povos constitui o maior tesouro da humanidade, e povo rico em tradutores faz-se realmente opulento, porque acresce a riqueza de origem local com a riqueza importada. Povo que não possui tradutores torna-se povo fechado, pobre indigente, visto como só pode contar com a produção literária local.

Quatro línguas já merecem o nome de universais – a inglesa, a espanhola, a francesa e a alemã, porque nelas já se acha vertido tudo quanto todos os outros povos produziram de primacial. Dentro delas um homem tem ao alcance pelo menos a nata do grande tesouro. Já a nossa língua, língua de pobre, só teve até bem pouco tempo o que o homem de Portugal e do Brasil produziu – bem pouco. O grande tesouro comum da humanidade nos era inacessível na nossa língua – e daí a necessidade para os cultos de estudarem outros idiomas.

Toda a Antiguidade greco-romana ainda nos está fechada. Não temos a nossa tradução de Homero, de Sófocles, de Heródoto, de Plutarco, de Ésquilo. Como não temos Shakespeare, nem Goethe, nem Schiller, nem Molière, nem Rabelais, nem Ibsen. Falta-nos quase tudo, e isso por causa da vida indigente que ainda é a nossa. Sem enriquecimento material, sem desenvolvimento econômico, um povo não pode enriquecer-se espiritualmente.

Bem consideradas as coisas, um homem que apenas conheça o português fica com o seu horizonte espiritual deveras trancado. Ao norte limita-se ele com Herculano, Camilo, Castilho e a récua dos freis quinhentistas absolutamente vazios de ideia; ao sul limita-se com Eça, Ramalho, Antonio Nobre, Fialho etc.; ao leste limita-se com Machado de Assis, Nabuco, Euclides da Cunha, José de Alencar; ao oeste limita-se com imortais da Academia de Letras e alguns iconoclastas do futurismo. Com tantos limites o pobre-diabo acaba sentindo-se numa verdadeira prisão mental.

Daí a avidez com que a nossa gente unilinguística se atirou às traduções dos romances ingleses e russos dados pelos editores atuais. É avidez de ar, de luz, de amplidão, de horizontes. Recebe essas obras como outras tantas janelas abertas numa prisão escura. E, pois, benditos sejam os editores inteligentes que descobrem bons tradutores e malditos sejam os que entregam obras-primas da humanidade ao massacre dos infames *tradittores*.

Processos americanos

Em 1886 um tal Thomas Adams viu em Nova York, numa roda, um general mexicano de nome Santanna, a mascar constantemente uma certa coisa. O general mascava e remascava.

Aquilo intrigou Adams e fê-lo aproximar-se do grupo.
– Que é que o general masca, poderá informar-me?
– Chicle.
– E que é chicle?

O consultado explicou que era a goma duma árvore existente no México, e que o hábito de mascar semelhante goma era lá antiquíssimo entre os índios.

Adams pôs-se a refletir. Se os índios do México mascam essa goma e já até os generais mexicanos fazem o mesmo, então temos aí um negócio. Se eu conseguir introduzir esse hábito entre os americanos prestarei um grande serviço à humanidade com a criação dum vício novo (na realidade os vícios são escassíssimos, muito mais que as virtudes) e ainda por cima poderei ganhar muito dinheiro.

A ideia tomou vulto em seu cérebro e tempos depois Adams estava no México, metido entre os descendentes dos velhos astecas, a estudar a fisiologia e a psicologia da mascação do chicle. E voltou para Nova York com vários quilos dessa goma para mais estudos, já com um grande plano na cabeça.

O resultado foi o aparecimento duma novidade nas casas de bombons: – o *chewing gum*, ou *chiclet*, que não passa de pequenas doses de chicle envoltas em açúcar e saborizadas com essência de frutas.

O público não deu atenção ao novo produto. Não comprou. Adams insistiu. Obteve que as casas de bombons distribuíssem de graça um pacotinho de chicle a cada criança que viesse em busca de balas ou doces.

Conseguiu assim viciar as crianças, e estas depois viciaram os adultos. A consequência foi que dentro de alguns anos a América estava contaminada pelo vício mexicano e com mais um grande negócio criado.

Formaram-se várias companhias, das quais duas alcançaram grande desenvolvimento. A Wrigley, uma delas, elevou suas vendas a 40 milhões de dólares anuais – hoje 800 mil contos.

Numa das vezes em que o Príncipe de Gales esteve na América os chewingumistas conseguiram que ele aparecesse numa reunião boêmia a mascar o *chiclet*. Os graves ingleses, que pautam todos os seus atos pelos do futuro rei, fizeram caretas e também se puseram a mascar o *chewing gum* – e o negócio das companhias vendedoras de chicle açucarado estendeu-se à Grã-Bretanha.

Quando sobreveio a Grande Guerra, as tropas americanas receberam toneladas de *chiclet* – e serviram de veículo para que o hábito penetrasse na França e outros países envolvidos na luta. De tal arte foi o negócio conduzido que o vício já está disseminado pelo mundo inteiro.

Agora nos vem notícia dum fato semelhante. Não se trata de novo vício e sim de novo alimento – ou melhor, de nova gulodice – ou *delicatessen*, como dizem os alemães.

Um fazendeiro da Flórida teve a ideia de experimentar o gosto do lombo da cobra cascavel, muito abundante em sua propriedade. Preparou-o, comeu e gostou. Imediatamente seu cérebro pôs-se a raciocinar à americana. Se eu gostei, outros podem gostar; se muita gente gostar, terei nas mãos um negócio: – reduzir a dólares todas estas cascavéis que me infestam a fazenda.

Preparou mais lombo de cobra e convidou vários amigos para um jantar onde haveria uma surpresa. A surpresa foi um petisco novo de linda cor rósea e gostosíssimo. Que é? Que é?, indagaram os amigos depois do saboreamento da misteriosa *delicatessen*.

– Lombo de cascavel!

Espanto geral. Seria possível que a cascavel fosse um manjar assim tão fino? Era. E tanto que aqueles amigos só saíram dali com a promessa de novo jantar com mais cobra.

O fazendeiro esfregou as mãos. Estava feita a experiência. Como ele próprio gostara, e como seus amigos gostaram, todo o povo americano iria gostar e consumir lombos de cascavel – se a gulodice aparecesse no mercado com boa apresentação.

Tempos depois vinha numa revista que alcança milhões de leitores um anúncio de página, psicologicamente muito benfeito, lançando à curiosidade gastronômica do país a nova maravilha – lombo de cascavel em lata. Os termos do anúncio, com a sabedoria com que lá fazem reclames, era de fazer vir água à boca do leitor.

No dia seguinte afluíram ao escritório do fazendeiro pedidos de lombo de cascavel em quantidade que o tonteou. Pedidos por telegrama, por carta e ordens telefônicas de grandes mercearias. O *stock* já preparado esgotou-se como por encanto e a caça às pobres cascavéis das redondezas assumiu proporções impressionantes. Não havia cobra que chegasse. O fazendeiro teve de dar passos imediatos para a organização dum imenso campo de cobricultura – e pensou logo em incubadeiras elétricas e outros engenhos que pudessem intensificar a vinda de cobras ao mundo.

O lombo de cascavel enlatado passou logo a moda elegante. Nas reuniões chiques tornou-se o suprassumo oferecer aos hóspedes *sandwiches* de cascavel – e todo mundo sabe que quando uma moda é lançada de cima para baixo espalha-se de maneira vertiginosa.

O preço do petisco alcançou logo o do caviar, que é uma das coisas caras com que os *gourmets* gratificam o estômago. Mas até isso ajudou a firmar o negócio. O que é caro seduz muito mais do que o que tem a desgraça de ser barato. E estão hoje os Estados Unidos com uma nova indústria alimentar em vias de rápido desenvolvimento.

O homem é um bicho onívoro. Mais onívoro que o homem só o porco, que de longa data também come cobras.

E por ser onívoro o homem não conseguiu até hoje resolver com sabedoria o seu problema alimentar com uma solução matemática como a têm as abelhas, por exemplo. Fabricam elas o mel, no qual coexistem todos os elementos indispensáveis à nutrição ápica, nem mais, nem menos. Daí a ideia de Henry Ford – ideia em estudos nos seus laboratórios – de inventar ou criar o mel dos homens, isto é, um alimento absolutamente perfeito, que nos liberte do atual caos alimentar – afastando-nos do porco e aproximando-nos das abelhas.

Para a consecução desse ideal imagina Ford um estudo de laboratório dos mais complexos, com base numa série imensa de provas *in anima nobile* e consequente troca da multiplicidade infinita de alimentos que temos hoje por um único, perfeitamente estandardizado. O mel humano, em suma.

Mas o raio do fazendeiro da Flórida, em vez de contribuir para o trabalho de Henry Ford vem complicá-lo com a adição de mais um prato de luxo ao menu sem-fim das nossas comedorias. E a aceitação que teve o seu petisco revela que os homens não mostram sintomas de querer abandonar o onivorismo – isto é, de se afastarem do porco para se aproximarem das abelhas...

Primeiro amor

A luta de Sandino contra os americanos entusiasmou muita gente. M. L. viu o caso dum ângulo sadiamente humorístico.

Nicarágua é a terra dos selos comoventes. Quando nos sobrevém no colégio a febre filatélica, mal a que nenhum menino escapa depois do sarampo e da catapora, a República de Nicarágua assume para nós proporções de seriíssimo vulto. Porque a filatelia nos leva, mui logicamente, a dividir os povos em duas classes: a dos que têm selos bonitos e a dos que os têm feios.

Entusiasmamo-nos com as repúblicas da América Central, com os países de turbante e com certas colônias inglesas e belgas. É fatal o *béguin* por Guatemala, Nicarágua, Venezuela, Afeganistão, Pérsia, Jamaica, Ilhas Salomão, Tasmânia, Congo, Bornéu, Labuan, Gwalior.

Inglaterra, Alemanha, França – os grandes países não nos falam aos olhos. Selos muito repetidos e de desenhos nada românticos...

Mas Nicarágua, que amor! Seus selos chegam a comover. Existe uma série de cores vivíssimas, na qual o mesmo desenho se repete: cinco picos de montanha, postos um atrás do outro como pirâmides decrescentes. O primeiro pico esconde um sol que nasce – esse imaginoso símbolo que vemos repetido em quase todo o armorial américo-latino e num dos sabões das

Indústrias Reunidas F. Matarazzo. Sabão ou óleo, não tenho certeza.

No terceiro pico há um pau espetado com um barrete frígio na ponta – outro imaginoso símbolo (o barrete, não o pau) de que até nós não escapamos. Vários dos nossos selos e moedas ostentam a Théroigne de Mirecourt *casquée* à frígia – o que está muito conforme.

O barrete frígio fica muito bem numa cabeça de mulher bonita. Que é que não fica bem numa cabeça de mulher bonita? Asas de pombo, colibris secos, fitas de veludo, palha d'Itália, flores de pano, tudo... exceto ideias, dirá algum marmanjo despeitado. Mas barrete sem cabeça dentro, posto como espanta-passarinho num espeque, que quererá dizer?

E o jovem filatelista cisma... Não haverá em Nicarágua cabeças? Estará o dono do barrete atrás do morro?

Mistério. *Cosas* de Nicarágua...

Outro selo dessa República que também muito nos fala à imaginação dos 10 anos é um de 2 centavos, no qual, em moldura de arabescos da American Bank Note Co., se enquadra uma linda locomotiva, evidentemente da Baldwin Works Co. Depois dos soldadinhos de chumbo, o trem de ferro sempre foi o brinquedo que mais seduziu as crianças, de modo que Nicarágua nos conquista, assim de arrancada, o coração. Passamos a ver nela a república dos nossos sonhos, toda brinquedos – trenzinho, pauzinho, morros para trepar e escorregar de costas, como as montanhas-russas.

Mas os anos sobrevêm frios e desiludentes. Crescemos, mudamos de fala, a primeira mulher nos faz esquecer a primeira mania e adeus Nicarágua! Aos 30 anos já essa palavra maia só nos evoca remotíssimo sonho, embora encantador. E surge-nos uma dúvida:

– Existirá realmente Nicarágua? Existirá fora dos selos? Estará lá ainda o pauzinho? Não será uma capetagem devida ao gênio comercial de Gerbruder Senf, a grande casa alemã de selos?

Muito natural essa dúvida. Depois do buço e consequente abandono do álbum de selos nunca mais ouvimos falar em Nicarágua. Nicarágua não existe nos telegramas da United Press.

Nicarágua não tuge na Liga das Nações. Nicarágua não estabiliza moeda. E fixamo-nos de vez nesta ideia:

– Nicarágua é aquilo só. Cinco picos perfilados, um espeque, um barrete sem cabeça dentro e o trenzinho.

Mas eis que de inopino, com assombro geral, Nicarágua explode. Os picos viram generais e se engalfinham. O trem apita socorro. E o mundo entrepara, atônito, de olho sarapantado:

– E não é que o raio da Nicarágua existe mesmo?

E gemem os prelos. E vibra o telégrafo e a retórica se abespinha com o ouriço dos adjetivos, e a meninada filatélica freme de cóleras impúberes:

– Não pode! Não pode!...

A criançada não quer que Tio Sam desembarque lá sob pretexto de garantir interesses americanos, mas na realidade para ir ajeitando a construção de um novo canal.

Tio Sam é um cavouqueiro prático. Já dotou o mundo com a obra ciclópica do canal do Panamá. Aperfeiçoou assim o regime dos transportes. Suprimiu a rota penosa e onerosíssima pelo cabo Horn – o chifre patagão com que a América do Sul marra o polo. Encurtou as distâncias, fez o mundo dar larguíssimo passo à frente.

Tão útil se demonstrou essa obra, filha do ultradinâmico binômio Roosevelt-Goethals, que já não basta para o tráfego dos navios. Faz-se mister abrir outro canal, que não pode ser senão pela base dos cinco picos nicaraguenses.

Tio Sam é expedito. Sabe como se lida com aqueles desordeiros do istmo. Arma uma facção política contra outra, bombardeia-os com uns sacos de dólares, improvisa governos e, a sorrir como Gulliver em Liliput, realiza a coisa dentro de rigorosas fórmulas constitucionais.

Mas o berreiro internacional irrompe. O "não pode" filatélico estruge. Nuvens de adjetivos tonitruantes pairam como nuvens de mosquitos por sobre a cabeça da águia construtora.

A águia faz um muxoxo e continua. Realiza a obra que o progresso do mundo impõe e permite mais tarde que passem pelo canal os gritadores do "não pode", proporcionando-lhes a economia de maçada e dinheiro que a volta pelo cabo Horn exigiria.

Tio Sam é uma criatura alegre. Trabalha divertindo-se. Possui um alto-falante que atroa os ares em coro com a meninada dos selos: o senador Borah. Havia outro que também gritava muito, Lodge, mas já estourou. *E cosi va il mondo.*

Nosso país é um dos em que mais se colecionam selos. Isso explica a vivacidade dos nossos protestos sempre que Tio Sam desembarca no istmo, de picareta ao ombro, para abrir esgoto entre os mares. Apesar da consequência biológica que somos de um desembarque semelhante (Cabral desembarcou em Porto Seguro no ano de 1500), os desembarques de Tio Sam nos irritam singularmente.

– Desaforo! Imperialismo! Vá fazer canal em sua casa!
– berramos em *meeting* ao pé do resignado José Bonifácio da estátua.

Mas ninguém creia que fazemos isso por ódio aos canais. Apesar de em matéria de canais só termos aqui o do Mangue, nada em nossa formação étnica nos arrasta a uma hostilidade ingênita contra a ruptura dos istmos. Não somos anticanalíferos em absoluto! Admiramos Lesseps, o rasgador de Suez, e se tivéssemos dinheiro abriríamos um canal ligando o Atlântico a Mar de Espanha, em Minas.

O que acontece é que temos a filatelia romântica. Os selos de cores vivas nos comovem de modo incoercível... Jamais protestaremos contra um desembarque em país de maus selos. Não protestamos contra o bombardeio de São Paulo porque São Paulo não possuía selos. Não protestaremos contra o bombardeio ou desembarque em qualquer colônia lusa, porque os selos lusitanos são horrendos.

Mas ninguém ponha o pé em Guatemala, Venezuela, Bornéu, Gwalior. E sobretudo ninguém mexa com a Nicarágua. Isso não! Dói-nos. Equivale a cuspir em folhinha seca de malva, doce *recuerdo* dum primeiro amor. Nicarágua é o nosso primeiro amor filatélico...

– Para trás, Tio Sam!

A doutorice

> *Um dos primeiros artigos de M. L., quando ainda estudante. O quadro da bacharelice e do afastamento em que os moços se mantinham das atividades econômicas assusta-o.*

Gil Vidal, da sua tribuna do *Correio da Manhã*, pôs o dedo na mais grave chaga dourada da nossa vida social: a superabundância de "diplomados".

Como tantas e tantas, é mais uma decorrente da escravidão, aquele horroroso lúpus que, extirpado em sua morfologia externa, deixou no organismo nacional uma diátese propícia ao vicejar de numerosos males.

Com o tirar ao trabalho a sua nobreza, e o desmerecê-lo como coisa de escravo e, portanto, degradante, ela deu origem a essa linha divisória, que ainda se não apagou, entre os que trabalham e os que ou promovem o trabalho alheio ou dele vivem, aparasitados.

Arredou, assim, o brasileiro, das profissões manuais, da indústria e do comércio, entregues ao elemento alienígena, e marcou-lhe a giz, como campo único para o exercício de suas energias e o só compatível com a sua dignidade, o funcionalismo público, as profissões liberais, a política e o feitorismo, sob qualquer forma que seja, da massa que lavra a terra. Tudo mais desprezou, como coisas que degradam ou são "impróprias". Indústria: coisa de ingleses; comércio: coisa de português e italiano; trabalho manual: coisa de negro. E assim a ideia se cristalizou. A permanência embaixo da sociedade, como um soco formidável, de milhões de máquinas de trabalho que o "bacalhau" movimentava, permitia tão absurda concepção. Um dia, porém, foi bruscamente suprimido esse plinto secular, e nossa sociedade, nascida sobre ele, feita para viver sobre ele, viu-se às súbitas na situação de um homem a quem decepassem os pés. Uma modificação de mentalidade correlativa àquela modificação do regime social não era coisa factível com outra Lei Áurea, e deixamos que o processo lento da evolução natural corrigisse o desequilíbrio criado.

Esse desequilíbrio tem sido a causa indireta de todos os males morais, sociais, econômicos e financeiros que nos afligem. Até que aprenda a andar com o coto da tíbia, quem sempre caminhou pelo amplo, sólido e achatado pé africano...

Para o estado mental coletivo que se formou e apurou durante o período anterrepublicano, o "decente", o "bonito", o "próprio" a uma família rica era doutorificar os filhos, para metê-los na política; a uma família remediada, o alistá-los na coorte do funcionalismo; à gente pobre, o ensinar-lhes a arte de fazer trabalhar aos pretos. Consequência: abarrotou-se de doutores a sociedade alta; de estafermos orçamentívoros a média; de vagabundos indisciplinados a baixa.

Levada pela concorrência excessiva, a política despiu o seu caráter elevado de arte de bem governar a nação para cair no desapoderado "avança" atual; e os cursos científicos deixaram empoeirar a ciência a um canto, transformando-se em árvores de diplomas – que o matriculado a estes vai, não àquela. E vai aos diplomas como ao sésamo de todas as portas e coraçõezinhos femininos que possuem dote. Que vai, minto; que ia, porque a situação já não é a mesma. O país tem sofrido abalos profundos. Houve mudanças radicais. O negro, fator secular da movimentação agrícola, empolgou-o a cachaça e a calaçaria; e reduzido ficou a uma quantidade negativa depois que viu suprimido pela lei da abolição o chicote espevitador dos seus brios.

A monarquia com os seus 60 anos de lenta estratificação desfez-se em república – encurtada assim para um dia a evolução que reclamava um século. Monstruosas anomalias se seguiram a essa infração das leis naturais: ditaduras, guerra civil, Floriano, câmbio arrasado, encilhamento, café alto, invasão imigrantista etc. A ossatura da sociedade, contorcida, estalou nas juntas, muitos órgãos se lhe deslocaram, outros sofreram lesões profundas, outros foram ganhos de rápida atrofia. De alto a baixo nada ficou incólume diante daquela série ininterrupta de tremores de terra.

Figure-se um homem quarentão, pacato e prudentíssimo, que nunca se meteu em aventuras de qualquer espécie; preguiçozão, amigo da rede e das chinelas, com umas apólices e uns escravos que lhe dão calma ao sono: o tipo médio do brasileiro ronceiro. Um dia, depois de 40 anos de sossego e paz, este homem é agarrado de surpresa em plena rua e sangrado à força: 13 de Maio; dá dois passos, cambaleante, e um grito estridente azoa-lhe o ouvido: 15 de Novembro; e logo após se vê metido numa roda de pau: Floriano; sente uma mão revolver-lhe as algibeiras: o "encilhamento"; percebe um tumulto desconhecido remoinhando-lhe em derredor: o estrangeiro invasor; olha para a frente: o buraco da crise econômica; volve os olhos para a direita: o precipício da crise do crédito, da sua moral, das suas velhas ideias, dos seus velhos hábitos e costumes; levanta-os para o alto e nas regiões governamentais, onde se habituara a enxergar um velho bonachão e amigo, topa uma legião de esqualos, políticos voracíssimos. Sangrando, depredado, sovado, estonteado, o mísero apalerma-se e deixa rodar água abaixo a sua fazenda. Implora depois socorro, pede ao onipotente governo que o salve – e sorri; o governo bondosamente lhe acena com a salvação do Convênio de Taubaté; o mísero chora de prazer e, como lhe pedem a alma em troca daquela prosperidade entremostrada, ele a hipoteca prazerosamente. O Convênio desce afim do Olimpo; mas à medida que desce transforma-se, muda de cor e de jeito, alonga-se deformado; e quando lhe chega às mãos, ó triste, tem o aspecto de uma "boa corda de canave de quatro ramais". O pobre homem sente uma tonteira, uma zoada nos ouvidos, um obscurecimento na vista e cai em profundo marasmo. Se não enlouquece é porque tem a sorte de ser já meio bobo de nascença.

Tal o nosso país ante os terremotos sucessivos que de 1888 para cá o têm derreado.

Não houve tempo para que o estado mental da população acompanhasse as largas passadas da Revolução que entre nós se substituiu à Evolução. E ficamos reduzidos a um curioso fenômeno de desequilíbrio orgânico.

Somos um anacronismo vestido pelo derradeiro figurino. Na mentalidade: pouco mais de 1888; nos costumes: quase 1909. Continuamos a abarrotar as academias; o ideal da classe média continua a ser o funcionalismo; a tal dignidade das classes baixas, tão cômica, continua a subsistir.

Enquanto isso o estrangeiro toma todas as posições e assedia-nos economicamente.

O português, que menoscabamos, é o dono do Rio de Janeiro; o italiano, que tratamos d'alto, monopoliza as indústrias e o comércio de São Paulo; ingleses e americanos, aos quais criticamos os sapatões de sola grossa, senhoreiam-nos o alto comércio.

Fortunas enormes amontoam-se-lhes nas mãos, laboriosamente acumuladas umas, outras conquistadas de pronto por meio de inteligentes rasgos de audácia.

E nós os nacionais? Nós ficamos com a carrapatosa vaca do Estado e a legião dos doutores de 20 anos. E o país orgulha-se disso: desse platonismo científico! Temos doutores em leis, doutores em comércio, doutores em farmácia, doutores em dentaduras, doutores em engenharias, doutores em medicina. E academias sobre academias se fundam cá e lá, de Comércio, de Letras, de Poucas Letras, de Nenhumas Letras, de Costura.

Cada ano que se passa são novos enxames de diplomados que delas revoam. E como não há demandas, nem doentes, nem cárie, nem coisa nenhuma que dê ganha-pão suficiente a tal exército, ficam eles de boca aberta e olhos fixos no Estado, única senda que lhes resta.

E tão parasitado já anda este que lembra boi coberto de carrapatos sanguessugas. Em redor do Estado inumeráveis carrapatinhos novos esperam que os velhos caiam no choco da aposentadoria para que por sua vez eles se acarrapatem.

É triste e cômico o espetáculo que dá ao país essa mocidade – os pretendentes à colocação e os novos diplomados.

Vagueiam à toa pelas ruas, de anelão no dedo e níqueis cantando nas algibeiras do colete; comentam a política interna, discorrem sobre a Borelli e a Nina Sanzi, que conheceram do alto das torrinhas por 15 tostões filados à mamãe; destroem nomes feitos na arte e na ciência e ditirambizam-se uns aos outros. E quando passa um inglês rijo, pisando forte, ou um italiano lépido e ativo, ressumando energia, o doutoriço acotovela o companheiro, anunciando-lhe ao ouvido: É Gamba, é Carbone, é Matarazzo.

E, enlevados, param, voltam o rosto; ficam a olhar o argentário que passa, o imigrante de ontem enriquecido pela tenacidade do trabalho inteligente, o aventureiro audaz que veio e venceu, o estrangeiro de raça mais apta que soube aproveitar as trilhas que levam à fortuna pelo comércio e pela indústria desprezados pelos nacionais. E continuam o passeio nostálgicos, vagamente tristes, beliscando o buço com a mão adamada em cujo indicador reluz o rubi de vidro de um formidável Montana...

Alice in Wonderland

> *Inglaterra e Estados Unidos disputam os originais da obra-prima de Lewis Carroll. M. L. historia e comenta o caso.*

No distrito de New Forest, a oitenta milhas de Londres, na aldeia de Lyndhurst, mora uma velhinha octogenária esquecida do mundo – Missis Alice Pleasance Hargreaves. A curiosidade jornalística descobriu ser ela a menina Alice do livro que todas as crianças do mundo hoje conhecem – *Alice in wonderland*, ou *Alice no país das maravilhas*, como diz a tradução em nossa língua.

Entrevistada, Missis Hargreaves contou a origem da obra-prima. Chamava-se em menina Alice Liddel, filha do deão do Christ Church College, doutor Liddel, autor dum léxico muito considerado em todas as universidades. Um professor de matemática desse colégio, Mister Dodgson, era grande amigo de seu pai e frequentador da casa. Um dia levou-a, e mais duas irmãzinhas, a um passeio de bote pelo Tâmisa.

Estavam em pleno verão. Incomodado pelo revérbero do sol na água, Dodgson acostou o bote e foi refugiar-se com as meninas na única sombra que havia – atrás dum monte de feno. Imediatamente Alice pediu o que todas as crianças pedem – uma história.

– Conte uma história bem bonita, Mister Dodgson.

O professor de matemática era desses homens que não se conhecem, que passam a vida sem se conhecer. Puro gênio literário, criador do mais alto tipo, dos destinados a gozar renome mundial, nem de longe entressonhava isso. Intimado a contar uma história, contou-a. Foi inventando, atento apenas ao interesse que via nos olhos das meninas. Em certo ponto, já cansado, fez ponto, declarando que o resto ficava para outro dia.

– Não, não! Conte tudo já – elas insistiram – e ele prosseguiu.

Depois, como o sol descambasse, tornou ao bote, e mesmo lá teve de continuar a história. "Às vezes Mister Dodgson fingia cair de sono, mas nós o sacudíamos para que não parasse", recordou Missis Hargreaves ao jornalista que a entrevistava.

Nasceu assim *Alice in Wonderland*.

No fim do ano, pelo Natal, Dodgson deu de presente à sua amiguinha toda a história escrita de seu próprio punho, num volume de 92 páginas em caprichada caligrafia e com ingênuos desenhos de sua lavra – desenhos que mais tarde serviram de base para as clássicas ilustrações de John Tenniel. Na última página colou um retratinho de Alice aos 10 anos, e na primeira escreveu: *A Christmas gift to a dear child in memory of a Summer day* – Um presente de Natal para uma querida menina em memória dum dia de verão.

Os anos passaram-se, como passam as águas do Tâmisa.

Um dia a obra foi publicada e teve aceitação imensa. Julgaram-na os críticos uma obra-prima, e as crianças inglesas por ela se apaixonaram com o mesmo ardor das três meninas que a ouviram ao nascedouro atrás do monte de feno. Com a intuição misteriosa do gênio, Dodgson – já então transformado em Lewis Carroll – realizara o milagre de fixar com palavras um movimentadíssimo sonho de criança. Um sonho com a rigorosa lógica dos sonhos, que é um ilogismo incompreensível.

Do mundo inglês emigrou o livro para os demais mundos étnicos deste nosso mundinho terreal. Foi passado para todas as línguas, inclusive a que falamos no Brasil. E acaba agora de entrar para o cinema num maravilhoso filme da Paramount. Charlote Henry, estrelinha de 10 anos, com rara felicidade escolhida num concurso de sete mil candidatas, faz com incomparável naturalidade e encanto o papel de Alice.

Mas a Alice verdadeira lá seguiu o seu destino pela vida em fora. Casou-se. Passou a chamar-se Missis Alice Hargreaves.

Teve dois filhos, que em 1915 foram devorados pelo Moloch da guerra. No cemitério de Lyndhurst duas lápides atraem a atenção dos visitantes: *Captain A. K. Hargreaves, D. S. O.*, *Rifle Brigade* e *Captain L. R. Hargreaves, M. C., Irish Guard*. São os filhos de Alice.

Perdida a mocidade, perdidos o marido e os filhos, a velhinha que em criança lidara em sonhos com o Coelho Branco, a Tartaruga Falsa, Twidledum e Twidledee, a Lagarta Malcriada e tantos outros seres do Mundo das Maravilhas, passou a viver de saudosas recordações.

Um dia o seu velho solar em estilo georgiano amanheceu com letreiros: "Mansão histórica: aluga-se com mobília".

Mas Missis Hargreaves não se mostrava aos pretendentes.

– Ela já não recebe visitas – explicava o mordomo. – Está muito velhinha e doente, já no fim.

Depois do cortejo de desgraças, sobreviera a necessidade. Missis Hargreaves vira-se forçada a vender preciosas relíquias do bom tempo – e entre elas o manuscrito de Dodgson, que conservara consigo durante 65 anos.

A notícia de que o manuscrito de *Alice in Wonderland* estava no giro agitou a roda internacional dos negociantes de preciosidades, e mais ainda quando se soube que ia ser posto em leilão. Trocaram-se telegramas entre Londres e a América. Fizeram-se cálculos. Os mais entendidos prejulgaram que os lances poderiam subir a 25 mil dólares. Soube-se que o Museu Britânico estava interessado, o que significava um duelo entre dois países – Inglaterra e Estados Unidos. Os dois colossos iriam disputar a posse do presentinho de Natal que o modesto professor do Christ Church College dera à filha do deão.

Chegou o dia. A Casa Sotheby, em plena Bond Street, no coração de Londres, começa a encher-se. Mais de trezentos curiosos aglomeram-se na sala para assistir ao duelo entre o dólar e a libra. De Filadélfia tinha vindo expressamente o doutor Rosenbach, da Rosenbach Company, disposto a demonstrar ao inglês que a América é a América. Outro negociante de Nova York, Gabriel Wells, mostrava grande empenho pelo manuscrito e telegrafara ao seu agente em Londres dando ordem para que lançasse até 15 mil e 200 libras.

Vai começar o leilão. O doutor Rosenbach toma assento à direita do leiloeiro. Vinha depois Mister Dring, da Quaritch, célebre firma londrina no negócio de raridades e naquele momento representando o Museu Britânico. Depois vinha Mister Maggs, agente de Gabriel Wells.

Lá no fundo da sala, escondida de todos, uma velhinha olhava para aquilo filosoficamente. Missis Hargreaves viera de Lyndhurst especialmente para assistir à luta pela posse do manuscrito que estivera 65 anos numa gaveta da sua escrivaninha. Se ela soubesse... Se tivesse adivinhado...

– Lote número 319! – anuncia afinal o leiloeiro.

Um sussurro percorre a assistência. Era o manuscrito de *Alice in Wonderland*. Faz-se o silêncio – o silêncio dos grandes momentos.

– Cinco mil! – murmura um pretendente. É o primeiro lance.

Os assistentes entreolham-se – 5 mil libras, hein?

– Seis mil! – lança outro. E os lances se sucedem precipitados – 7 mil, 8 mil, 9 mil, 10 mil – a marcha ascensional é de mil em mil libras.

O lance de 10 mil libras, ou seja, 50 mil dólares, trouxe um afrouxamento na intrepidez dos pretendentes. Reconcentravam-se. Faziam cálculos mentais. Pesavam o negócio.

– Dez mil e 100 libras! – rompeu o agente do Museu Britânico.

– Mais 100! – gritou Mister Maggs.

– Mais 100! – murmurou o doutor Rosenbach.

Houve uma parada. O leiloeiro correu os olhos pelos candidatos, com o martelo erguido.

– Mais 100 – lançou o Museu Britânico – e a luta prosseguiu.

Em certa altura o doutor Rosenbach murmurou firme:

– Quinze mil e quatrocentas libras! – e esperou.

Os demais pretendentes abandonaram a luta. O martelo do leiloeiro sentiu que era o fim e bateu a pancada que põe termo a tudo.

Ganhara a América. O poder aquisitivo da antiga colônia inglesa afirmava-se mais uma vez naquele duelo com a orgulhosa metrópole. Por exatamente 75.259 dólares o manuscrito de Lewis Carroll ia mudar de continente. Foi o preço mais alto ainda pago por um manuscrito. Agredido pelos repórteres, o doutor Rosenbach, chefe da Rosenbach Company, declarou que antes daquele o manuscrito pago por mais alto preço fora um original de Shakespeare – 75 mil dólares. Outros livros hão alcançado mais – mas não manuscritos. Sua companhia, por exemplo, pagara 106 mil dólares por um exemplar da Bíblia de Gutenberg, e J. P. Morgan dera 200 mil por um livro de horas com iluminuras do século XV. Mas no ramo manuscrito Lewis Carroll passava para o primeiro lugar.

A reunião dissolveu-se. Os repórteres correram a lançar ao mundo a notícia do notável prélio – Missis Hargreaves, pensativa, foi para a estação tomar o trem de Lyndhurst...

O segredo de bem escrever

M. L. não filosofa aqui com ideias suas,
apenas expõe as de uma escritora americana
a propósito do assunto.

Há tempos recebi carta dum rapaz da Bahia, perguntando qual era o "jeito de escrever bem". A resposta só poderia ser que se eu soubesse esse jeito muito provavelmente o guardaria para mim, num natural impulso de egoísmo – a não ser que em troca do segredo ele me mandasse uns cocos. Outra carta, doutro rapaz de não sei onde, conta que perdeu a inspiração poética e pede remédio.

Esta última missiva fez-me lembrar uma escritora americana morta afogada em Coney Island, em 1928 – Marguerite Wilkinson, poetisa e crítica de arte. Também ela perdera a inspiração após um primeiro livro de valor, e estudando-se a fundo concluiu que o mal lhe vinha da depressão da coragem física. Para reagir ou curar-se adotou um feroz regime fortificante da coragem. Ia nadar em pleno oceano nos dias mais rigorosos do inverno; e nas outras estações voava, sem esquecer de operar com o seu avião os mais perigosos volteios. Criar perigos e arrostá-los era a sua fórmula. E desse modo de fato restaurou a coragem física e viu renascer a inspiração. Prova disso foi a "Oração dos aviadores" que logo depois escreveu e ficou o padre-nosso dos aviadores da sua terra. Não contente, porém, Miss Wilkinson exagerou a dose dos fortificantes – excedeu-se em perigos e morreu afogada.

A propósito de "aprender a escrever" lembro-me duns conselhos que outra escritora americana dá às suas colegas – e talvez sirvam ao meu baiano. Diz Kathleen Norris, afamada autora, que não há escrever sem primeiro viver. Escrever é contar a vida, e quem não vive não pode escrever. Não há maiores livros, diz ela, do que os que refletem a vida de verdade, a vida como a vida é – e cita *Le Pere Goriot*, *Adam Bede*, as angustiantes histórias dos mujiques russos, os romances em que Dickens põe em cena vulgaríssimos devedores que vão para a cadeia e os contos de Maupassant onde "vivem" os mais emperrados campônios franceses. O próprio Shakespeare, diz ela ainda, para dar vida aos inúmeros reis e rainhas das suas peças teve de humanizá-los ao nível da gente comuníssima existente em redor dele – e só desse modo os tornou sensíveis a todos nós. Perto dos reis shakespearianos, os reis e rainhas das tragédias clássicas – das de Racine, por exemplo – não passam de bonecos de engonço.

Missis Kathleen escreve para moças que desejam seguir a profissão literária, uma profissão que realmente existe na América como existe aqui a de professora ou datilógrafa; e faz ver que não bastam dons naturais. Sem trabalho rijo ninguém pode sair vitorioso nesta ou naquela profissão. O caso de escrever um trololó e cair em êxtase diante da obra, e nada mais fazer antes de "colocar" a maravilha, não conduz a nada.

E dá uma receita prática. Manda que a candidata às letras sente-se e comece. Comece pensando no que pretende escrever. Um conto? Muito bem. Mas... de que jeito abri-lo? Vá aos clássicos – Kipling, Cobb ou Tarkington; folheie-os, veja como começam. Mas não copie – receba sugestões, certa de que a primeira palavra dum conto, bem como a última, são importantíssimas e decisivas.

Depois olhe para a folhinha. Suponha que está no dia 2 de maio de 1928 e admita que se a 2 de maio de 1930 estiver gozando o primeiro sucessozinho literário, será isso grandemente promissor. Escreva um pouco todos os dias – umas linhas apenas durante esses 730 dias que vão de um 2 de maio a outro. Setecentas e trinta horas em que o cérebro estará moldando, afeiçoando, escolhendo, conformando, em suma, os tipos e o ambiente do conto.

Os resultados serão maravilhosos. A diferença entre as primeiras horas, nas quais a candidata derrubará a testa sobre a mesa, envergonhada do ousio de haver posto ombros à empresa, e as últimas, em que o cérebro já trabalhará como máquina bem ajustada e azeitada, se mostrará enorme. Terá nascido na candidata, como da semente nasce a planta, a *workmanlike consciousness*.

Essa hora de trabalho diário, embora aparentemente a mais inútil do dia, acabará tornando-se a grande hora do dia – a hora sempre esperada com ânsia. Porque será a hora da autocriação – e momento chegará em que a candidata *sentirá* dentro de si, em todo o vigor da sua plenitude, a força donde promanam as criações literárias. E um dos produtos dessa força – o vigésimo conto escrito, ou talvez o quadragésimo – já não surgirá aleijado como os anteriores e saberá manter-se de pé sobre as próprias pernas, em perfeito equilíbrio, como um ser vivo.

Enquanto isso a candidata deve ir experimentando colocar a sua produção nos jornais e magazines de menor vulto. Pouco valerão para eles, mas menos ainda para a gaveta em que ficariam encerrados. O filão donde saíram está apenas escavado na superfície, e quanto mais a mineração avance, tanto mais puro virá o minério.

O "instinto das palavras", próprio da candidata, e o instinto dos entrechos deverão ser o pivô da sua personalidade literária. Mas que o aperfeiçoe com leituras, muita reflexão e trabalho sistemático. Ambiente não importa. A vida que a candidata vive não importa. Uma das mais aclamadas novelistas de hoje começou a vida 20 anos atrás como esposa dum fazendeirinho de trigo do Oeste, tendo de cozinhar para o marido, cuidar de três filhotes e aguentar com a mais trabalheira da casa. Outra, que está aparecendo com muito destaque, é ainda professora duma escola de Chicago, com dezoito anos de classes; outra, que fez impressionante estreia no conto, é enfermeira dum hospital de tuberculosos na Califórnia.

Isto mostra que não há necessidade de um certo ambiente para que surjam escritoras; todos os ambientes servem – a casa da fazenda, com a sua trabalheira rústica; a escola, com a inferneira dos meninos; o hospital, com toda a miséria dos doentes.

Estes conselhos práticos Kathleen Norris os dá às suas colegas de sexo, porque na América a profissão literária está por 80% monopolizada pelas mulheres. Inúmeros cursos ensinam como escrever coisas vendáveis. Há sempre a preocupação da vendabilidade do produto literário. Isso de escrever por esporte, sem fito de lucro, é absolutamente incompreensível para o americano – e mais ainda para a americana, bípede que se por fora ainda usa saias, por dentro é toda calças masculiníssimas.

Em país como o nosso não pode haver profissão literária por falta de desenvolvimento econômico. Fazem literatura uns tantos pobres-diabos, malvistos da sociedade porque os produtos literários não dão dinheiro – e a sociedade de todos os países despreza quem não possui ou não ganha bastante dinheiro. O respeito que na terra de Tio Sam gozam os escritores procede da renda que eles tiram dos miolos.

Uma Miss Eleanor Porter, por exemplo, escreve a novela duma encantadora menina simplória, chamada Pollyanna, e vende novecentos mil exemplares a 2 dólares. O sucesso fá-la espichar a história de Pollyanna por mais cinco romances – e até o ano passado havia ela vendido 1.500.000 exemplares, no valor de 3 milhões de dólares, dos quais lhe couberam, de direitos de autora, 15%, ou seja, 450 mil dólares, o que em nossa moeda representa, no câmbio negro, 4.500 contos. Está claro que o vendeiro da esquina, que é um dos baluartes da sociedade, não se ri dessa "literata", pois que com as simples ingenuidades da menina Pollyanna a diaba ganha mais que ele a vender ovos e presunto o ano inteiro.

Entre nós não é assim. Que respeito o Manoel da Venda, lá na rua Cosme Velho, onde morava Machado de Assis, poderia ter por aquele seu vizinho – "O raio do mulato de óculos que vive a escrevinhar" – se tudo quanto Machado de Assis obteve pela propriedade da sua obra literária – dezesseis livros – foram os 8 contos que recebeu do editor Garnier? Oito contos líquidos ganha o Manoel por ano só no que furta no peso da manteiga e da banha. E talvez que já tivesse ganho 8 contos só no que furtou no peso da manteiga que vendeu ao pobre Machado de Assis – se é que o romancista máximo da nossa língua pôde em vida dar-se ao luxo de comer pão com manteiga...

Fim do esoterismo científico

Há hoje uma tendência para abrir ao público as cortinas da ciência. A tendência de sempre foi cerrá-las. De epistemologia entendesse o epistemólogo. Ao público só deviam chegar as conclusões, sob forma de decretos da mais alta infalibilidade. O porquê, a justificação dos decretos, não era da conta dos leigos.

Os recintos científicos se fechavam com as cercas de arame farpado da terminologia técnica – e lá dentro ficavam os sábios falando um volapuque só deles entendido. Mas, afinal, cansados da clausura, eles mesmos abriram as portas – e começou o movimento de humanização da ciência. Will Durant chegou a realizar o impossível: traduzir em língua de toda gente a filosofia, essa hispidez que aterrorizava o mundo. Resultado: tornou inteligível até o próprio rei da ininteligibilidade – Immanuel Kant.

Não escaparam ao movimento as ciências biológicas. Alexis Carrel, o grande fisiologista que opera milagres por conta do Instituto Rockefeller, anda com o seu *Man the unknown* traduzido até em português – e em todas as livrarias. Nessa obra nos mostra que o que o homem sabe sobre si mesmo é pouco mais que zero, diante do que resta a saber. E a humanidade abriu a boca, porque vivera até agora na crença de que a fisiologia e a psicologia já sabiam o homem de A a Z. Carrel prova que estamos ainda no A.

Li, como toda gente, a obra de Carrel, com maior atenção para o capítulo sobre as "Funções adaptativas", porque é ali que está o segredo das doenças, coisa que muito nos interessa.

Sim, as doenças são os salteadores da estrada da vida. Ocultas nas margens, espreitam os passantes para cair-lhes em cima a golpes de micróbios e vírus. Se esses pequeninos agentes conseguem atravessar as fronteiras do nosso organismo e invadir os tecidos, a doença expulsa de lá a saúde e instala-se como em casa própria.

A ação da doença invasora do nosso organismo depende do comportamento dos tecidos que o compõem. Esses tecidos (tudo é tecido, até o sangue) reagem ou adaptam-se – ou deixam que o organismo pereça, se a reação ou a adaptação se faz em grau insuficiente. Temos pois dois modos de nos comportarmos diante do ataque dos invasores. Um é impedir-lhes a entrada; outro, é ir reparando os estragos que eles fazem depois de entrados e instalados. Sistema da formiga-ruiva, que reconstrói o seu formigueiro à proporção que um pé malvado os vai desmanchando.

A doença é isso, diz Carrel; é o desenvolvimento desses dois processos. Quando, por exemplo, sobrevém febre, temos o primeiro caso; a febre é o calor da batalha dos nossos soldadinhos interiores contra o inimigo invasor. E temos o segundo caso quando os soldadinhos são derrotados e o inimigo instala-se, ficando dentro de nós a fazer requisições. A vida do organismo passa a ser um penoso esforço de formiga para constantemente refazer ou restaurar o que as requisições da doença desfalcam – e a coisa segue até a vitória final do organismo ou do invasor.

Logo, o bom é não permitirmos que o inimigo entre; e o mau é deixá-lo instalar-se e forçar os tecidos ao trabalho da adaptação.

Temos pois no organismo uma organização de defesa. Quando a organização está perfeita, o inimigo não entra; mas se se revela inadequada, ai de nós! Cada organismo possui o seu exército interno, de tremenda eficiência quando está em forma.

Mas em que parte do corpo está localizada a defesa – onde são os quartéis das forças armadas? No sangue, esse líquido vital ainda tão desconhecido do homem. O sangue é um dos grandes mistérios da natureza. Há nele mundos para os quais ainda não foi achado o microscópio e o telescópio.

Metchnikoff percebeu alguma coisa: que os leucócitos, os glóbulos brancos do sangue, constituem a "polícia especial" que ataca e devora as bactérias invasoras. Outros sábios estão percebendo mais coisas. Já sabem que os glóbulos vermelhos não são células vivas e sim saquinhos de carregar oxigênio. Em giro perpétuo na corrente sanguínea, eles enchem-se de oxigênio nos pulmões e levam a todas as células esse elemento, do qual são gulosíssimas. Meros carregadores e distribuidores de oxigênio, como os nossos leiteiros são distribuidores de leite.

Que maravilha o sangue! Assim que uma colônia de micróbios ataca um ponto do organismo, o sangue manda para lá um exército de leucócitos com ordem de envolver e expulsar o inimigo. Expulsar devorando-o, isso é que é o interessante. Se, por outro lado, cortamos o dedo, o sangue acode com um material de socorro, um coagulante com o qual obtura aquela portinha aberta e acaba tapando-a com o remendo de uma cicatriz.

A medicina, a velha arte de curar, era uma cega. Vinha tateando desde os tempos mais remotos, presa a uma técnica única: enfiar dentro do organismo, por todas as vias possíveis, quanta coisa há sobre a terra – até o chamado "jasmim-de-cachorro". O seu objetivo sempre foi curar, mas o certo é que talvez matou dez vezes mais do que curou. Em regra o pobre organismo tinha de lutar com a doença e mais o remédio.

Um dia a fisiologia ensinou à medicina uma grande coisa: que o que cura é a própria reação defensiva do organismo – e a partir desse momento a cegueira da velha matrona começou a melhorar. Compreendeu que só podia fazer uma coisa: não atrapalhar o processo curativo natural, e em certos casos também auxiliá-lo cá de fora. Porque em matéria de cura o que se dá é a autocura do próprio organismo.

E sobreveio a pergunta: se pudéssemos reforçar a defesa natural dos tecidos? Os investigadores de gênio entraram por aí – e nisso está o grande futuro da medicina.

Pearl Harbor

7 de dezembro, 1941

Ontem à noite aparece a Marta por aqui com a notícia do rompimento da guerra entre o Japão e os Estados Unidos. "O rádio está falando. O Japão atacou o Havaí. A Alemanha e a Itália também declararam guerra. Vou voltar para ouvir o resto" – e saiu.

Levei um choque no coração. Senti-me no ar, com uma dor de pressentimentos. Para consolo pus os óculos e fui reler um telegrama de dois meses atrás, de Londres, que recortei e preguei na parede. Aquilo me aliviou. Mas a impressão do choque continuou a fazer mal à minha cabeça. Por quê? A incerteza. Os Estados Unidos são tudo quanto nos resta; e vê-los agora ameaçados pelo turbilhão das forças loucas da demência totalitária me deu calafrios no plexo. Por mais que creia na força desse país e em sua vitória final, tenho medo. É a dúvida da fé. É o medo da fé. É o desespero da fé. Tenho a certeza da vitória final, quando raciocino e meço as reservas dos dois grupos – mas a sensação de peso no sentimento continua.

Pensei naquilo, na cama (eram nove horas) por algum tempo. Havaí, aquele paraíso terreal, bombardeado, atacado, estraçalhado. Aquela felicidade de saiote de palha e grinalda de flores ao pescoço, atormentada, despedaçada pela infinita brutalidade cega dos estilhaços que ferem ao acaso, e tanto furam os olhos duma criança como derrubam uma biblioteca. E se os amarelos atacaram, terá sido de surpresa, com todas as vantagens da surpresa. O americano não tem na alma a infâmia totalitária, feita de traição, de assalto longamente estudado e sempre desfechado com tremendas vantagens desarticuladoras. Até que os americanos se preparem e neutralizem os ganhos do ímpeto atacante...

11 HORAS

A depressão passou. Saí em busca de notícias. De caminho para pegar o ônibus cruzei-me com um sujeito que vinha com o *Diário*. Pude apenas entrever os enormes títulos da primeira página. Que diriam eles? Pus-me a imaginar títulos sensacionais. *O Japão declara guerra aos Estados Unidos! Honolulu destruída!* Cento e cinquenta mil mortos. Passei por três negras, essas criaturas tão baixas, produtos da velha escravidão. Vi um molecote de dez anos, descalço, brincando. Um carrinho de criança com uma de meses puxada por uma de sete anos. Perto, a ama.

Parei no ponto de espera, triste, mãos para trás, olhos no chão. No ônibus, tudo normal. Como se ninguém se desse conta do desastre imenso. Ninguém lia jornal, pois os jornais só aparecem nos carros que voltam da cidade. Só na Praça da Sé percebi ser hoje feriado. Estado Novo... Estaria a Editora fechada? Nos momentos graves vou à Editora – essa filha que se casou com o Otales e está tão rica.

Compro o *Diário da Noite*. Leio-o ansiosamente. Dois couraçados americanos a pique, o *North Caroline* e o *Oklahoma*. Respirei quando vi que o *North* era de 1923, construção já antiquada. Tive medo fosse um dos lançados este ano. O *Oklahoma* me parece moderno, mas tive medo de o verificar. Antes a dúvida.

Fui à UJB[1]. Estava o Geraldo e o Mario Benini. Telefonei para a Editora. Fechada. Estado Novo... Li todo o jornal e a depressão foi passando. Nada dos 150 mil mortos, nem de de-

---

[1] *União Jornalística Brasileira, agência de intercâmbio cultural e propaganda da qual Monteiro Lobato era sócio. Nota da edição de 2010.*

claração de guerra da Alemanha e da Itália. Melhor assim. E li o telegrama abaixo, que recortei.[2] Quero guardar essas palavras de Hull, naquele momento o representante da dignidade humana. Nobre indignação! Palavras que só um diplomata americano tem coragem de dizer. O Nomura e o Kuruzu saíram em silêncio, como cachorros batidos.

Mas que pena a civilização americana impeça reação à moda antiga! Ali é que cabia o Tar & Feather. Deviam ser pixados e "empenados" e soltos na rua para que o povo os linchasse. O japonês é a saúva humana, só com formicida. Ah, que vontade ser eu o povo americano para tratá-los a formicida!...

Mas os telegramas de Washington me animaram. Mobilização, reação, indignação – ódio. Uma guerra não se faz sem a tremenda força do ódio – e as grotescas saúvas nipônicas o que conseguiram com a traição foi acolher mais ainda os reservatórios de ódio que hão de acabar destruindo esta porca, suja humanidade. Dá nojo o *Homo*. Mas há entre eles elementos dignos. O inglês salva-se. Salva-se o americano. Mas na luta de traição que Hitler desencadeou, as vitórias cabem sempre ao mais sem escrúpulos, ao mais torpe. *Timeo*... Se o reverso se

---

[2] WASHINGTON, 8 (AP) – Urgente – *O embaixador Nomura, enviado especial do Japão, e o senhor Kuruzu, achavam-se no Departamento de Estado na ocasião em que a Casa Branca noticiou os ataques japoneses contra Honolulu. Os dois enviados haviam ido avistar-se com o senhor Hull e ali permaneceram vinte minutos. Depois de terem saído do Departamento de Estado, o senhor Cordell Hull anunciou aos jornalistas que havia declarado aos representantes japoneses que o documento era um "amontoado de infames falsidades". Segundo informações obtidas pelo próprio Departamento, Hull voltou-se para ambos, dizendo-lhes com o máximo de indignação: "Devo dizer-vos que em todas as minhas conversações jamais pronunciei uma palavra que não representasse a verdade. Tudo isso está rigorosamente registrado. Em todos os meus cinquenta anos de serviços públicos nunca vi um documento que contivesse tamanho amontoado de infames falsidades e distorções da verdade em tão alto grau e jamais pude imaginar, até o momento, que houvesse no planeta um governo capaz de emiti-las". As palavras enérgicas do senhor Cordell Hull não tiveram qualquer reação dos dois enviados japoneses. Não havia nem sombra de sorriso nas suas faces ao deixarem o gabinete do senhor Hull. Os repórteres que ali se achavam ainda ignoravam a nota da Casa Branca sobre os ataques japoneses, e um deles, tentando interrogar o embaixador Nomura se era a sua última conferência que realizava em Washington, não obteve resposta. "A embaixada fornecerá alguma nota mais tarde?", perguntaram os repórteres. "Nada sei", responde secamente o embaixador. E dirigiu-se com Kuruzu para o elevador.*

houvesse dado, os japoneses teriam empalado vivos o Nomura e Kuruzu *yankees* que lá estivessem a engambelar Tojo enquanto a aviação americana despejasse o ataque a Tóquio.

O mal das democracias é serem mais civilizadas que os totalitários. Não conseguem ser totalitariamente infames – e pois jogam com menos armas. Mas a luta há de asselvajá-las e fazê-las recorrer também a essas armas – à infâmia, à traição, aos gases contra inocentes, a todos os horrores que temos tido e que temos de esperar dos fascismos e nazismos e niponismos.

Quando Carlos XII derrotava os exércitos de Pedro, o Grande, esse tzar ria-se. "O rei da Suécia é um grande militar que está ensinando meus soldados a combater. Tantas serão as sovas, que meus russos acabarão aprendendo e ganharemos a guerra." E assim foi. À força de derrotas o totalitário está instruindo as forças da Democracia – e elas acabarão aprendendo e ganhando a guerra.

Por que sarei da depressão? Por força do ódio. Curioso.

São as forças polares do homem – Ódio e Amor. A força que cria e a que destrói. Odiemo-nos uns aos outros. É preciso que nos destruamos. Cristo estava errado. É preciso que acabe sobre a Terra o domínio do macaco glabro. Quando houver a coragem de ser publicada a verdadeira, a sincera história do homem na Terra, o homem baixará a cabeça vencido pela vergonha. Damiens. Há anos e anos li a narração do suplício de Damiens ordenado pelo pustulento Luís XV, o *Bien Aimé*. Nunca mais os gritos daquele pobre louco me saíram da cabeça. Foi o maior suplício jamais infligido a uma dolorosa carne humana. E enquanto o horror se processava na praça pública, assistido e gozado pela multidão, o rei, levissimamente ferido, jogava uma partida de gamão. Numa janela alugada por alto preço Casanova e as Lambertinis, sobrinhas do papa, assistiam à tortura. Os gritos lancinantes do mártir excitaram a Lambertini mãe e fizeram que Casanova perpetrasse o seu inconcebível (para os cavalos, para as feras, para o tigre, não para o homem) feito de amor.

O homem me repugna. Começo a ter medo desse monstro. Olho com pavor para cada cara que vejo na rua. São monstros de estupidez e crueldade. Quero morrer. Quero ver-me em outro mundo, ou em outra condição. Já vivi muito neste circo romano e não suporto mais.

Vem-me à ideia Jesus. Jesus foi bom. Jesus foi a coisa mais alta, e acabou no alto duma cruz. Quem sofreria mais, ele ou Damiens? Mas que adiantou a bondade de Jesus? Praticam-na só os fracos. O homem é o eterno vilão. Deem-lhe a vara e Hitler se revela. E os Hitlers recebem a veneração íntima, a admiração absoluta, até dos que se têm como bons.

Chega de Terra. Venham os intermúndios. Morrer... Gaseificar-se... Tudo escuro, escuro – e tão doloroso...

A informação dos jornais é deficientíssima, porque sempre tendenciosa. Não sabemos a verdadeira realidade europeia. A Rússia ainda resiste. Timochenko é o herói do dia – mas a marcha contra Moscou, apesar do inverno, prossegue inexorável. O rolo esmagador esmaga. O que Hitler lança contra a Rússia é toda a massa infinita do armamento europeu – todas as armas da Alemanha, todas as da França, todas as que a Inglaterra deixou na retirada, todas as da Polônia, da Tcheco, da Bélgica, Holanda, Yugo, Romênia; Finlândia... E isso dirigido por um cérebro horrendamente especializado em destruir e por essa crudelíssima alma nazista. A aritmética diz que a Rússia não pode vencer mas a esperança lá no fundo do nosso imo não morre.

E se tudo for perdido, se a Rússia, o inglês e os americanos caírem, ainda nos resta uma coisa, uma solução – a morte. O suicídio. Ah, só a morte então nos libertará da brutalidade alemã.

Acendo a lâmpada. Pego um livro. Verissimo, seu romance dos três meses na América. Encanto-me com sua maneira e estilo, e serenidade de pensamento, e inventiva, e tantas qualidades daquele menino moreno. Sim, penso comigo; é valor dos mais altos hoje. Ele diz aqui coisas que eu queria ter dito. Também tenho uma AMÉRICA. Ponho-me a pensar no meu livro sobre a América e comparo. Vou escrever ao Verissimo agradecendo a remessa e dizendo coisas. E ponho-me a pensar no que lhe direi. E vou lendo. Li cinquenta páginas, sempre deleitado e concordando.

Estou cansado e com algum sono. Purezinha suspira e geme. Cada vez que o Edgard, tão mal, lá em seu quarto, tosse, ela arranca gemidos da alma. Que horror ser mãe! O pai não sofre, comparado com a mãe. O pai, como homem, tem o coração na cabeça. Em vez de sentir, pensa, raciocina, filosofa.

Adapta-se. A mulher, a mãe, só sabe sentir. E Purezinha geme. É toda ela uma dor constante, sem tréguas, de supliciado medieval num potro da Inquisição.

Durmo. Sonho. Acordo. Procuro lembrar-me do sonho mas só consigo farrapos. Desisto – e gosto tanto de conhecer meus sonhos – e os dos outros... Madrugada. Passa o leiteiro e deixa o litro diário. Quatro horas, portanto. É o seu horário. "Que saúde!", digo a Purezinha acordada. "Que diferença do Edgard..."

Acendo a luz e retomo o Verissimo. Leio o diálogo final do autor com o leitor. Tenho de escrever-lhe. Verissimo merece todos os aplausos. É honesto.

Levanto-me às seis. Sento-me à máquina e retomo a tradução do *Engines of democracy*, que comecei no dia 1º. Vinte páginas por dia. É puxado. Mas eu traduzo como o bêbedo bebe: para esquecer. Burlingame é um autor difícil. Embrulha o pensamento, como se seu objetivo fosse evitar a clareza. Tenho de ir tirando aquelas faixas e pondo nuas as ideias.

Café. Não há pão fresco. Segunda-feira. O Estado Novo com suas reformas...

Volto à máquina. Retomo o capítulo "Central", sobre o telefone na América. Que estilo, meu Deus! Que homem difícil! Que caça arisca este Burlingame! Só tenho três cigarros no maço. Pouco para quem largou de fumar...

Vou indo, vou indo.

Purezinha entra no quarto com uma notícia: "150 mil americanos mortos". Paro. Não posso continuar. Penso no Havaí e digo para consolo: "Pobre gente. Não serão americanos esses mortos, mas havaianos – aquela gente feliz...".

Impossível continuar na tradução. Tenho de sair e ver os jornais. Mas hoje, segunda-feira, não há jornais da manhã. O Estado Novo...

E o programa de vinte páginas por dia? Paciência. O mundo está nos *stakes* e eu também. Sou parte do mundo. Por quem os sinos dobram? Por mim também. Fui morto nalguma coisa com a morte daqueles 150 mil.

Uma ideia. Lançar daqui por diante minhas sensações no papel. Tenho a impressão de que entrei em nova fase da minha vida. A fase do DRAMA – o começo do fim. Edgard tão mal, coitadinho. Purezinha naquela ânsia de desespero de mãe. Pearl Harbor massacrado. São horrendos esses ataques totalitários de surpresa, longamente estudados enquanto os diplomatas mentem e dão "dopes" aos ingênuos democráticos. Aquele Kuruzu... Vi-o num *newsreel*. Cara cínica. Ah, se os americanos o pegassem e linchassem! Foi lá para enganar, ganhar tempo, possibilizar o ataque. Morte, morte, bendita sejas. Não tenho mais gosto em viver. Guilherme acertou, morrendo aos 25 anos. Edgard acertará, morrendo já. Viva a morte! É linda. Mister Ceifas. Não me esqueço da elegância daquela morte americana, nas HORAS ROUBADAS.

Creio na imortalidade do átomo e de tudo. Lavoisier está certo. Nascimento e morte, começo e fim: ilusões da nossa relatividade. Tudo é, sempre foi e sempre será. Apenas mudamos de condição. O Eterno Retorno de Nietzsche. A Roda da Vida do lama vermelho do Tibete. A metempsicose do hindu. Lavoisier e Buda. O que reconhece a eterna volta das coisas e o que quer o fim. Madame Curie desferiu um golpe na ideia de Lavoisier. O rádio se esvai. Logo, tudo se perde. Que dirá a verdade de amanhã?

Que importa? Antes esvairmos no nirvana do que assistirmos ao desmoronamento do mundo. Galeão Coutinho teve uma frase profunda no que escreveu hoje no inquérito do Edgard Cavalheiro. O aprendiz do Mágico da FANTASIA aprendeu com o mestre os grandes segredos e depois se atormentou, não sabendo como deter as forças liberadas pelo chapéu. O chapéu da humanidade é a ciência aplicada – as invenções. Ampliaram-se desmesuradamente. Precipitaram-se. O homem pôs na cabeça o chapéu do mágico Ciência e a tempestade se desencadeou – veio a inundação – e ele não sabe a receita para deter o *Robot*... A Democracia boia no mar de ruínas e sangue e percorre aflita o livro da ciência, a ver se encontra a receita para salvar-se.

Vou começar a pôr aqui as minhas impressões diárias. Quem sou eu? Kim, Kim, Kim. Quem é Kim? Eu sou Kim. Quem sou eu? Uma árvore da floresta. Menos: uma folha. O vendaval tudo devasta. Vou ser apisoado, arrancado e jogado. E vão comigo as minhas folhas companheiras – Purezinha, o coitadinho do Edgard. Fica o Rodrigo, nos seus 3 anos. Linda cabeça tem ele. Mas fraco. A fraqueza da família. Fim de raça? Estamos no Rodrigo todos nós, folhas que caem. Assistirá ele à aurora do pesadelo que começou em 1914 e abriu o segundo ato em 1939?

Coitados de todos nós – do Hitler, do Tojo, do Roosevelt, do Rodriguinho...

Lá está ele brincando, vivendo a prodigiosa vida da criança, ativo, incapaz de repouso, todo movimento e queros. "Eu quero." Passa o dia a querer e em embate com o querer social dos grandes. Um instintozinho nu na ratoeira da sociedade. Educar é socializar, é artificializar uma coisa natural, espontânea, linda – bichinho selvagem.

Não terá sido esse o erro do *Homo*? Sua socialização permitiu-lhe tomar conta da Terra, com prejuízo de todas as coisas naturais, sobretudo da vida das outras espécies. E agora começa a destruir-se. *O Destino do Homo sapiens*. Wells é capaz de ter razão nesse mais sinistro de todos os livros. Parece-me realmente um profeta, o novo Nostradamus. Bom. Basta. Vestir-me e sair. Dia perdido para o Burlingame.

Pelo Triângulo Mineiro

Em sua companha pelo petróleo M. L. viajou muito, pelo Norte, Centro e Sul do país. Sua passagem pelo Triângulo Mineiro foi fecunda em observações.

I

Bernardim Ribeiro, o maior chorão de Portugal, começa o seu livro *Saudades* dum modo que todos sabemos de cor: "Menina e moça levou-me para longes terras...".

A nós, ferro e petróleo levaram-nos para longes terras, para os maravilhosos chapadões do Triângulo, esse bico de terra mineira na carne de São Paulo fincado, como imensa cunha de pradarias sobre as quais pendem as longas orelhas dos zebus nostálgicos do gir indiano.

Para o paulista antigo, Uberaba era um fim de mundo. Dispunham nossos avós de apenas um meio de locomoção, o cavalo; e tinham de martirizar o cóccix e os cavalos durante dias para alcançar o agrupamento uberabense. Mas veio o carvão de pedra e a viagem passou a fazer-se de trem em dois dias. Veio depois o petróleo e já a fazemos em três horas.

Estamos a imaginar as homéricas risadas dos bandeirantes, se alguém lhes profetizasse que a viagem de São Paulo a Uberaba ainda seria feita em três horas – risada irmã da que damos hoje quando alguém nos profetiza uma futura redução dessas horas para três minutos. Ou três segundos.

Loucura? Sonho?

Tudo é loucura ou sonho no começo. Nada do que o homem fez no mundo teve início de outra maneira, mas já tantos sonhos se realizaram que não temos o direito de duvidar de nenhum.

Voando de automóvel por aquelas serpentinas de pó vermelho que se estiram pelo escampo dos chapadões do Araxá, íamos ouvindo a lição de francês da preciosa escola de Nhô Totico, esse gênio mímico da nossa raça. *Château* – cavalo; *petit* – cachorro. Cala a boca, criançada!" Ouvindo-o... "vendo" diante de nós a pasmosa burrice do Chicote, o pernosticismo cafajéstico do Chicória, a comovente santidade do Chiquinho, a delicadeza nipônica do Soko – extasiamo-nos ante o verismo de tantos alunos duma escola que não existe, que é um homem sozinho elevado a alta potência, que é sempre Nhô Totico, o qual por sua vez também não existe, porque o que existe é um moço que na rua ninguém distingue dos demais. A genialidade só se denuncia quando em ação.

Como duvidar da possibilidade de realização de todos os sonhos, se já temos até essa do transporte instantâneo da palavra humana em todos os rumos e captável em todos os pontos da Terra? Para bem figurarmos o que isso é, havemos de figurar a hipótese de milhões de receptores espalhados pelo mundo inteiro, de polo a polo, pela China imensa, por toda a Europa, pela África, por todos os países da América, por todas as ilhas e dentro de todos os navios que sulcam os mares. Um simples movimento de comutador numa dada hora e todos esses rádios, em todos os pontos da Terra, transmitirão aos seus ouvintes uma aula da escola de Nhô Totico, dada aqui em São Paulo...

Ora, havendo já o homem realizado tão assombrosos prodígios, nem chega a ser sonho esta campanha do petróleo em que vivemos empenhados – tão fácil, tão rasteira é a tarefa de dar ao Brasil o combustível mágico, alma da civilização moderna, já que solve todos os problemas materiais da vida, na sua aliança com o ferro sob forma de máquina.

Apesar disso, apesar da força da evidência lógica, somos nós no Brasil tão errados de cabeça que os que se empenham em tirar petróleo têm de promover verdadeiras catequeses. Têm de deixar uma metrópole como São Paulo, onde se concentra uma grande parte da riqueza nacional, para ir pregar petróleo, ensinar petróleo, levantar dinheiro para petróleo, lá longe, entre agrupamentos humanos ainda bem reduzidos, como esses do Triângulo Mineiro.

Razão? Talvez porque todos os problemas do transporte numa cidade como São Paulo já se acham solvidos, fato que impede aos seus habitantes a visão do país em conjunto. Quem está com a barriga cheia ri-se da palavra "fome". Mas no interior, a premência, a urgência, a exigência da solução do problema do transporte sobreleva a todos os demais – e não há nenhuma pessoa consciente de que, abordada e falada, não perceba, com a maior clareza, que o problema máximo é esse, só esse, pois todos os nossos outros problemas se ligam ao do transporte, como a corda à caçamba.

Nas campanhas de caça aos eleitores nossos estadistas fazem longa discurseira com variações sonoras sobre a democracia. O povo ouve e coça a cabeça. Não consegue compreender de que modo uma dose maior ou menor dessa panaceia que cura tudo possa praticamente influir-lhe na vida. Mas se um candidato a estatismo formulasse o seu programa de governo em quatro palavras: "Gasolina a 200 réis!", esse candidato apanharia todos os votos de todos os habitantes do país, porque seria instantaneamente compreendido.

Uma frase do senador Charles Dawes ficou célebre no Senado americano. Em meio de acalorado debate sobre as grandes coisas de que os Estados Unidos precisavam (entre elas mais democracia), Dawes lançou um aparte imortal: "O de que o país realmente precisa é dum bom charuto de 5 centavos!".

De fato, o que naquele apogeu de prosperidade do povo americano, sufocado pela pletora de tudo, realmente fazia falta era um bom charuto de 5 centavos, porque os charutos só começavam a ser bons de 10 centavos para cima.

Ainda é cedo para reclamarmos um bom charuto de 200 réis como a única coisa de que nossa terra precisa. Atrasados em nosso desenvolvimento, temos de querer muitas coisas antes desse charuto; mas o que há a querer, já, já, já, não é a tal democracia que cura tudo, sim uma boa gasolina a 200 réis o litro

– e nossa, de produção caseira, para que os 200 réis não saiam do nosso bolso.

A gente do Triângulo Mineiro compreende isto com a maior clareza, sobretudo quando para seu carro diante duma bomba da Anglo-Mexican e despende 1.700 réis para obter um litro daquilo que podemos ter a 200 réis. Daí o interesse enorme que os triangulinos mostraram pela novidade anunciada: conferências sobre o petróleo.

Até ontem as conferências públicas só versavam sobre temas políticos ou literários. Um sujeito que ia dizer mal do partido A e maravilhas do partido B, para uma assistência absolutamente convencida de que se há uma coisa no mundo igual ao partido A é justamente o partido B. Ou, então, conferências sobre os velhos assuntos clássicos. O amor na Idade Média – A dança na Espanha – A pena ou a espada? – Qual o maior guerreiro, Aníbal, César ou Napoleão? O orador sonorizava o ar com as flores da sua retórica e concluía indefectivelmente com um rapapé ao elemento feminino da sala. Palmas, bocejos, abraços no conferencista, elogios – e lá ia a assistência para a cama, a resmungar contra a seca.

Mas conferências sobre o petróleo constituem novidade absoluta. Conferências de negócio! Para promover a venda de ações duma companhia! Para levantar dinheiro! Tudo isso francamente confessado e explicado por "a" mais "b", com todas as cartas na mesa. A novidade seduziu os mineiros; daí uma acolhida que jamais ousamos esperar.

Por que assim? É que o mineiro de elite, dotado de fina inteligência natural, sabe distinguir entre negócios. Há negócio e negócio. Há os negócios que só beneficiam aos que estão neles e há os que vão além, os que se erguem à categoria dum verdadeiro serviço público. Nesta classe está o do petróleo. É negócio e é serviço público, tal a infinidade de repercussões para a vida do país inteiro que esse negócio trará, quando vitorioso. Sendo exatamente assim, claro que não podia escapar à percepção dos mineiros a diferença entre o negócio de promover a exploração do petróleo e o de promover uma nova fábrica de sabão ou uma nova usina de açúcar.

Mais sabão ou mais açúcar não influencia em nada a vida do país; enriquecerá uns tantos homens apenas. Mas petróleo,

petróleo a jorrar de mil poços, gasolina a 200 réis, óleo combustível a 100 réis, influencia e tremendamente, pois equivale à maior das revoluções econômicas e ao começo do Brasil de amanhã – sadio, forte, poderoso. Eis explicada a razão do entusiasmo dos mineiros pela nossa iniciativa.

Não conhecíamos Minas senão duns rápidos três dias passados em Belo Horizonte. Fomos conhecê-la agora – e ficamos a pensar, a pensar... O paulista é um tanto presunçoso. Quando sai da sua terra vai de sorriso nos lábios, certo de só encontrar inferioridades. Mas o paulista também sabe reconhecer a verdade e proclamá-la. Sabe, por exemplo, dar a Minas uma acentuada superioridade de cristalização mental e social, devida talvez à lentidão do processo formativo e à ausência das contínuas intrusões dos fortes elementos alienígenas que em São Paulo perturbam o processo cristalizante. Daí a finura de inteligência, o equilíbrio, o senso de proporções e de matizes que o opulento bárbaro paulista reconhece no mineiro tão modesto.

A elite de Minas é algo mais apurado que a elite de São Paulo. Forma uma verdadeira quinta-essência. O paulista enriqueceu muito depressa e ainda cheira a dinheiro – e não é cheirar bem isso de cheirar a dinheiro. O maior encanto de Minas está justamente na completa ausência desse cheiro. O homem rico de lá esconde o leite; o homem rico de cá, mesmo quando só é rico de dívidas, faz praça de mais do que tem. Se deve mil contos, arrota uma dívida de 5 mil.

Numa fazenda mineira, naquela simplicidade tão serena, nada há, nem nas palavras do dono da casa, nem nos móveis, nem nos quadros das paredes, nem nas benfeitorias que circundam a vivenda, nada há que denuncie o peso em contos de réis do proprietário. Talvez venha daí o ditado popular: o homem e o porco só depois de morto, querendo dizer que só depois de morto podemos saber ao certo o peso do porco e o valor monetário do homem.

Lembro-me duma viagem que fiz pela Paulista até Barretos, na qual fui prestando atenção às conversas. Até hoje tenho nos ouvidos o som dessas conversas: "100 contos, 200 contos, 300 contos, mil contos, 5 mil contos." No meu passeio pelo Triângulo não ouvi a palavra "contos" senão aplicada aos que em tempos eu publiquei. Quem por lá falou em contos dinheiro fomos nós, os paulistas itinerantes.

Há doenças vergonhosas, de que ninguém fala em público; há palavras vergonhosas, que só se dizem com a mão na boca. O mineiro, na sua finura de cristalização, vai empurrando a palavra "conto de réis" para a lista das que não se devem pronunciar numa roda de gente fina.

Que esplêndidos tipos lá encontramos, sobretudo entre os prefeitos. No de Araxá vimos um filósofo de infinita serenidade, de altíssima superioridade mental e moral, dotado da eficiência e capacidade realizadora dum engenheiro americano. Mas realiza suas obras às ocultas, porque o emperrado oficialismo do Brasil ainda segue aquela forma clássica do "não fazer nem deixar fazer".

Em outro vimos um curioso casamento de capacidade administrativa com um alto humorismo. Mas humorismo de verdade, à Mark Twain. Nas aperturas dum orçamento municipal que não dá nem para metade das realizações reclamadas pelo povo, ele faz com dinheiro a metade que pode – e a segunda metade faz com a moeda do humorismo. A população o adora. *Pay and smile.*

O Triângulo Mineiro importou da Índia os grandes zebus que serviram de base à prosperidade de hoje, tão sólida. Excelente ideia, se São Paulo importasse prefeitos de Minas...

II

A coisa que mais me surpreendeu em Uberaba foi ler o nome de Henry Ford no frontal dum bloco de construções.

– Henry Ford por aqui?

– É uma escola profissional que não chegou a ser aberta porque a revolução a transformou em quartel. Obra de Fidelis dos Reis, um amigo de Henry Ford, com o qual se corresponde. Nesse pavilhão ia ser instalada uma das seções da escola, montada de acordo com as ideias de Henry Ford e dirigida por um técnico que ele mandaria de Detroit.

– E virou quartel...

– Temporariamente, enquanto não concluem o quartel novo, já quase no fim. Logo que isso se dê, será instalada aqui a grande escola.

Fiquei a pensar na significação desse pequeno fato, suscetível de grandes consequências futuras. A palavra Ford significa eficiência elevada ao grau máximo. Se em Minas já há quem ponha a eficiência acima de tudo, Minas está salva e com o caminho aberto a todas as grandezas. Porque só o que falta a Minas é uma grande base de progresso material. A cristalização moral e mental já foi atingida, numa forma toda sua, caracteristicamente mineira. E para orientar a construção material eles apelam para o mestre dos mestres Henry Ford, o mágico da eficiência.

Assim também fez a Rússia comunista. Os extremos tocam-se. Minas e a Rússia de Stalin reconhecem que na eficiência está o segredo de tudo e apelam para o homem de gênio que a definiu com estas palavras simplicíssimas: "Eficiência é fazer ponta num lápis com lâmina bem afiada, em vez de com faca sem corte".

Na sua segregação de estado central, Minas considera-se muita coisa, mas diante do que pode vir a ser é ainda nada. No dia em que puder mobilizar as tremendas reservas minerais do seu subsolo, sobretudo o ferro, que possui em quantidades suficientes para ferrar o Brasil e boa parte do mundo, Minas transformará o seu bucolismo de hoje num grande metropolismo industrial. Mas tudo ainda está, por nove décimos, em estado de casulo.

Houve no começo a exploração do ouro, e há hoje a morosa transformação das pastagens em carne e leite. O ouro é o único metal cuja exploração não enriquece um país, em virtude do seu emigracionismo congênito. Emigra sistematicamente para as zonas produtoras e manipuladoras do ferro, isto é, para os países industriais. O ferro tem a propriedade de atrair o ouro – quando transfeito em máquinas aumentadoras da eficiência do homem.

Onde está hoje o ouro de Minas, de Cuiabá, de todos os distritos de mineração do Brasil colonial? Em Londres, em Nova York, em Paris – nas metrópoles dos países produtores e manipuladores do ferro.

Na indústria do perfume há certas substâncias, como o âmbar-gris, usadas como "fixadores" dos cheiros. O ferro é o âmbar-gris do ouro – ou, melhor, da riqueza dum povo. O ouro que o Brasil colonial tirou do fundo dos córregos não está conosco. Estivesse – e o nosso ministro da Fazenda não se plantaria em Washington, fazendo prodígios para obter, não a propriedade, mas o uso apenas, de algumas toneladas desse metal monetário, ou seja, 60 milhões de dólares.

Tais toneladas de ouro correspondem a bem pequena parte do que foi extraído só de Minas, e se agora, que tanto necessitamos desse metal, havemos de tomá-lo por empréstimo, foi porque nossos avós não souberam, antes de extraí-lo, desenvolver entre nós o fixador do ouro. Como os Estados Unidos tiveram a sorte de só descobrir o ouro depois de desenvolvido o ferro, o ouro não emigrou – lá ficou, fixado pelo ferro.

Em Minas o ouro foi, mas ficou o ferro – e com ele um dia Minas construirá o arcabouço metálico do país. Em suas montanhas de minério e em seu subsolo jaz adormecido o Brasil de amanhã – o Brasil grande, do mesmo modo que num rude pedaço de mármore jaz a maravilhosa estátua que o gênio do escultor extrai.

Com a máquina que o ferro de Minas nos dará e com o nosso futuro petróleo, motorizar-nos-emos intensamente – e cada um de nós valerá um dia vinte, trinta vezes mais do que valemos hoje, medidos pelo estalão da eficiência.

Foi para advertir disso o mineiro que fizemos palestras de didática comercial pelo Triângulo – e o Triângulo nos compreendeu. Compreendeu que no coração de Minas está a domir o sono dos séculos o nosso tremendo potencial em máquinas, como em tantos pontos do nosso território dorme a energia mecânica que vai mover essas máquinas. Pela mobilização e conjunção de ambos teremos o milagre. O fato de haver Minas alcançado o sentido dessa equação explica o apoio que vem dando à campanha do petróleo.

– O senhor é um sonhador – disse-me um homem de Uberaba.

– Haverá alguma coisa no mundo que não se gestasse por esse processo, primeiro o sonho, depois a realização?

— É verdade — disse ele, com os olhos pensativos.

Minas sonha hoje o nosso grande sonho. Nós, paulistas, estamos atrasados nesse ponto. Sonhamos menos, talvez pela convicção, inoculada pela propaganda oficial, de que já somos uma grande realização.

Engano ledo e cego. Somos um comecinho. A estrada do progresso é intérmina. O paulista partiu para a viagem sem-fim com o café às costas — um começo brilhante que a inépcia administrativa federal matou. Daí sermos hoje riquíssimos sobretudo de uma coisa: dívidas. E talvez seja o peso das dívidas que nos estraga a capacidade sonhadora. Interferência do mais infame dos espectros — o credor.

Havemos de sonhar porque o sonho é o primeiro passo de todas as realizações. Ferro, petróleo, carvão e trigo: havemos de sonhar com a nossa libertação econômica assentada nessas quatro colunas, que até aqui fomos proibidos de levantar porque a isso se opunham os grupos de interesses que põem a juros a nossa miséria.

Fizemos no Brasil uma experiência das mais curiosas: a mentira como o material de construção duma nacionalidade. A letra do hino nacional é a mentira número um — e essa mentira foi insinuada nas escolas para que o brasileiro, apanhado ainda bem criança, fizesse da mentira uma segunda natureza.

"Nossos campos têm mais flores, nosso céu tem mais estrelas." Aqui está a mentira mãe, oficializada no hino da nação cantado em todas as escolas apesar dos protestos mudos da botânica e da geografia. E essa inoculação inicial da mentira poética deu de si tais rebentos que permitiu a Rui Barbosa a sua página de maior revolta e eloquência, quando na campanha civilista nos revelou a nós mesmos como o povo da mentiralha.

Hoje percebemos que a mentira não constrói coisa nenhuma e já começamos a arrepiar caminho. Já queremos a verdade, por amarga, dolorosa e humilhante que seja. Já duvidamos da inteligência do "povo mais inteligente do mundo", diante dos resultados funestos que tal inteligência produziu na vida pública. Já admitimos a penúria chinesa do "país mais rico do mundo". E como a confessamos, *ipso facto* entramos no caminho da riqueza. O *nosce te ipsum* sempre será o alicerce de todas as construções, tanto nos indivíduos como nos povos.

O último arranco da nossa torpe fase da mentira foi quando, a pretexto de reprimir um comunismo que não passava do protesto da miséria em eretismo de desespero, nos reduzimos a uma coisa só: polícia. E o Brasil está hoje metido na cadeia.

Em poucos lugares como no Triângulo uma pessoa apalpa o Brasil nas suas qualidades e defeitos – mais qualidades que defeitos, e em poucos lugares como lá sentimos como o Brasil é uno em ideia e coração.

Grandes verdades enunciou Afonso Arinos em sua conferência em São Paulo. O regionalismo é criador porque estabelece competição e estímulo, e é da competição e do estímulo que sai o progresso. A ideia de Minas, como a ideia de Pernambuco, como a ideia de São Paulo, como a ideia do Rio Grande, como a ideia da Bahia não são ideias que separem, porque o que chamamos Brasil não passa da soma dessas ideias.

Não conheço todos os estados do Brasil, mas em todos que conheço me senti tão em casa como na minha cidade natal. Senti-me nacionalizado. Daí minha ideia enunciada em *América*: "A primeira significação do ferro é transporte em todas as suas modalidades. Só o transporte suprime o regionalismo e, portanto, só o transporte nacionaliza". A virtude está no meio. O regionalismo levado ao excesso acarreta diferenciação de mentalidade e antagonismos invencíveis, fomentando a ideia separatista. Sem excesso, apenas significará estímulo construtor.

Ferro e petróleo *sub espécie* avião levaram-me para longes terras – para a Minas do Triângulo; e o que pudesse haver em mim de hostilidade, por desconhecimento da "ideia de Minas", desapareceu. Senti-me em casa e absolutamente irmão. No dia em que com a produção intensa do ferro e do petróleo tivermos o problema do transporte integralmente resolvido, conhecer-nos-emos no Brasil de Norte a Sul e de Leste a Oeste – e a unidade pátria estará assegurada com a morte do extremismo regionalista. Reconheceremos todos, inclusive o meu generoso amigo Alfredo Ellis, que somos, de Norte a Sul, feitos da mesmíssima carne e tremendamente irmãos.

Ferro e petróleo deram aos Estados Unidos a sua incomparável homogeneidade. Por que há de falhar o remédio no Brasil?

Paulo Setúbal

O dia de hoje amanheceu tétrico. Nada mais triste que em vez do sol da manhã o dia comece morto, empapado de chuvisqueiro, sem luz no céu e só lama peganhenta nas ruas. E as folhas vieram agravar aquela tristeza com uma notícia profundamente dolorosa – a morte de Gaspar Ricardo. As folhas da manhã. E como se não fosse bastante, as da tarde informaram-nos de outra coisa profundamente estúpida: a morte de Paulo Setúbal. Seriam a chuva e o tom plúmbeo do céu a lágrima e o crepe da natureza diante de dois irreparáveis desastres?

Setúbal era o encanto feito homem. Impossível maior exuberância, maior otimismo, maior entusiasmo – mais fogo. Dava-me a impressão duma sarça ardente – e talvez por isso se fosse tão cedo; queimou-se demais, ardeu numa vitoriosa chama contínua. Os homens prudentes regulam com avareza esse processo de combustão que é a vida. Ardem, mas como a brasa sob as cinzas – no mínimo – para ganhar em extensão o que perdem em intensidade. Mas Setúbal não se continha: era uma perpétua labareda de entusiasmo, de amor, de dedicação, de projetos, de serviço, de cooperação, de boa vontade. Não havia nele uma só qualidade negativa.

Lembro-me de quando me apareceu pela primeira vez na rua Boa Vista, escritório da antiga *Revista do Brasil*. Entrou aos berros, com um pacote de versos em punho – *Alma cabocla*. Era a primeira vez que nos víamos, mas Setúbal tratou-me como a um conhecido de mil anos. Entrou explodindo e permaneceu a explodir durante toda a hora que lá passou. O serviço do escritório interrompeu-se. Alarico Caiuby, o correspondente, largou da máquina e veio "assistir". Antonio, o menino filósofo, abandonou a trancinha de barbante que costumava fazer – e veio "assistir". E se os outros empregados não fizeram o mesmo foi porque o pessoal da *Revista do Brasil* naquele tempo se reduzia a esses dois.

Ficamos todos num enlevo, a assistir àquele faiscamento recém-chegado do interior, cheirando a natureza, numa euforia sem intermitência – e não houve discutir sobre a edição dos versos, nem sequer examiná-los para "ver se eram bons" (tarefa a cargo de Joaquim Corrêa, o nosso especialista em distinguir versos bons dos maus, pelo cheiro, como fazem os classificadores de café em Santos). O ímpeto de Setúbal, a tremenda força da sua simpatia irradiante, inundante e avassalante, fez que sem nenhum exame os originais voassem daquele escritório para a tipografia. O editor contentou-se com os que, sem a menor sombra de falsa modéstia, ele recitou com a maior vida, precedendo-os de um santo e lealíssimo "Veja, Lobato, como isto é bom!".

E o público confirmou-o nesse juízo. *Alma cabocla* teve enorme procura. Setúbal era tão bom que tudo quanto dele saía era bom – bastava sair dele para ser bom.

Um dia amanheceu romancista histórico, e fui ainda eu o seu editor. Os originais da *Marquesa de Santos* só tiveram do meu lado uma objeção. Havia ali pontos de admiração demais, pontos que davam para cem romances do mesmo tamanho. Sempre foi, em cartas e na literatura, uma das inevitáveis exteriorizações de Setúbal, esse gasto nababesco de pontos de admiração. Por ele, todos os mais pontos da língua desapareceriam da escrita, proscritos pelo crime de secura, frieza, calculismo, falta de entusiasmo...

Objetei contra aquele excesso e consegui licença para uma poda a fundo. Cortei quinhentos pontos de admiração! Setúbal concordou com a minha crueldade – mas suspirando; e na primeira revisão de provas não resistiu – ressuscitou duzentos.

A *Marquesa de Santos* teve um sucesso inaudito, sobretudo entre as mulheres de idade. Podemos sem medo de erro afirmar que foi o romance de maior sucesso que tivemos na República. Subiu rapidamente ao número, para nós fantástico, de cinquenta mil exemplares – e ainda hoje, anos e anos passados, tem procura firme. É livro permanente.

Ninguém será capaz de descrever a reação de Setúbal diante da vitória tremenda da sua *Marquesa*, e duvido que a literatura, no mundo inteiro, haja proporcionado a um autor maior regalo. A perpétua exaltação do entusiasmo de Paulo Setúbal vinha disso: desse integrar-se na obra, desse absoluto identificar-se com ela. Em regra, o escritor é um pai desnaturado; só sente prazer no ato da criação. Nascido o filho, joga-o às feras e esquece-o. Setúbal não. Setúbal sabia ser pai. O mesmo prazer que sentia em criar, sentia em acompanhar carinhosamente a vida pública do filho impresso. Se eu fora representá-lo num desenho, pintá-lo-ia levando pela mão, qual pai baboso, todos os filhos que publicou.

E muitos filhos teve ele no gênero histórico em que armou tenda. Mas nenhum lhe encheu tanto a vida como o primeiro. Duvido que Pedro I haurisse tanto prazer da Domitila quanta hauriu Setúbal da *Marquesa de Santos* literária. Se há um a invejar, não é Dom Pedro.

E está morto Setúbal!... A morte sabe escolher; pega de preferência o que é bom – as pestes ficam por aqui até o finzinho. Morreu Setúbal e com isso nossa terra está podada de algo insubstituível. Onde, em quem, aquele fogo olímpico, aquela bondade gritante e extravasante como o champanha, aquele dar-se loucamente a todas as ideias nobres, ricas de beleza? Onde, em quem, a coisa maravilhosamente linda, e boa, e saudável, e reconfortante, que foi a breve passagem de Setúbal pela Terra? Desse Paulo tão generoso, nobre e despreocupado no dar-se, que em quatro décadas queimou uma reserva de vida que para outro, mais calculista, daria para 80 anos?

Sim, o céu ontem fez muito bem em chover. Setúbal mereceu grandemente essa homenagem – esse misturar das lágrimas do tempo com as dos seus amigos...

Moeda regressiva

A civilização humana está minada por um mal cuja verdadeira causa ainda não foi apreendida. De modo direto ou indireto todos lhe sofrem as consequências, mas não há acordo no diagnóstico. Surgem ideologias salvadoras: esses extremismos sintomáticos do estado de desespero a que a humanidade chegou. As causas que os extremismos apontam, entretanto, não passam de efeitos com aparências de causa. A causa real do sofrimento moderno, da persistência da miséria ainda nos países de maior desenvolvimento econômico, da periodicidade das crises ou "depressões" comerciais e industriais, permanece teimosamente oculta.

Os extremistas tudo atribuem ao "capitalismo", e para a salvação da humanidade querem destruí-lo ou condicioná-lo. O marxismo ataca o capital de frente, dando-o como fonte de todos os males; o totalitarismo ataca-o de flanco, procurando condicioná-lo por meio da "economia dirigida". Isto quer dizer que as duas grandes correntes ideológicas reconhecem nele o inimigo comum.

Mas para um pensamento claro o capitalismo é simples efeito da moeda, e portanto não há destruir o capitalismo sem destruir a moeda – o que é um absurdo, porque destruir a moeda equivale a destruir a própria civilização. O que chamamos civilização humana não passa do "desenvolvimento do poder do homem" em consequência da maravilhosa invenção da moeda.

Uma hipótese talvez nos dê a solução do problema: não haverá na essência da moeda um vício orgânico causador dos males apontados? E descoberto esse vício não haverá meios de saná-lo mecânica e automaticamente?

Que é a moeda?
Para bem compreendê-la temos de estudar a situação das coisas anteriores ao seu aparecimento – e o nosso raciocínio tem de ser o que segue.

"Não pode haver sociedade sem troca de produtos do trabalho humano. O fenômeno da troca iniciou-se de modo direto. X permuta com Z as sobras do que o seu trabalho lhe produziu acima das necessidades pessoais – e desse modo aumenta-se economicamente. Aumentar é enriquecer. O enriquecimento das unidades determina o enriquecimento do grupo. Logo, a troca dos produtos do trabalho do homem foi o fator mecânico da civilização."

A troca direta, porém, tinha o inconveniente do limitadíssimo raio de ação. Esse inconveniente sugeriu a invenção da moeda, isto é, de um "vale produtos do trabalho", permutável a qualquer tempo com qualquer produto, de acordo com o valor do momento. O valor, portanto, não constituía nada fixo; não passava de "relação momentânea" entre o que era procurado e o que era oferecido. Surgiu a lei da oferta e da procura, com a noção de valor reduzida a simples relação momentânea entre a oferta e a procura, isto é, ponto de acordo entre duas vontades convergentes para a realização de uma troca.

Com o advento dos vales-moeda cessou o regime da troca pelo sistema primitivo – e as consequências da inovação foram imensíssimas. A troca direta, só possível entre "vizinhos conhecidos entre si", tornou-se "anônima, liberta da contingência do espaço e da premência do tempo". Desmaterializou-se, ficou em estado de latência no seio da moeda.

Deduz-se, portanto, daqui, a definição da moeda. "Moeda é uma potencialidade de troca liberta da contingência do espaço e da premência do tempo."

Todo o progresso material do mundo, ou a civilização, saiu disso. O fato de a moeda ser "troca potencial liberta da contingência do espaço" possibilitou o intercâmbio entre as nações com a amplitude que sabemos. O chá da Índia, o caviar da Rússia, a pele siberiana ou o carvão inglês tornaram-se permutáveis com a lã da Argentina, com a cera de carnaúba do Brasil, com o petróleo venezuelano ou com o sabão de Marselha, porque essas trocas ficaram em latência na moeda; impossível concebê-las no regime da troca direta. O fato, pois, de a moeda liberar a troca da contingência do espaço constituiu o maior dos bens. Poderemos dizer a mesma coisa da segunda qualidade da moeda, ou da sua liberação da premência do tempo?

Não. E não, porque foi justamente esta qualidade da moeda que gerou o capitalismo que as ideologias atacam. "O" capitalismo, sim, já que há dois capitalismos – um que decorre naturalmente da existência da moeda e outro que decorre da manipulação da moeda. O primeiro é um bem; humaníssimo, natural, irredutível, mera consequência da desigualdade produtora dos homens; o segundo "parece que é o grande mal", já que o vemos no fundo do armamentismo, da guerra preconizada como o grande remédio, da usura, dos "imperialismos", da subordinação das indústrias à finança, do prodigioso endividamento dos países que hipotecam até a alma das gerações que só virão daqui a séculos etc.

Ora, é este o capitalismo que as ideologias atacam; o comunismo, para destruí-lo; e o totalitarismo, para condicioná-lo, ou, melhor, monopolizá-lo. Mas atacando o capitalismo maléfico, atacam também o benéfico. Podemos denominar a este "capitalismo proprietarial", e ao outro, "capitalismo financeiro". O primeiro se resume em ter coisas, e surgiu como natural consequência de um homem produzir mais que outro. Se X normalmente produz mais trigo que o necessário ao seu consumo, claro que tem de acumular, de ir-se tornando proprietário de coisas – das coisas que vai trocando pelos seus excessos de trigo. Esse capitalismo é bom, humano, benéfico à comunidade, estimulador do trabalho, criador de todos os aspectos grandiosos da civilização – e indestrutível. Já não há dizer o mesmo do capitalismo financeiro, que não é bom para o mundo, pois nasceu do mal compreendido egoísmo do primeiro homem que ponderou sobre as vantagens da retenção da moeda. Os tremendos males da vida moderna, tão agudos hoje, decorrem exclusivamente deste capitalismo manipulador da moeda e, portanto, desnaturador das suas verdadeiras funções.

A experiência da moeda está feita; foi de fato a invenção precipitadora do progresso humano; mas também está verificado que, como todas as invenções, necessita de aperfeiçoamento – ou de corretivo. A sua liberação absoluta da premência do tempo constitui um vício essencial, já que permite ao detentor da moeda retirá-la da circulação e desse modo afastá-la da sua verdadeira função. Se moeda é troca em estado latente, retê-la é retardar trocas; entesourá-la ao modo dos avarentos é suprimir trocas; alugá-la ao modo dos "manipuladores do capital" é tirar proveito de operações ainda não realizadas e, portanto, onerar com sobrecargas as trocas futuras.

E por que motivo a ideia de retirar moeda da circulação, entesourá-la ou alugá-la, ocorreu ao homem? Claro que em virtude da absoluta independência do tempo em que ficam as trocas em estado potencial contidas na moeda. O egoísmo humano teria fatalmente de tirar partido da situação.

X produz trigo e Z produz vinho. Necessitado de vinho, X permuta com Z um saco de trigo por um barril de vinho. Mas como no momento Z não necessita de trigo, aceita de X a moeda, isto é, um "vale um saco de trigo", que guardará até o momento em que precise de trigo, ou que trocará por qualquer outra coisa equivalente em valor a um saco de trigo – isto é, negociará o vale. Mas assim que Z entrou na posse do vale de X, ocorreu-lhe o pensamento diabólico de onde saiu o maligno "capitalismo financeiro".

O seu raciocínio foi este:

"As coisas que podem ser trocadas por este vale estragam-se com o tempo. Ou são trocadas sem demora ou perdem-se. Mas este vale não se estraga, 'está liberto da premência do tempo'. Posso, portanto, guardá-lo para aproveitar-me da má posição em que muitas vezes ficam os possuidores de coisas deterioráveis, trocando-o em tempo oportuno por muito mais coisas do que ele realmente vale – porque realmente só vale um saco de trigo. Se eu o conservar, posso, conforme seja a situação, obter com ele não um, mas dois ou três sacos de trigo – e tudo mais nessa proporção. O negócio depende da minha esperteza em espiar a vida dos produtores de coisas perecíveis, a fim de tirar partido dos seus apuros. Com suas mercadorias deterioráveis eles estão sob a premência do tempo; mas com o meu vale indeteriorável eu estou liberto dessa premência. Posso guardá-lo por um ano, dois, três, para só trocá-lo quando a situação me for vantajosa".

Este raciocínio criou o capitalismo financeiro, manipulador da moeda e causador de todas as perturbações modernas.

O mundo está completamente dominado por ele. Os governos agem movidos por forças ocultas; fazem guerras, movidos por forças ocultas; erigem o armamentismo em ideal supremo, movidos pelas manobras das forças ocultas. Que forças ocultas são essas? As do capitalismo financeiro.

A humanidade "sente" isso e revolta-se. O proletariado, que constitui a grande massa humana, investe cegamente contra tal ordem de coisas e cai no desespero das ideologias. E fixa os olhos no homem que disse: "O capital – eis o inimigo".

Mas atacar o capitalismo em geral é ideia malformada, porque o capitalismo não passa de simples efeito. Para destruí-lo seria necessário destruir a sua causa, a moeda, e destruir a moeda será *ipso facto* destruir a civilização, regredindo ao regime primitivo das trocas diretas – o que é absurdo.

As duas soluções extremistas, portanto, não resolvem, porque atacam efeitos, deixando intacta a causa. Daí a falência de todas as medidas compulsórias, leis e decretos, por mais drásticos que sejam. Dirigindo-se a efeitos da moeda só conseguem afetar a moeda no seu princípio vital, que é a liberdade de circulação. Cercear, condicionar, embaraçar o livre uso da moeda equivale a afetar as trocas latentes em seu seio, fundamentais para que a civilização continue a desenvolver-se, já que civilização nada mais é que a *extrema amplificação do fenomeno da troca*.

Ora, este regime do duplo capitalismo está evidentemente no fim. Falhou. O desespero em que se encontra o mundo, a ponto de não enxergar diante de si outro caminho senão o "salto no escuro" da guerra, é a prova. Falhou, porque só trouxe como *solução universalmente aceita o armamentismo extremo*, isto é, a admissão de que é destruindo-se uns aos outros que os povos consertam a vida – uma pura bestialidade de raciocínio. O armamentismo de hoje, do qual nenhuma nação escapa, significa "desespero cego", incapacidade de encontrar solução racional para um estado de coisas que chegou ao limite da tensão. Mas poucos enxergam a causa secreta dos males oculta no fundo de tudo.

Essa causa é a "fixidez da moeda", isto é, a sua absoluta independência da premência do tempo.

Se lhe tirássemos essa qualidade, se tornássemos a moeda tão sujeita à premência do tempo como tudo o mais na vida, mecânica e automaticamente eliminaríamos o *morbus* que ameaça a civilização de ruína completa.

E como destruiríamos a fixidez da moeda? De um modo muito simples: adotando a Moeda Regressiva. A moeda deixaria de ter, como tem, um valor fixo; passaria a ter um valor regressivo. Em vez de constituir a grande exceção, isto é, de *estar liberada da premência do tempo num mundo onde tudo se condiciona ao tempo*, também se tornaria deteriorável.

A moeda regressiva não será mais o ouro, porque no regime regressivo o ouro volta ao seu papel de simples metal, de mercadoria como qualquer outra, carvão, trigo ou sapatos; volta a ser um simples produto do trabalho humano – trabalho extrativo. A *moeda regressiva será um papel de curso forçado que vai perdendo dia a dia o seu valor até chegar a zero.*

Para facilidade de compreensão admitamos um caso concreto – um país com um meio circulante composto de moeda regressiva que perca totalmente o valor ao cabo de cinco anos. Denominemo-la Dólar Regressivo. No giro dessa moeda haverá um contínuo cálculo de câmbio, porque o valor do dólar emitido em 1939, por exemplo, só valerá 100 centavos no momento da emissão: cada dia valerá menos; um ano depois valerá exatamente 80 centavos; dois anos depois, 60; três anos depois, 40; quatro anos depois, 20 – e ao fim do quinto ano valerá zero.

O Estado emitirá cada ano a quantidade de moeda necessária à substituição da que desapareceu com a decadência anual dos 20%; isto é, emitirá cada ano 20% do total do meio circulante estabelecido.

Só isso: o nosso sistema de moeda regressiva não passa disso. A ação do Estado fica resumida em manter o nível do meio circulante por meio de emissões periódicas.

Vejamos as principais consequências do novo regime na economia e na administração de um país.

Em primeiro lugar, o Estado resolve de vez o eterno problema da taxação e livra o povo desse aparelho arrecadador chamado Fisco, com suas alfândegas embaraçantes, coletorias infernais, selos incomodíssimos etc. Que é o Fisco senão um "sistema de embaraços" opostos à livre atividade do homem, que deles só se livra por meio da entrega ao Estado de uma certa quantidade de dinheiro? Nada mais injusto do que qualquer sistema fiscal, de todos os existentes; e por mais que a tributação seja estudada, "nunca será resolvida de modo favorável ao pagante de impostos". O choque de interesses é eterno. De um lado, os governos necessitando arrecadar o máximo; de outro, os governados insistentes em pagar o mínimo. Daí as iniquidades tributárias, os impostos extorsivos, os impostos antieconômicos, como o do selo, os alfandegários que anulam as vantagens do livre-câmbio de produtos entre as nações, os impostos sobre a renda sempre fraudados. Daí essa iniquidade suprema que é o imposto sobre a produção – ou castigo ao trabalho!

Há ainda o preço absurdo por que fica a arrecadação – e há um aspecto moral de suma importância: a crescente corrupção da burocracia arrecadadora – crescente por ser crescente em todos os países do mundo a imposição de taxas. Cada vez mais tributado, o homem defende-se subornando cada vez mais a burocracia arrecadadora. A história da civilização cabe dentro da história do Fisco. Grandes convulsões sociais, como a Revolução Francesa, tiveram como verdadeira causa as iniquidades do Fisco.

No regime da moeda regressiva desaparece completamente esse monstro, uma vez que cessa para os governos a necessidade da arrecadação de dinheiro. Não haverá imposto de espécie alguma. Em vez de arrecadar dinheiro do povo pelo sistema iníquo, brutal e antiquadíssimo da taxação, o Estado faz que o dinheiro necessário às suas despesas surja pela simples regressão do valor do meio circulante.

Num país em que o meio circulante seja de 100 milhões de dólares o povo pagará anualmente 20 milhões, no caso da regressão ser de 20% por ano; ou 50 milhões se for de 50% por ano. A velocidade da circulação da moeda ficará na dependência do índice regressivo da moeda – índice que a experiência estabelecerá. Em vez de uma inútil campanha de persuasão, como a do *Buy now*, que os Estados Unidos fizeram durante a crise de 1930, basta que o Estado aumente a porcentagem de desvalorização da moeda regressiva *para que a velocidade maior da moeda corrija uma depressão econômica*.

O Estado emitirá anualmente *na proporção do meio circulante que regrediu* – e com esse dinheiro fará suas despesas, sem necessidade de alfândegas, sem coletorias, sem selos, sem sombra de aparelhamento fiscal, sem qualquer escrita. Tudo funcionará mecânica e automaticamente. Ora, resolvido o problema de o Estado ter cada ano a quantidade de moeda necessária às suas despesas, sem o mínimo incômodo para os governados, sem vexame de ninguém, sem a menor injustiça, cessa o governo de ser o "mal necessário" que é para tornar-se um "bem comum".

As despesas públicas reduzem-se enormemente com a supressão da máquina arrecadadora e dos mais aparelhos necessários à compulsão; mas o aspecto mais curioso do sistema se revelará na absoluta equidade tributária. *Só pagará imposto quem estiver retendo a moeda*. No momento em que o seu detentor a troque por qualquer coisa, cessa de pagar imposto. A moeda fica assim plenamente restaurada na sua função *essencial de instrumento de troca em giro ininterrupto*. Ninguém a deterá mais que o tempo necessário para resolver sobre a troca. O interesse do detentor deixa de ser, como no caso da moeda fixa, "guardá-la";

passa a ser "usá-la" o mais rapidamente possível. Mas o detentor não é de forma nenhuma compelido a devolver a moeda à circulação; tem absoluta liberdade de retê-la, de entesourá-la, de fazer com a moeda regressiva tudo o que os atuais manipuladores fazem com a moeda fixa; *apenas incorrerá numa sanção mecânica*: quanto mais a retiver em seu poder, mais imposto pagará, e se insistir nisso, pagará uma soma de imposto equivalente ao valor total da moeda açambarcada. Guardar moeda equivalerá a guardar sorvete no forno. Quem quiser que o faça.

No regime da moeda fixa é lógica a tentação de economizá-la, guardá-la, isto é, retirá-la da circulação, com grave dano público; daí o tremendo fenômeno das crises que assolam as nações. Quando por qualquer circunstância sobrevém o pânico, os eventuais detentores da moeda encolhem-se e retiram-na da circulação, deixando o povo a sofrer todos os horrores da súbita escassez de um instrumento indispensavel à vida econômica.

Os bondes e autos de uma cidade são os veículos que asseguram a movimentação dos seus habitantes. Mas se em dado momento, por este ou aquele motivo, esses veículos fossem açambarcados e retirados da circulação, o maior dos transtornos sobreviria. Ninguém mais alcançaria o escritório a tempo; os operários perderiam a hora nas fábricas; a vida econômica da cidade sofreria um abalo de terremoto, com falências e desastres de toda ordem. E essa perturbação só cessaria quando os bondes e autos fossem restabelecidos em sua função normal, que é a de circular.

O mesmo acontece com a moeda nos tempos de crise. O pânico dos seus detentores fá-los retraírem-se e retirarem da circulação uma coisa que só lhes pertence a título momentâneo, porque *a moeda é uma utilidade pública*. Eles esquecem-se de que a possuem como um passageiro de bonde possui o lugar que ocupa. Se esse passageiro insiste em não largar o banco, claro que prejudica inúmeras pessoas igualmente necessitadas daquele banco.

Mas o meio de impedir que o detentor da moeda a retire da circulação só pode ser mecânico – jamais compulsório. E esse meio mecânico só pode *ser a destruição da fixidez da moeda*. Se ao passageiro teimoso em não sair do bonde o banco se derretesse sob suas nádegas, claro que o deixaria, sem que sequer fosse intimado a isso. A moeda regressiva também se derrete nas arcas de quem a retém – e portanto jamais será retida.

Pagar impostos é coisa desagradável porque significa dar moeda em troca de coisas que não nos aproveitam diretamente. Em todos os tempos o homem sempre fugiu de pagar impostos. Paga-os compulsoriamente. No regime da moeda regressiva tudo continuará na mesma; persistirá a repulsa pelo pagamento do imposto, mas como só o paga quem estiver detendo a moeda, a preocupação de todos será desfazer-se da moeda para desse modo escapar ao imposto – *e aqui temos a primeira grande revolução* que a moeda regressiva determinará.

A humaníssima repulsa pelo pagamento de imposto fará que quem receba a moeda imediatamente a troque por um produto qualquer do trabalho humano. Assim que se efetuar essa troca, cessará automaticamente o pagamento do imposto por parte do comprador, o qual, com a passagem da moeda para outras mãos, transmite a outrem a obrigação do imposto; o novo detentor da moeda procurará também, imediatamente, ver-se livre dela, trocando-a por coisas – e assim por diante. Teremos então a Consequência Máxima da moeda regressiva: *a tremenda valorização do trabalho humano, justamente o reverso do que vemos hoje.*

Que vemos hoje? Apenas esta coisa dolorosa: excesso de oferta do trabalho humano e procura mínima. Daí milhões e milhões de desempregados; daí as fábricas a meia produção; daí a queima de estoques de coisas já produzidas, como o café e o trigo. Por quê? Porque, como a moeda é fixa, os seus eventuais detentores têm todo o interesse em açambarcá-la, em retirá-la da circulação. Se só ela é fixa num mundo infixo, senhoreá-la equivale a ser dono do mundo.

Na moeda regressiva, o contrário. O trabalho humano passa para a primeira plana. A procura suplanta a oferta, em vez de, como hoje, a oferta suplantar ou ser muito maior que a procura. Não haverá trabalho humano que chegue para satisfazer as urgências da procura. Não haverá artista, poeta, homem que possa produzir qualquer coisa, que não encontre imediata colocação para os seus produtos, porque entraremos num regime de verdadeira caça aos produtos humanos. Os detentores da moeda regressiva ou a reduzem a objetos que não pagam imposto, ou ficam com ela na mão a pagar o imposto da desvalorização regressiva.

Ora, nada mais lógico que do momento em que o trabalho humano passe da condição miserável de hoje e de sempre, isto é, de artigo que se oferece de todos os lados nas condições mais humilhantes, para artigo de tremenda procura, cesse a grande perturbação do mundo. Que é a perturbação do mundo senão consequência do excesso de oferta de trabalho e da escassez da procura?

E não se diga que isso venha ser a morte do capitalismo. O bom capitalismo subsistirá. Desaparecerá apenas o capitalismo que "comercializa a moeda" – esse bem público, esse oxigênio indispensável à respiração dos homens, mas que, em consequência da fixidez, se tornou suscetível de ser monopolizado, açambarcado, retirado da circulação.

O oxigênio do ar é a moeda da nossa circulação sanguínea. Se milhões e milhões de homens vivem, é porque o oxigênio está fora do açambarcamento capitalístico. Se os capitalistas financeiros fizessem com o oxigênio o mesmo que fazem com a moeda, como seria possível no homem a circulação do sangue?

O capitalismo subsistirá. Mas só o capitalismo de coisas – não o de moeda. Ter é humano. Juntar posses é humaníssimo – e eterno – e ótimo. Mas juntar posses, juntar coisas – não moeda. O financista que hoje detém 1 milhão de dólares em moeda é um mal porque está açambarcando oxigênio; mas se ele reduz esse milhão de dólares a propriedades, torna-se um bem. Para o governo do milhão de dólares-moeda ele não empregará ninguém, não dará trabalho a ninguém; mas para o governo, para a conservação das propriedades adquiridas com esse milhão de dólares, terá de dar trabalho a muita gente – pedreiros, carpinteiros, zeladores etc.

A moeda regressiva tornar-se-á brasa nas mãos de quem a recebe. O seu detentor pensará unicamente em passá-la a outras mãos, adquirindo qualquer coisa. Só sossegará quando se vir livre dela. Mas ao desembaraçar-se da brasa sossegará. Não estará perdendo coisa nenhuma. Não estará a assistir ao seu gradual deperecimento.

Qual a moeda hoje que presta maiores serviços? A de mínimo valor: o níquel. A soma de negócios diários em que um mesmo níquel intervém é enorme. Por quê? Porque ninguém açambarca níqueis, porque são deixados permanentemente na sua função de moeda, de instrumento de troca – a circular. Isso dá ao níquel uma velocidade, digamos, de 100. Já é muito menor a velocidade de circulação da moeda de 1 dólar. E muitíssimo menor a da moeda de 100 dólares. Se ninguém se lembra de reter 1 níquel, não há quem não "defenda" uma nota de 100 dólares. No regime da moeda regressiva a velocidade da circulação da moeda de todos os valores seria a mesma da do níquel atual. Ora, o que o mundo está precisando é justa e simplesmente isto: que o meio circulante adquira a benéfica velocidade demonstrada pelo níquel. No dia em que as moedas de todos os valores atingirem a velocidade de 100, do níquel, estarão resolvidos todos os problemas que hoje aturdem os nossos pobres estadistas. E qual o meio de o conseguir automaticamente, sem compulsão de espécie nenhuma? Um só: *destruir a calamidade que é a fixidez da moeda, por meio da adoção do sistema regressivo.*

Inúmeros outros aspectos ainda nos ocorrem neste sistema, mas bastam os apresentados para esclarecer a ideia. O leitor de imaginação que se divirta em prever-lhe todas as consequências nos inúmeros setores da atividade humana. Caminhará de surpresa em surpresa – mas a surpresa maior será a verificação de que todas as consequências da moeda regressiva são tremendamente benéficas, tanto para as minorias até aqui dominantes como para as maiorias eternamente chafurdadas na miséria.

E acabará convencendo-se de que sob o regime da moeda regressiva o capitalismo, salvo da destruição vermelha e da calamitosa "economia dirigida" dos totalitários – e finalmente liberto dos efeitos que o tornam odioso –, poderá florescer com um esplendor jamais previsto.

NOTA

– E qual nesse regime a situação da terra? – sussurra-me cá um objecionista.

E eu respondo:

– Terra, ar e água, esses elementos da natureza, não são produtos do trabalho humano, e pois não poderiam ser adquiridos no regime da moeda regressiva. Cessaria a absurda propriedade pessoal da terra, como não há, nem nunca houve, a propriedade pessoal do ar. O homem que hoje compra terras passaria a adquirir do Estado o direito ao uso da terra.

La moneda rescindible

Sobre o mesmo assunto M. L. publicou no El Economista, *do México, a seguinte sugestão.*

La civilización humana, evidentemente, sufre de un mal secreto cuya causa todavía no ha sido precisada. Surgen guerras, revoluciones e ideologías salvadoras, mas los problemas no se resuelven. La conflagración general del mundo, la mutua destrucción en que los más adelantados países de hoy están empeñados, muestra el completo fracaso de los remedios directos hasta aquí empleados. En los cuentos orientales, cuando las celebridades médicas del reino no conseguían descubrir la dolencia de la joven princesa, el rey abría las puertas del palacio a todo el mundo, y todos daban su diagnóstico. El caso del oculto mal de la humanidad está abierto a los Don Nadies, ya que, positivamente, los estadistas no atinan con él.

¿A qué atribuye usted ese mal de la humanidad, Don Nadie? – pregunta el rey – y un Juan Don Nadie responde: – "A un defecto existente en la moneda".

En los comienzos de la sociedad humana había el trueque directo de producto contra producto. Los trueques eram locales, entre vecinos, y momentáneos, esto es, sólo de productos que existieran en el momento. Sistema muy rudimentario y de muy reducido radio de acción.

En Brasil decimos que la necesidad pone la liebre en el camino, o sea que las invenciones humanas surgen por presión de la necesidad. Las deficiencias del trueque directo impusieron la invención de la moneda.

"A" producía trigo y "B" producía higos. Necesitado de higos, "A" cambiaba un saco de trigo por unas cuantas docenas de higos; mas como por el momento no precisase de trigo, "B" aceptó de "A" un "vale". La operación se repitió con otras cosas y los "vales" comenzaron a circular. Así surgió la moneda, que es un "vale" impersonal e indiscriminado, permutable en cualquier época por servicios o productos, de acuerdo con el valor convencional del momento.

La moneda pública emitida por el Estado nació de los "vales" personales, como la mariposa nace de la crisálida; y la moneda pública es para el "vale" personal lo que la mariposa es para la crisálida.

Con el advenimiento de la moneda, cesó el régimen del trueque directo. Las consecuencias de la innovación fueron tremendas. El trueque, hasta entonces sólo posible entre vecinos y en el momento de la existencia de los productos, se hizo anónimo e independiente de la contingencia de espacio y tiempo. Puede decirse que se desmaterializó, quedando latente en el seno del "vale". Y se deduce de aquí la definición de moneda como una potencialidad de trueque en el espacio y en el tiempo. Esto es, liberada de la contingencia de espacio y de la premura del tiempo.

Era una cosa de utilidad pública, la más maravillosa de las invenciones, pues permitía el progreso indefinido del mundo. Eso, sin embargo, en el caso que permaneciese como de utilidad pública, una especie de aire que todos respiran y a ninguno le hace daño.

Mas no fué eso lo que sucedió. El destino de la moneda para trueque potencial, liberada de la contingencia del espacio, hizo posible la maravilla del comercio nacional e internacional, fenómeno supresor de todas las barreras de longitud y latitud. Fué un gran bien para la unidad de la especie humana.

El hecho de que la moneda fuera también un elemento de trueque potencial liberada del tiempo, hizo que fuese desviada de su función de utilidad pública y se transformara en cosa "apropiable". ¡Y adiós para el mundo la belleza de un instrumento de trueque que era como el aire: de todos y de nadie!

En consecuencia, la posibilidad de apropiación de la moneda hizo surgir el tipo actual de capitalismo, hoy tan atacado y condenado por las ideologías. Mas a Juan Don Nadie le parece que atacar a ese capitalismó es atacar el efecto, y que nada podrá modificar el actual capitalismo si la causa nos es descubierta y suprimida. ¿Qué causa podrá ser esa, si no la fijeza y la perdurabilidad de la moneda, esto es, aquella liberación de la premura del tiempo que ya subrayamos arriba? Aquí está el punto crucial de la cuestión. Si la moneda es una cosa absolutamente buena, no puede determinar efectos malos, como los atribuídos al actual capitalismo; y nadie niega que los tremendos males de la humanidad de hoy no seam el *reductio ad absurdum* del actual capitalismo. Luego, todo viene de alguna cosa equivocada en la existencia de la moneda.

La experiencia de la moneda está hecha: fué la maravillosa invención impulsora del progreso hacia la unidad humana. Mas también está hecha la prueba de que la segunda cualidad de la moneda (fijeza y durabilidad) es lo que indujo al hombre a desviarla de su función de utilidad pública, o de aire que todos respiraran y ninguno acaparara.

El mal secreto que roe al mundo está en esa facultad que tiene el hombre de apropiarse de la moneda, en vez de usarla solamente. ¿Y por qué, esa tendencia humana para apropiarse de la moneda, en vez de sólo valerse de ella? Porque *la moneda es una, fija e indeteriorable*, en un mundo carente de fijeza, mundo de cosas deteriorables. Mientras la moneda sea fija, el hombre la considerará como una cosa buena por excelencia y la preferirá a todo, porque quien sea dueño de la moneda será dueño del mundo.

Esa idea de la moneda como la propiedad por excelencia, surgió muy pronto, en tiempo de los "vales individuales". En uno de los negocios de aquel "A" del trigo, con aquel "B" de los higos, "B", que era más experto, hizo el seguinte raciocinio: las cosas que pueden ser trocadas por este "vale" son cosas que se destruyen con el tiempo; mas este "vale" no pierde valor; puedo por lo tanto guardalo y aprovecharme de la situación de aprieto en que frecuentemente se encuentran los poseedores de cosas deteriorables, y entonces lo trocaré por muchas más cosas de las que realmente este "vale" representa, porque lo que realmente vale es un saco de trigo, ya que lo recibí como el equivalente exacto de un saco de trigo. Con sus productos *deteriorables*, ellos están bajo la presión del tiempo; mas como mi vale es *indeteriorable*, estoy libre de esa premura. Puedo retenerlo por un año, dos, o tres, para usarlo en el momento oportuno.

De este raciocinio salió el capitalismo detentador y manipulador de la moneda, contra el cual la humanidad se rebela hoy.

Mas atacar al capitalismo es atacar un mero efecto de la moneda. Para destruir al capitalismo sería necesario destruir la moneda, y destruir la moneda sería, *ipso facto*, destruir la civilización y volver al sistema primitivo del trueque directo, lo que es absurdo.

Las soluciones extremistas con las que se intenta combatir el capitalismo sólo consiguen una cosa: obstruir, condicionar, embarazar el libre curso de la moneda. Esto equivale a afectar los trueques latentes en el seno de la moneda, trueques fundamentales para que la civilización se desenvuelva, ya que la civilización no es sino la extrema amplificación del fenómeno del trueque.

Las soluciones eclécticas, amigas del capitalismo, no consiguen sino mudar la forma de los males o transferirlos a otro sector. ¿Será, entonces, un caso sin solución? Es posible que sí. Es posible que no haya solución directa; y en esse caso tendremos que recurrir a las indirectas. Y entre las soluciones indirectas, una se impone a primera vista: eliminar de la moneda su fijeza y su absoluta liberación del tiempo.

Para *eliminar la fijeza de la moneda*, el medio sería la adopción de un sistema de moneda rescindible, em que el valor fuese constantemente cayendo hasta extinguirse del todo. En vez de permanecer como es, una cosa fija e imperecedera en un mundo sin fijeza, de cosas perecederas, la moneda también se subordinaría al tiempo, haciéndose perecible.

La nueva moneda, por lo mismo, sería un papel de curso forzoso, fechada, y que iría perdiendo continuamente su valor, de 100 a 0.

Para facilitar la comprensión, figurémonos un país cuyo medio circulante decaiga cada año un 20% de su valor. En el giro de ese medio circulante, habrá un continuo cálculo de cambio, porque la moneda fechada sólo valdrá 100 en el momento de su emisión: a partir de ahí irá haciéndose rescindible, día a día, hasta que al cabo del primer año valdrá 80; al del segundo año 60, y así en adelante hasta llegar a 0 al fin del quinto año.

El Estado emitirá anualmente la cantidad de moneda necesaria en substitución de la rescindida, *de modo de conservar el valor del medio circulante siempre al mismo nivel. El sistema de moneda rescindible se reduce exclusivamente a eso.* La acción del Estado se restringe a mantener el nivel del medio circulante por medio de las emisiones periódicas. El Estado no impone nada. No obliga a nadie a cosa alguna. Deja que la destrucción de la fijeza de la moneda cause sus efectos de manera natural y mansamente.

¿Y cuáles son esos efectos? Tenemos que imaginárnoslos con nuestra fuerza de lógica.

Una de las consecuencias más interesantes sería la maravillosa solución del eterno problema de los impuestos. Y – ¡caso curioso! – la perfecta solución del problema fiscal vendría con la absoluta supresión del Fisco. Se acabarían todos los impuestos. No más aduanas, colecturías, timbres, multas, todas las miserias e iniquidades del Fisco. ¿Qué es el Fisco, sino un complejo y estúpido sistema de embarazos opuestos a la libre actividad del hombre, de los cuales éste se libera pagando los rescates que impone el Estado?

La historia de la civilización cabe dentro de la historia del Fisco. Convulsiones sociales tremendas, como la Revolución Francesa, nacieron directamente de las iniquidades fiscales.

Y los impuestos desaparecen porque cesa para los Gobiernos la necesidad de arrancar dinero al pueblo. El dinero para los gastos del Estado vendría de la simple depreciación del medio circulante. Si el medio circulante pierde, supongamos, un 20% de su valor por año, la emisión anual de ese otro 20% para mantener el importe total de la circulación al mismo nível constituirá el presupuesto del Estado.

El segundo efecto de la moneda rescindible sería la imposibilidad de que fuese retirada de la circulación, acaparada, manipulada, etc. y eso sin ninguna vigilancia. El eventual detentador de la moneda tiene la más completa libertad de retenerla hasta el final de 5 años solamente (en el caso considerado arriba), porque al fin del quinto año la moneda que guardó estaría completamente sin valor. La sanción en que incurriría el detentador de la moneda seria esa: ver que su valor fuese desapereciendo. Una sanción mecánica, automática.

La constante depreciación de la moneda haría que el impuesto sólo fuese pagado por quien estuviere detentándola, en la proporción en que lo hiciere y sólo cuando la detentara. El tenedor que la trocara por qualquier cosa, cesaría inmediatamente de pagar el impuesto invisible; ese pago se transferiría para el nuevo tenedor, y así sucesivamente. Guardar moneda rescindible sería lo mismo que guardar un helado en el bolsillo. Quien quisiera hacerlo, que lo haga; con eso no perjudicaría a la sociedad ni a nadie: sólo se perjudicaría a sí mismo.

En el régimen de la moneda fija, lo lógico, lo natural, lo humano, es conservala lo más posible, es retirarla de la circulación, con los graves daños públicos que sabemos. El fenómeno de las crisis o depresiones periódicas se caracteriza justamente por la desaparición de la moneda en circulación, con inenarrables sufrimientos para el pueblo. ¿Y qué sanción existe para quien retira de la circulación el instrumento básico de cambio? Ninguna. Quien lo hace sólo recoge ventajas, así el mundo perezca, Es el régimen de los "robber barons", "The public be damned" (que el público sufra), dicen ellos.

Los tranvías y autos de una metrópoli son los vehículos de la circulación de sus habitantes; si en un momento dado fueren acaparados, ocultos y retirados de la circulación, los mayores transtornos sobrevendrían a la metrópoli – y la llevarían hasta la parálisis. La pertubación sólo cesaría cuando los vehículos fueran nuevamente puestos en circulación.

Es lo que sucede con la moneda en los tiempos de pánico. Sus eventuales detentadores la retiran de la circulación, la esconden: a ella, que es para la circulación económica lo mismo que los tranvías y los autos son para la circulación de las gentes.

Todos los medios han sido empleados ya, en las crisis pasadas, para hacer que la moneda vuelva a la circulación. Hasta la campaña persuasiva del "buy now" en 1930; pero todos han fallado.

En el régimen de la moneda rescindible, la sanción es inherente a la moneda. La moneda castiga al tenedor con el propio hecho de la depreciación. En el régimen de la moneda fija es el natural egoísmo del hombre el que lo lleva a retener la moneda. En el régimen rescindible, ese mismo egoísmo lo llevará a no retenerla.

En el régimen de la moneda fija, las crisis hacen que de tal modo la moneda desaparezca de la circulación que en muchos lugares los hombres se ven obligados a volver al sistema primitivo del trueque directo; todo porque la fijeza de la moneda pone al que la retiene en una posición de absoluta superioridad sobre el resto de la humanidad. En el régimen rescindible sucede lo contrario – es el detentador el que queda en posición de inferioridad.

Una de las consecuencias lógicas de la moneda rescindible será subrayar el tremendo valor del trabajo humano; justamente lo contrario de lo que tenemos hoy.

Qué vemos hoy? Una cosa dolorosa: exceso de oferta de servicios o de productos de trabajo humano y un mínimo de demanda. De ahí millones de desempleados, fábricas a media producción, quema de productos agrícolas, etc. ¿Por qué? Por causa de la retracción de la demanda. Como sólo la moneda es fija en un mundo sin fijeza, adueñarse de la moneda, retener la moneda, guardar la moneda "para los dias de lluvia" equivale a ser el dueño del mundo. Ese raciocinio reduce la demanda al mínimo.

En el régimen de la moneda rescindible todo se invierte. El despotismo que la demanda ejerció siempre en el mundo, cederá el cetro a la oferta. El dictador pasará a ser el Trabajo Humano.

Por otra parte, nada más lógico que a parte del momento en que el trabajo humano pase de la miserable condición en que siempre vivió (esto es, de un artículo que se ofrece por todas partes en las condiciones más humillantes para ser un artículo de tremenda y constante demanda) desaparezca el mal secreto referido arriba.

El capitalismo subsistirá, mas sólo el "capitalismo de las cosas", si es posible llamarlo así, no el de la moneda. Tener es humano y bueno. Juntar bienes es humanísimo y óptimo; mas juntar bienes será juntar cosas y no monedas. Este precioso instrumento de cambio no podrá ser por más tiempo manipulado, acumulado, guardado, prestado, puesto a rendir rédito.

El símil entre la moneda y los vehículos de una ciudad es perfecto. Ambos son rigurosamente instrumentos de circulación, a condición de que sólo *existieran* mientras estén circulando.

No valen por sí, sino por la función que ejercen y mientras la realizan. Un tranvía o un ómnibus retenido en el depósito prácticamente deja de existir para los efectos de tráfico de la ciudad. Cierta cantidad de moneda retenida en una gaveta o en un banco de depósito deja de existir para los efectos de los fenómenos del cambio. Mas si hay sanciones policiales contra las empresas de ómnibus que dejan sus carros en depósito, pertubando de ese modo el tránsito de la ciudad, no hay sanción ninguna para quien retira la moneda de la circulación y perturba de esa manera la vida económica. Y no la hay, porque no puede haberla. El hombre sólo dejará de retener la moneda cuando la moneda sea rescindible.

Estas ideas chocan con nuestros principios aceptados en materia monetaria vistos desde el régimen de moneda fija en que vivimos. Pero no importa. Una civilización que está llegando al absurdo de destruirse a sí misma por intermedio de sus pueblos de mayor desenvolvimento, no tiene nada que alegar contra cualquier idea nueva por el simple hecho de ser nueva; esto es, nunca experimentada en el mundo.

La actitud verdadeiramente cientifica es una sola: la del *trial and error*. Sería, pues, curioso que en algún lugar del mundo se hiciese la experiencia de la moneda rescindible: único medio de verificar si las objeciones contra ella levantadas son las "objeciones de los hechos" o meras racionalizaciones de nuestra predilección personal.

NOTA DEL DIRECTOR:

Como se podrá apreciar por la biografia del señor Monteiro Lobato, que se publica en las páginas de esta revista, el autor del artículo "La moneda rescindible" es uno de los escritores más conocidos y populares de la República del Brasil; y para nosotros es un honor que él figure como miembro del Instituto de Estudios Económicos y Sociales.

El ensayo que nos ha enviado relativo a un nuevo tipo de moneda es verdaderamente una novedad y muestra la viva imaginación del autor. Sin embargo, deseo hacer algunas observaciones a su articulo para advertir desde luego a los lectores algunos de los serios inconvenientes que resultarían de poner en practica el método indicado.

Como observación inicial puede decirse que el capitalismo no surgió del hecho de que la moneda se transformara en cosa "apropiable". La característica essencial del capitalismo es la de que los medios de producción y distribuición de la riqueza estén en manos de los particulares, en vez de que el Estado sea el patrón único, como en los regimens comunistas, nazistas y facistas.

Deseo también observar que el valor de la moneda está muy lejos de ser fijo: varía de acuerdo con su poder adquisitivo, y precisamente uno de los diversos factores que afectan su valor es la abundancia de los medios de pago.

Si bien es cierto que a los billetes de banco podría ponérseles una fecha con el objeto de que, en relación con ella, perdieran parte de su valor, desde cien a cero, el límite del valor de las monedas de plata (el oro desde luego quedaría eliminado), de cobre, de níquel, etc., sería su valor intrinseco.

¿Y cómo podrían "fecharse" los depósitos de los bancos, cuando e monto de los saldos individuales varia constantemente?

Es evidente que si se pusiera en práctica la sugestión del señor Monteiro Lobato, se introduciria una gran diversidad de valores de papel moneda; y habría tantas complicaciones por lo que respecta al valor de los depósitos que la supuesta ventaja de hacer la moneda "inapropiable" quedaría destruída como resultado de mayores inconvenientes; y por lo que respecta a las monedas metálicas, hasta un cierto límite éstas no podrían circular de otro modo que de acuerdo con su valor intrínseco, pues no podrían llegar a tener un valor menor que el precio del metal que contienen. Asi unas monedas (los billetes de banco) serían rescindibles, y otras (las monedas metálicas) no podrian serlo.

Por otra parte, creer que por medio de la emisión anual de billetes se acabarían todos los impuestos, es ilusorio. Actualmente el producto anual de los impuestos, en naciones como los Estados Unidos de Norteamérica, es superior al monto total de la circulación monetario.

Y por lo que respecta al símil de las monedas con los vehículos no son, ni pueden serlo, medios de cambio; y aunque las monedas "circulan", lo hacen de muy diferente manera que los automóviles o los tranvías eléctricos.

En síntesis, aunque la sugestión del señor Monteiro Lobato es novedosa y no por "nueva" debe descartarse, al ponerse en práctica tal vez introduciría inconvenientes de mayor consideración que la ventaja que desea obtenerse. Sin embargo, el plan del señor Monteiro Lobato es muy interesante, y podrá sugerir nuevas ideas sobre la cuestión que él tan hábilmente trata.

OBSERVAÇÃO

Esta ideia de moeda, que me parece original, está apresentada nestes dois artigos apenas como sugestão. É uma ideia a ser longamente "pensada" e depois disso "experimentada". Só depois da experiência poderá ser julgada, pois só a experiência revelará todas as reações de que uma tão fundamental mudança na essência da moeda seria capaz. Uma coisa me parece: sob o regime de tal moeda a terra teria de sair do regime de propriedade individual. Teria de ficar como o ar – que todos respiramos mas ninguém apropria.

As objeções do diretor do *El Economista* não atingem a ideia em sua essência; apenas tocam em consequências que com pouca meditação previ e apressadamente escrevi num simples artigo sem responsabilidades. Repito que não apresentei nenhum estudo da Moeda Regressiva, ou Rescindível, e sim uma sugestão. Estudem-na os homens de boa cabeça. Façam a experiência numa zona qualquer. Quem sabe se em vez duma fantasia lógica não está aí uma solução automática de grandes problemas da economia humana?

Sobre o assunto o engenheiro J. B. Meiller, de Marília, tem um ensaio interessantíssimo e muito merecedor de divulgação e atenção.

Planalto

Um romance que prenuncia outro

A grande revelação mental do mês findo foi um livro de capa roxa, com o título *Planalto* em letras brancas, da autoria de Flávio de Campos, um rebento da velha cepa dos Campos de São Paulo. Há um desenho em negro nessa capa, figurando um moço afundado numa poltrona, de costas para o público, braço pendente, cabeça caída sobre os joelhos. A apresentação mais afugentadora possível dos leitores que, aborrecidos com as cruezas da vida real, procuram no romance tabloides de heroína.

E na realidade há ali dentro muita tristeza – a pior de todas, a social, essa tristeza hoje espalhada pelo mundo inteiro em consequência da sensação de fim de fase que a humanidade atravessa. *Declínio e queda do Império Romano*, foi como Gibbon denominou o seu grandioso panorama da desintegração do mundo romano. Um futuro Gibbon talvez escolha o mesmo título para o quadro da desintegração do mundo de hoje – essa civilização que teve o seu planalto de repouso estendido de meados do século XIX até 1914, e aí rolou na barrocada da Grande Guerra, e desce, e vai caindo ao modo das avalanches, com um esbrugamento de tudo quanto parecia conquista social definitivamente cristalizada.

Os romancistas são os modernos fixadores dos aspectos transitórios da vida. Desenham as almas e os ambientes do caminho. Fazem a verdadeira história da aventura humana no planeta. Preparam os cortes anatômicos necessários aos estudos dos sociólogos a virem. Romance nenhum deixa de ser um documento; na pior hipótese, documento da incapacidade estética do autor. Um gomo inteiro da vida ecológica da França está fixado na *Comédia humana* de Balzac. Huxley está hoje fixando o drama da inteligência científica em choque com os encrostamentos da tradição. Wells vai além: transforma-se numa universidade viva e consegue alçar-se à profecia. *The Shape of Things to Come* realiza o milagre da introdução da matemática na história. Wells soma os algarismos do passado com os do presente e dá os números – o bicho, a dezena, a centena e o milhar do futuro próximo.

Neste nosso pedaço do continente americano, que apesar das suas resistências faz parte do todo Humanidade, existe um trecho de território que geograficamente é planalto – e mentalmente se vem demonstrando planaltíssimo. Clima favorável, povoamento imigratório e terras bem nitrogenadas permitiram que, ao acaso, ao léu, ao deus-dará, um esboço de civilização bastante complexa na mentalidade compósita, e com o duplo alicerce da agricultura e da indústria, nascesse – como varredura de sementes lançada na terra negra de um quintal. Nasceu de tudo em São Paulo – ou no Planalto – e a competição frenética de tanta semente heterogênea faz dele uma "mancha de civilização" incompreensível para si própria e para o país que a rodeia.

O paulista mental, ou o planaltino, estuda-se, tenta abarcar a totalidade do fenômeno, metê-lo dentro de um quadro compreensível, com um bandeirante no fundo, um fazendeiro de café no meio e um caos de raças no primeiro plano. Mas o fenômeno, por excessivamente complexo, não cabe em quadro nenhum. Tudo muito interferido. Muito provisório, instável, depois da liquefação que nos veio de uma pacatíssima cristalização de quatro séculos. Ninguém sabe o que se está formando no Planalto, nem sequer se realmente se estará formando alguma coisa.

Outros têm feito livros ao molde dos instantâneos tomados com explosão do magnésio. Apanham num quadro geral todo o visível; mas não é esse quadro visível o mais interessante do Planalto, sim o que fermenta, ou a futura recristalização. E para o desenho antecipado, ou a previsão desse futuro, ainda não apareceu o nosso artista-profeta, à Wells.

Flávio de Campos entra em cena – e surpreende-nos. Primeiro, revelando uma capacidade perceptiva que amiúde nos faz pensar em Aldous Huxley; segundo, revelando-se um escritor orgânico, coisa rara. Há os que aprendem a escrever, como os papagaios aprendem a falar; e há os que escrevem por destino, tão organicamente como respiram, suam e o mais. A arte de escrever de Flávio de Campos é puramente orgânica: ele não constrói períodos, deixa que os períodos borbotem feitos de dentro do seu subconsciente. Escreve como fala. Quase, todo mundo fala organicamente, sem pensar, sem *self-consciousness*: mas ao pegar da pena raríssimos conseguem "falar graficamente" – como Machado de Assis.

A arte de Euclides da Cunha, por exemplo, era uma esplêndida demonstração da engenharia e do cienticismo feita com palavras literárias. Alberto Rangel levou ao apogeu a arte de construir pirâmides de acrobacia, com ideias que se agarram umas às outras, pelas mãos ou com os dentes, e com encantadora perícia tenteiam no nariz vocábulos raros ou técnicos – tudo perfeitamente matemático, e a tal ponto que se retirarmos um toda a pirâmide desaba em escombros. Os assuntos, os temas, as paisagens, os tipos e o enredo só entram ali como pretexto para a demonstração da perícia malabar do autor.

– Quer ver que maravilhoso arranjo melo-estético-científico eu faço com caboclo maleiteiro do Amazonas?

E faz. Faz uma perfeita maravilha melo-lítero-científica, com todas as dificuldades brilhantemente vencidas, para encanto dos cultos apreciadores do "raro". Mas a coisa descrita não tem importância. Mera talagarça. Mero pretexto para a "performance", como diria Guilherme de Almeida.

O estilo de Flávio de Campos é o reverso disso. Apaga-se da maneira mais humilde para que só fiquem em cena o personagem, o estado d'alma ou a paisagem que descreve. Sobretudo o estado d'alma, porque é a alma dos personagens o que mais o interessa. Tamanha humildade de estilo – estilo servo, que dá o seu recado e afasta-se, admitindo que ele, estilo-servo, não tem importância nenhuma diante do recado – faz de Flávio de Campos o que ele não procura ser – um estilista. Seu estilo dá ao instrumento-língua empregado na obra a ductilidade das folhas de estanho – ou uma adaptabilidade de gás. Rigidez nenhuma: amaneirado nenhum; fuga sistemática a tudo que seja regra constritora; absoluta ausência de respeito humano na escolha da palavra exata, por crua que seja. Ele quer tons. Toma as palavras como o pintor toma as tintas e mistura-as sem atenção a outra coisa que não seja o efeito que "precisa" obter. E consegue assim tornar absolutamente vivos os seus personagens e o ambiente em que pererecam.

E como pererecam! Nenhum deles se conhece, nem sabe o que quer. Refletem maravilhosamente o mal do mundo – esse estado d'alma de "declínio e queda" da Coisa Estabelecida e de entressonho de um novo sistema de equilíbrio menos desagradável. E na falta de melhor, atordoam-se com o álcool e o sexo. Exigem demais do pobre sexo e do pobre álcool. Fazem do primeiro um violino de que querem extrair sinfonias debussynianas; e como para tal música a prosaica natureza impõe a colaboração feminina, eles procuram a Mulher e só encontram mulheres com emezinho minúsculo – pobres mulheres elementares, como aquela prodigiosa Irene do Fernando.

E, assim, de bar em bar e de mulher em mulher, vão empurrando a vida não sabem para onde; e debatendo ideias do dia dentro da técnica freudiana, e afinal se convencendo de que a vida não passa de um pau de sebo com uma nota falsa na ponta.

O mais bem-dotado do grupo, Lauro, o moço de todas as sensibilidades morais, não consegue o equilíbrio de adaptação e suicida-se – e esse drama tira ao livro de Flávio de Campos o caráter de crônica para dar-lhe o de romance. *Planalto* resume-se no romance dessa alma do futuro (caso o futuro do mundo seja o que Wells prediz), nascida muito antes do tempo próprio. O pobre cérebro de Lauro referve num incessante devaneio autoanalítico, sempre desfechado na mesma conclusão: a sua inadaptabilidade a um meio ainda muito canibalesco para uma alma inimiga de comer carne humana.

Fora daí, *Planalto* não é um romance, no sentido comum de conto com trezentas páginas de desenvolvimento, isto é, uma história em que há um pedestal preparatório, um crescendo de ação convergente e um desfecho dramático. *Madame Bovary*, por exemplo. *Planalto* não é assim. Dá ideia de um livro feito por partes, com um começo que não previa o fim. O autor começa pintando tipos familiares; faz uma crônica fragmentária de moços paulistanos que alternam as mulheres com os *drinks* da moda – Canadians, White Labels etc. Nenhum toca em álcool indígena – esses cauins feitos de cana-bambu. E conversam, perguntam-se uns pelos outros, comentam com enfaro as mulheres próprias e alheias, céticos de si e do mundo, todos eles planaltíssimos. Nenhum alça voo rumo a um pico – nem há picos no planalto.

Todas as correntes ideológicas encontram ali simpatizantes e até mártires. Como sempre acontece, o martírio cabe aos extremo-esquerdistas. Mas a divergência de ideias não os separa. A confraternização é linda. Riem-se das ideias dos outros; humanamente acham que a sua é certa – e às vezes nem isso.

Em dado momento uma crise emocional na vida do planalto os sacode. Surge a guerra intestina. Um equívoco qualquer na política faz esses moços fardarem-se e marchar – e em poucas páginas Flávio de Campos dá a melhor pintura que conheço da Revolução Paulista. Um tríptico. O arrastamento do entusiasmo inicial, o mês de tiros às tontas e o inenarrável desapontamento final. O Planalto batido pela Baixada...

A decepção bélica reconduz os rapazes ao bar, ao Canadian, às mulheres de entre cá e lá. Todos se sentem sem asas. O pântano é enorme, e todo ele rãs coaxantes, mexeriqueiras e aquisitivas. Há um azul em cima que tenta a muitas delas. Mas rã não voa. No máximo, salta.

Lauro, afinal, desiste de uma vida assim, chocha em excesso. Estuda num livro de medicina os efeitos do gás de iluminação no organismo, fecha-se na sala, senta-se na poltrona desenhada na capa do livro, abre o gás, põe na vitrola a "Morte de Isolda" e espera. "Olhou o céu, olhou as estrelas, olhou lá longe a infinita paz do infinito. Depois fixou a vista no porta-retrato (um retrato de moça) e ficou a olhá-lo de longe, de muito longe, através da nuvem que veio vindo, veio vindo, veio vindo..."

Assim termina o romance, com a fuga de Lauro para longe do pântano de rãs mexeriqueiras e aquisitivas.

Antes disso havia devaneado pela última vez. "Mas... para que perder tempo com essas divagações? Ele precisava de dinheiro. Não hoje, mas daí a dois, três dias. A necessidade de dinheiro reapareceria imperiosa, sem devaneios, e é preciso comer, é preciso andar, mexer-se, viver – é preciso dinheiro. E o dinheiro não vem. Os homens de estudo não são homens do dinheiro. Os filósofos, os poetas, os santos, os guerreiros, os artistas e os cientistas, todos eles são desfavorecidos da fortuna. Ganhar dinheiro é um instinto. O instintivo do dinheiro só vê beleza, elevação e alegria no ganhar dinheiro, no acumular dinheiro; falta-lhe o outro lado humano. E o dinheiro só vem para os que vivem para ele..." e por aí além. Lauro não se sente aquisitivo num mundo de criaturas visceralmente aquisitivas – e desiste de permanecer espectador da luta.

Está justificada a cor roxa da capa. José Olympio desmente o seu róseo otimismo com a frequência das capas roxas de suas edições – roxo de flor da Paixão.

Ignoro como a crítica vai receber o romance de Flávio de Campos, mas admito que fará criminosa injustiça se não o tratar como a exuberante revelação de um peregrino valor mental. Tudo ali indica um novo sol que se ergue. Talvez esteja nele o romancista de São Paulo – do Drama Paulista. No livro de agora temos apenas uma aproximação do tema. O próprio autor o reconhece. Falta ali a terra. Faltam os rios andando, falta o sertão, a fazenda, as "entradas". Falta a visão dos fundadores das Baurus, das Marílias e Garças, falta o plantador de café que chorou com a geada de 1918 e a seguir viu toda a sua imensa obra desagregar-se ao assalto da broca e da valorização – o parasita natural e o artificial. Falta o paulista velho batido de cem raças novas, misto de peão e *chauffeur*, que em menino cavalgava pangarés, em moço pinoteava num fordinho de bigode e hoje debate-se para a contínua adaptação ao caleidoscopismo do momento nacional, ora verde, ora vermelho, ora azul, e sempre furta-cor. O paulista surrado, humilhado, com todos os calos pisados, mas sempre confiante na vitória final do clima, da altitude e do roxo-terra.

Será Flávio de Campos o esperado fixador do grande drama? Terá ânimo e vida para depois deste trabalho de "aproximação" arregaçar as mangas e intrepidamente amassar no barro magicamente vivo do seu estilo o monumento que todos reclamam e ninguém tem coragem de atacar – o Drama do Planalto de Asas Cortadas?

    Esperemos.

De São Paulo a Cuiabá

I

Até Santos Dumont o homem
viveu vida de verme, isto é, de animalzinho que se arrasta sobre a superfície da terra. Para tais seres o grande óbice é sempre a distância, que nós dividimos em pedacinhos denominados passos, metros, quilômetros, léguas ou milhas. O progredir humano tornou-se sinônimo de vencer a distância, como a própria palavra em seu sentido original latino o indica – *progredior*, ir para diante.

Nossa engenhosidade fez que fôssemos aperfeiçoando os nossos meios de combate à distância – e surgiu a canoa, o cavalo, o carro, o trenó, o trem e por fim o automóvel, esse besourinho de ferro que "bebe a distância".

A medida mais elementar da distância foi naturalmente o passo, porque era a passos que o homem vencia a distância. A milha dos romanos: mil passos, simples múltiplo do passo, como o quilômetro o é do metro. Com as invenções que trocaram o andar a passo pelo deslizar da canoa ou do trenó pelo trotar do cavalo, pelo rodar do carro ou do trem, pelo chispar do automóvel, fomos insensivelmente mudando o termo de medida da distância: em vez do termo-espaço já usamos hoje o termo-tempo. Ninguém mais pergunta quantas léguas há de São Paulo ao Rio, e sim em quantas horas se vai.

Se tomarmos ao acaso cem pessoas, noventa saberão que a distância entre Rio e São Paulo é de doze horas, e talvez nem todas as dez restantes saibam a distância em léguas ou quilômetros. Eu, por exemplo, não sei – nem quero saber. A hora como medida de distância subentende-se como aplicada ao veículo mais empregado no vencer o percurso. Como entre o Rio e São Paulo é o trem, a distância marcada em horas se relaciona ao trem. No dia em que o transporte por automóveis suplantar o transporte por trem, a medida-hora se relacionará ao automóvel.

O que mais impressiona a quem chega a Cuiabá é ouvir constantemente falar em léguas, uma medida que em São Paulo já está entrando em desuso. E como há léguas por lá! Aqueles homens falam em cem léguas, em duzentas léguas sem a menor consideração para com os visitantes, esquecidos de que quem procede de zona onde a medida de distância é a hora, falar em légua é dar facadas no coração. A légua sugere imediatamente um cavalo magro e lerdo, uma estrada buraquenta ou lamacenta, um sol de rachar, um deserto em torno, mutucas, vascolejamentos de todas as vísceras, sede e fome, medo às chuvaradas – todas essas coisas lá dos bandeirantes, não do homem moderno que mede a distância em termos de tempo. E o problema do imenso estado de Mato Grosso se torna imediatamente claro: matar todas aquelas léguas, destruir as serpentes-léguas que se enroscam na perna dos homens.

De uma cidade a outra, por exemplo, há cem léguas; quer dizer que há cem serpentes que o viajante tem de ir matando uma a uma até á derradeira. Ora, o trabalho é imenso. O viajante chega derreado, com o coranchim a arder, reclamando a berros semicúpios de salmoura. E o trágico é que as serpentes-léguas que ele matou renascem todas, logo que trata de voltar. Nova trabalheira de Hércules, nova matança das cem léguas. E, pois, como há de progredir uma terra onde o homem se vê forçado a consumir o melhor das suas energias físicas na matança de serpentes que perpetuamente renascem?

O problema de Mato Grosso se torna claríssimo: petróleo. Só o petróleo vence a légua. Que é uma légua para um automóvel em boa estrada? Três minutos. Que é uma légua para o avião? Um segundo. Aqueles heroicos patrícios de Cuiabá apenas montam guarda ao território, sitiados que se acham por milhões e milhões de léguas. Há dois séculos resistem nos redutos brotados dos acampamentos de garimpagem estabelecidos pelos bandeirantes, à espera de um milagre qualquer. Esse milagre só poderá vir sob forma de petróleo – o Flit que mata as léguas.

O homem deixou de temer a légua a partir do momento em que deixou de arrastar-se sobre a superfície, à moda dos vermes. Santos Dumont deu-lhe asas, ensinando-o a voar como já o faziam as aves e os insetos. E sua mentalidade, até então subordinada à condição de verme rastejante, dilatou-se furiosamente. Seu raio visual, grande quando olhava para cima, pois chegava até às remotíssimas estrelas, era dos mais curtos quando dirigido horizontalmente ou para baixo. Um simples grupo de árvores bastava para limitá-la; e para ver alguma coisa de cima para baixo tinha de trepar ao pico de uma montanha.

A aviação veio mudar tudo. Podemos ver para baixo num raio de alcance só limitado pela esfericidade da Terra. E desse modo nos equiparamos ao condor dos Andes – oticamente...

Quem voa no bojo dum condor de alumínio movido a petróleo vê aspectos muito diferentes dos que apreendemos na leitura de livros ou por informação verbal da gente que se arrasta lá embaixo. Vale a pena, portanto, passar em revista as reações mentais dum estreante do percurso aéreo São Paulo-Cuiabá.

Em primeiro lugar, vemos tudo miniaturescamente. Não há montanhas, nem rios, nem cidades, nem rodovias como as conhecemos na nossa habitual visualização de vermes reptantes. O que há é um tapete sem-fim de verdura, tecido de pequeninas malhas redondas: a copa das árvores; com intervalos de tela nua: os campos; com delgadíssimas tênias torcicolantes: os rios; com um emaranhado de minúsculos riscos vermelhos: estradas, caminhos ou trilhas. A espaços, em meio da verdura tapetante, uns quadradinhos de "estrago", como nos velhos tapetes de sala o esfiapamento que entremostra a tela básica: as fazendas ou sítios, com suas colônias e roças.

A natureza criou o tapete sem-fim que recobre a superfície da terra. Dentro da pelagem desse tapete vivem todos os animais, respeitosamente. Nenhum o estraga, nenhum o rói, exceto o homem. Ah, que terrível estragador do tapete é o homem! Que traça daninha!

Agora, uma cidade. Só aquilo? Que coisinhas de presepe são as nossas cidades do interior! Aglomerados de minúsculos retângulos de cor suja (os telhados) apensos aos retângulos dos quintais, divididos entre si geometricamente pelas estreitíssimas faixas das ruas. Lá está um retângulo maior: a praça da matriz, ex-praça João Pessoa, com certeza. E outro de verde uniforme: o campo de futebol. Só isso – e mais as cobrinhas-corais das estradas que de todos os pontos do quadrante vão absorver-se nela.

Gente, nenhuma. O micróbio-homem não é perceptível de mil metros de altura. E ficamos a pensar que sob aqueles pequeníssimos retângulos vivem famílias desses micróbios, machos e fêmeas, uns capitalistas, outros comunistas. E que se amam, e que brigam, e que se reproduzem, e que discutem política e se odeiam, porque um que é PC se julga muito menos micróbio que outro que é PRP. Coitadinho do homem!

Mas a cidade passa. Continua o tapete verde, sempre com os estragos microbianos. Agora, dois pauzinhos, como filamentos de capim, sobre uma faixa sinuosa cor café com leite: a ponte do Jupiá, no rio Paraná, que liga o pedaço de tapete pertencente a São Paulo ao pedaço pertencente a Mato Grosso.

Entre os riscos vermelhos há um mais insistente que os outros. Não acaba nas cidades. Passa por elas e continua. Que risco é esse tão uniforme e mais calcadinho? A Noroeste!... Uma estrada de ferro de penetração. Súbito, nossos olhos divisam a custo uma lesminha comprida, um mandrovazinho sobre o risco vermelho: é um trem, um comboio em marcha. Em marcha? Será acaso marcha aquele se arrastar imperceptível? Lá embaixo é...

São Paulo já ficou atrás. Na zona de Araçatuba, a última do estado líder, o estrago do tapete verde é intensíssimo – e estrago novo, em progresso rápido. Quer isto dizer, na linguagem dos micróbios, que há ali culturas novas, que a zona é rica e está próspera. A prosperidade do homem se resume em estragar o tapete natural, fazendo a terra produzir umas tantas coisas que os governos "protegem".

E que é o governo visto lá de cima? Visualmente nada, uma coisa que não existe. Só pela imaginação o sentimos. Uma entidade triforme – municipal, estadual e federal, que rói um pedacinho de cada estrago que o bípede faz no tapete verde: rói o café, rói o algodão, rói o milho – rói, rói, rói... Rói até uns caixõezinhos de tábuas, montados sobre duas rodas, chamados carroças, aos quais o bípede atrela um animal de nome burro, para transportar coisas dum ponto para outro. Cada um daqueles microscópicos caixõezinhos sobre rodas traz sobre si uma plaquinha de esmalte com um número – sinal de aferimento, isto é, de que chega até ali o rói-rói do governo.

Mato Grosso, enfim! Cessam os estragos na verdura do tapete. O tapetamento está como a natureza o fez – dum verde contínuo, plano, sem riscos fora o da Noroeste. O tapete verde parece não ter fim. Súbito, um estraguinho: a cidade de Três Lagoas – e de fato surgem as três lagoas que deram nome à localidade, as primeiras das inúmeras que iremos ver adiante.

O condor de alumínio desce para a sua refeição de escala. Não come nada, porém; apenas bebe. Bebe umas tantas latas dum líquido que Rockefeller nos vende. Enchido o papo-tanque, a hélice regira. O condor novamente levanta voo.

O tapete mudou de aspecto. A urdidura é outra. Padrão novo. Começam a aparecer os rios-verdes. Que é isso? Refranzimos a testa – sinal de esforço para compreender. Perguntá-lo a algum companheiro de viagem, inútil. Quem voa não fala, porque não é ouvido. Só fala nos aviões o motor azoante. Temos que recorrer à indução, à dedução, à ilação, a toda a tralha da mecânica cerebral – e por fim a inteligência nos explica o fenômeno. Aqueles rios-verdes são águas mortas, paradas, ou então que correm com velocidade imperceptível até para as plantas aquáticas que lhes revestem a superfície dum forro contínuo, dum tom verde mais claro e fosco do que o tom geral do tapete infinito. Esses rios-verdes seguem em manso colear pelo tapetamento afora, muito mais largos que os rios de água corrente, e com um cordão verde escuro a marcar o eixo do *thalweg*.

Curioso o fenômeno desses cordões. A região é de campo com vestimenta muito rasteira. As árvores só se desenvolvem no eixo dos rios-verdes, em linha contínua prolongada em coleios por grandes extensões. Não há viajante que não sinta vontade de descer para verificar como é aquilo realmente.

Mas o condor que voava a mil metros começa a descer. Nossos tímpanos avisam-nos disso. A natureza não previu os condores de alumínio, de modo que nossos pobres tímpanos se veem seriamente atrapalhados com as mudanças bruscas da pressão atmosférica. Mas lá se arranjam, com as engulidelas em seco que o instinto nos sugere. Adaptam-se.

Desce o condor. Parece que vai roçar a copa das árvores. O campo de aterrissagem está à vista. A ave pousa. Cessa de roncar.

Campo Grande. A futura São Paulo de Mato Grosso fica a dois minutos dali – minutos-auto. Todos descem. Novas engulidelas em seco. Olhares agradecidos ao Lins, o piloto seguro que nos depôs em terra intactos, apenas um tanto azoados.

O condor dormirá ali para a continuação do voo no dia seguinte. E vamos ver Campo Grande.

II

Em Três Lagoas o condor de alumínio pousa apenas para tomar o seu mata-bicho de gasolina, de modo que Campo Grande é a primeira cidade mato-grossense que vamos ver com algum vagar. Ponto de pouso. O avião entra no seu galinheiro e os viajantes seguem para o hotel.

Começam as surpresas. Naquela distância de São Paulo, e depois de atravessada uma zona extensíssima de campos e florestas sem quase nenhum vestígio humano, a gente imagina o que será o tal Campo Grande: casebres de palha, igrejinha duma torre só, rua João Pessoa, tabaréus de chapelão e faca à cinta, caras lampionescas, rastos de onça-pintada pelas ruas barrentas. Como chefe político ou prefeito, um tremendo coronel barbudo, tataraneto dum não menos, tremendo bandeirante, desses que andam com as caras nos selos e bônus.

Todas essas expectativas falham, com exceção de uma: a clássica, inevitável, a idiotíssima rua João Pessoa. É esse o único rasto de onça que há lá – a onça do Sul que subiu dos seus pagos para outubrizar o Brasil, criando a beleza que sabemos. Em tudo o mais só transparece o pau-rodado. O estrangeiro, o novato que vem de outras zonas, em Mato Grosso é pau-rodado.

O maior elemento de progresso num país como o nosso é exatamente o pau-rodado, pois traz consigo uma mentalidade nova e um saco de ambições. São Paulo é o que é por ser um atracadouro do pau-rodado universal. Nova York é o maior centro de pau-rodado do mundo inteiro. Campo Grande é também toda ela pau-rodado.

Não há raça, não há gente deste ou daquele país, deste ou daquele estado, que não seja vista por lá. Italianos, sírios, japoneses, russos, cearenses, cuiabanos. E o parigato é do bom. Vale quem pode mais, quem sabe agir, vencer. Nada embaraça a seleção da competência, ou do mais apto, como quer Spencer. Campo Grande surpreende e força a ejeção de adjetivos sinceríssimos. Porque aquilo não é cidade de fim de civilização, de beira-sertão, como o viajante logicamente é levado a supor. É cidade de começo de civilização, é a coisa mais reconfortadora que em tais alturas alguém possa esperar.

Um município de área enorme – 35.500 quilômetros quadrados. Um pouco menos que o estado do Sergipe, um pouco mais que a Holanda. Mas a Holanda tem oito milhões de habitantes, o município de Campo Grande só tem 54 mil. A cidade, 24 mil.

Mas o melhor de Campo Grande não é o que Campo Grande já é e sim o que promete ser. Reúnem-se nela todas as condições favoráveis para uma das grandes futuras cidades do Brasil. Subirá a cinquenta mil, a cem mil, a duzentos mil habitantes – e parece que o urbanista que lhe traçou as ruas e praças teve perfeita consciência disso. Tudo em Campo Grande é grande, espaçoso, arejado.

As ruas da mor parte das cidades brasileiras pecam por demasiado estreitas. Parece que os seus fundadores não tinham a menor noção da área territorial do país, e com medo que o espaço tomado pelas ruas viesse fazer falta aos campos, traçaram-nas extremamente estreitas. Em muitas ruas de Campinas o ator Chaby teria de andar de lado, como os caranguejos. Nas primeiras ruas abertas no Rio de Janeiro, como a Dom Manuel, um boi gordo não passa.

Campo Grande discrepa. Tem todas as ruas larguíssimas. Todas! Tão largas que os *chauffeurs* estão esquecendo as manobras da marcha a ré. Como para darem volta ao carro basta uma graciosa curva em qualquer ponto da cidade em que estejam, não existe lá marcha a ré, o tal vai para a frente, desterça, vem para trás, desterça, essa coisa incomodíssima, com frequentes trombadas e encrencas.

O viajante nota aquilo e pergunta:

– Quem foi a abençoada criatura que traçou esta cidade?

Ao informarem-me disso, deram-me um nome, que infelizmente minha má memória não guardou. Um engenheiro militar, suponho. Traçou tudo com visão bem ampla do futuro. Praças magníficas, ruas ultralargas, passeios de três metros; e ainda ergueu alguns monumentos.

O órgão local chama-se *Folha da Serra*. Por que *Folha da Serra*? Ahn! Trata-se da Serra do Maracaju, a única existente na zona, para lá de Aquidauana. No dia seguinte bem cedo o condor de alumínio nos engoliu de novo e de novo nos ergueu nos ares. Pudemos então ver a Serra do Maracaju, em grande parte apenas ruínas de serra, com o seu muramento, ou o seu pregueamento original já intensamente corroído pela erosão.

Meu Deus! Como o condor insignificantiza tudo! Até a pobre Serra do Maracaju, que devia ser uma barreira terrível para o bandeirante, lá de cima nos aparece um zero, um nada, uma dunazinha insignificante.

Transpomo-la em segundos – e recomeça a infinita planura rasa, de campo com entremeios de capões arbóreos. Na zona do rio Negro o aspecto muda. Surgem lagoas. Lagoas de não acabar mais – lagoas, baías e coxipós. Vistas de cima as lagoas lembram aqueles olhos da ágata polida, com orladuras equidistantes em torno. São orladas de praias branquinhas; outras não mostram o menor sinal de praia.

– Por que isso? – indagamos.

Vem a explicação. As lagoas com praias são as de água salgada; as sem praia, as de água doce. A intensa impregnação salina das margens impede nas primeiras o surto de qualquer vegetação – e formam-se praias como a beira-mar. Rondon contou na zona 170 lagoas grandes, 95 das quais salgadas. Essa região é uma das mais indiciosas de petróleo. Em seu livro sobre radiestesia, o padre francês Bourdoux, que foi durante anos missionário em Mato Grosso, diz o seguinte.

"Atravessando o Brasil em toda a sua largura, do Rio às fronteiras da Bolívia, notei manchas estéreis no meio de ricas pastagens. Tirei do bolso meu pêndulo e às ocultas dos companheiros procurei investigar a causa daquelas manchas de esterilidade. A resposta foi: petróleo." A viagem aérea por sobre a zona das lagoas é inesquecível. Lembra um jardim imenso, de canteiros arbóreos alternando com peluses e todo agatizado de lagoas, umas bem redondas, outras ao comprido. Por sobre elas pairam garças alvíssimas, aos bandos de centenas, e em certos pontos, de milhares.

A visibilidade das garças é enorme. São perfeitamente vistas até de três mil metros, distância em que um boi só se torna perceptível para os viajantes de olho de lince, e uma figurinha humana, nem para os do próprio lince.

O estranho avejão de alumínio que passa a roncar no céu as assusta. Revoam, lindas, dando a impressão de fragmentos de mica em rebrilho sobre a imprimadura lisa das lagoas.

Pantanal! Pantanal! Pantanal! Será que não tem fim aquele pantanal? De tudo quanto vemos de cima, a coisa única que a distância não apequena é o pantanal. Serras e rios, cidades e fazendas ficam insignificâncias – mas o pantanal impõe-se como terrivelmente grande.

O pantanal não chega ao fim por mais que o condor devore quilômetros a 270 por hora. E se o viajante corre os olhos pelo mapa da América do Sul, verá, assustado, que o pantanal se prolonga indefinidamente, embora mudando de nome, até às serras do sistema Parima, nas fronteiras venezuelanas. Que é toda a Amazônia senão um pantanal?

Faltou o Humboldt que estudasse essa curiosíssima região do globo. Não temos nenhuma visão do conjunto, nenhuma filosofia do centro da América do Sul. Os sábios que por lá andaram perderam-se em detalhes. A teoria do extinto mar do Xaraés está a pedir formulador de gênio. Euclides da Cunha seria capaz de nos visualizar aquilo, mas o próprio Euclides se deteve na beiradinha norte.

Hoje a região imensa é um deserto que ainda desafia a fraqueza do homem. Mas tudo parece mostrar que aquele deserto verde está sobre um mar de petróleo. O ouro aluvial existente por cima da terra atraiu os primeiros povoadores. A extração da borracha, em seguida, prosseguiu na obra de devassamento e povoamento. Coisinhas mínimas. Insignificâncias. Para vencer aquele mundo, só uma força ingente, só a maior de todas – o petróleo.

Mas petróleo tirado de lá – não comprado fora.

III

De Aquidauana a Corumbá são 270 quilômetros em linha reta. Uma minhoca fará esse percurso em anos, se se mover sem parar e não for engolida em caminho por alguma garça. Um homem a pé, se tiver sangue de bugre e nada de calos, o fará em quinze dias. A cavalo esse mesmo homem fará o percurso em uma semana; e em automóvel numas seis horas.

Tudo isso, porém, teoricamente. Na prática a façanha varia muito, pois depende da veneta das estações. Será uma coisa na estação da seca e coisa muito diversa na das águas. Hoje o percurso regular se faz de trem até Porto Esperança, e daí a Corumbá em lancha ou gaiolas que sobem o rio. A pobre da Noroeste perdeu o fôlego em Porto Esperança, dois terços do caminho a Corumbá.

Dadas as peculiaridades do terreno, esses 270 quilômetros constituem um pedaço. Mas para o condor de alumínio não passa de isca. Estirão para uma hora de voo apenas. Uma hora!

Milagres do petróleo. Graças a ele a ave metálica deixa as asperezas do chão e sobe à magnífica estrada gasosa da atmosfera. Nessa estrada, feita de azoto e oxigênio, com pitadinhas de dióxido de carbono, hélio, néon, crípton, xênon e outros ingredientes que respiramos mas só conhecemos de nome, não há pó nem lama. Tudo muito diferente das estradinhas dos vermes lá embaixo, feitas de sólidos, líquidos e semilíquidos – chão seco, lameirões e atoleiros, com pitadas de pontilhões esburacados, porteiras e mais inventos dos seres que se arrastam.

Pobres vermes! Como se condoem deles os que viajam em papo de condor... e como os invejam quando sobrevêm o enjoo e a incoercível ânsia de vômito!

Nossos olhos se repastam no mapa da terra visto de dois mil metros de altura. Uma das sensações do voar é que a terra deixa de ser o que é – passa a mapa – um mapa da natureza, não do Castiglioni. E sempre o mesmo desenho pantanalesco, naquele pedaço entre Aquidauana e Corumbá: capões de arvoredo intervalados de campos e alagadiços.

Vai pelo pantanal uma luta silenciosa de milhares ou milhões de anos, entre a água e a terra firme. Tudo aquilo já foi água contínua e permanente, com a só interrupção das espacejadas serras, que figurariam como ilhas. A erosão foi desmontando as serras e com o aterro elevando o nível da planura inundada. Ilhas pequenas e rasas foram emergindo – ilhas periódicas, que na estação das chuvas ficavam cobertas de água. Entrementes os leves declives deram formação aos rios e riachos, de leitos cada vez mais profundos e de maior capacidade de vazão.

A obra de drenagem está em andamento. Mas os drenos dos rios só atendem ao escoamento das águas nas estações de seca. Nas chuvosas ainda se mostram insuficientes – e tudo se inunda. A tendência da natureza, porém, é transformar aquilo que foi água contínua, e hoje é pantanal, em terra firme e seca.

Completará o homem, algum dia, esse trabalho da natureza? Fará no pantanal obra semelhante à que os dinamarqueses e holandeses fizeram nos brejos que hoje constituem os territórios sólidos desses extraordinários países? Talvez o petróleo, a riqueza do petróleo, em futuro ainda bem distante, quando Mato Grosso se tornar o abastecedor dos Estados Unidos já esgotados, venha a realizar a obra gigantesca da drenagem do pantanal – o maior feito da engenharia humana. A drenagem do pantanal! A transformação do fundo do Xaraés numa pradaria holandesa!

Se quanto a essa drenagem o petróleo apenas nos permite que sonhemos, uma coisa já ele nos permite realizar: ver o pantanal em toda a sua desmesurada extensão, reduzido a um mapa vivo que não cessa de desdobrar-se verticalmente aos nossos olhos. Antes dos condores ninguém tinha visto o pantanal senão de escorço e num raio extremamente curto. Visão de verme.

É sempre uma terra negra, com bordadura verde-cana nos campos, verde mais branquicento nos alagadiços, e verde carregado nas partes já revestidas de vegetação arbórea. De longe em longe, uns punhadinhos de quirera – as boiadas. Os bois gostam de ruminar juntos, em rebanhos de centenas, nos pontos de terra mais firme. Quedam-se imóveis, filosofando. Sobre quê? Evidentemente sobre a cotação da carne frigorificada, do charque, dos couros crus.

Mas uma hora no ar passa mais depressa do que uma hora na superfície da crosta, tanto nos leva aos olhos maravilhados o mapa natural.

Súbito, uma mudança topográfica nos chama a atenção. Coisa lá longe. Um longe que em segundos fica perto. Uma cidade. Corumbá! A terra passa de preta a branca. A zona ali é calcária.

O avião aterrissa. Vai haver mudança de aparelho. Do condor terrestre que nos trouxe temos de passar para um anfíbio, que vemos quietamente pousado sobre as águas espelhantes do rio Paraguai. Um jacaré voador.

A demora é de quarenta minutos, mas a brasilidade nos vai impedir de conhecer a praça. Avisam-nos de que é necessário tirar um passaporte, salvo-conduto ou coisa assim.

– Por quê?

– Porque é fronteira – responde um soldado.

Quem desce das alturas vem zaranza e incapacitado de compreender de pronto o modo de raciocinar dos bichos terrestres. Fronteira? Mas há então fronteiras entre os municípios de Corumbá e Cuiabá?

Com os ouvidos ainda azoados pomo-nos a refletir enquanto o auto nos leva ao quartel dos passaportes. Um refletir tonto, aéreo. "Estado de Guerra..." Quem sabe se a guerra que determina esse estado da dita é alguma luta com a Bolívia, que graças à censura o resto do país ignora? E quem sabe se a Bolívia conquistou o município de Cuiabá e traçou as tais fronteiras referidas pelo soldado?

Tudo é possível em nosso abençoado país, de modo que sem mais indagações nos submetemos – e ainda porque sem passaporte seria impossível prosseguir viagem.

Após um vai e vem de meia hora, conseguido o salvo-conduto, tocamos na volada para o porto. O condor anfíbio já roncava. Por esse motivo só vimos da cidade de Corumbá a rua calcária que leva do porto ao quartel. Impossibilitados de colher informações, tornamo-nos terrivelmente apreensivos. Pobre Corumbá! Nas mãos dos bolivianos! Conquistada! Com fronteiras novas estabelecidas pelo invasor cruel! Obrigada a essa exigência de passaportes que tanto amofina quem passa dum país para outro! Mas como uma coisa dessas, gravíssima, se passava em tamanho silêncio, sem que o resto do país o soubesse?

Seja o que Deus quiser, suspiramos – e surdos pelo barulho do motor fomos erguidos para a estrada gasosa. Recomeça o pantanal. A mesma terra negra e chata, as mesmas manchas de verdura de vários tons. De quando em longe, a mesma quirerinha de bois filosofantes.

– Para onde vamos agora? – surge a pergunta.

E vem uma resposta assustadora:

– Para Porto Jofre.

Jofre, Foch, passaporte tirado no quartel, estado de guerra... Nossa suspeita de que o vizinho município de Cuiabá estava em poder dos bolivianos se acentua. Por sugestão sentimos no ar um cheiro de pólvora.

Após menos de hora de voo o condor começa a descer. Pousa na água serenamente. Porto Jofre, sim, mas nada de canhões ou guarnições militares. É apenas um posto de gasolina perdido no imenso deserto. Sobre a barranca do rio, uma bela casa de fazenda, rodeada de pomares com velhas mangueiras. Enquanto o anfíbio bebe latas e mais latas de gasolina saltamos todos para o desentorpecimento dos músculos. – Há muito jacaré e piranha por aqui – diz um malvado.

Ui! Nossos olhos ávidos esmiuçam os guapés sobrenadantes naquelas águas, em procura duma cabeça de jacaré ou duma dentuça de piranha. Infelizmente não vemos nada. Essas brasilidades são arredias e medrosas. Fogem ao ronco do condor de alumínio. Em vez de cabeça de sáurio aparece-nos uma bandeja de café. Que maravilha, um café fumegante naquele fim de mundo, à beira de guapés com jacarés! E surge o dono da fazenda, Otávio da Costa Marques, que nos leva para dentro da casa linda porque o sol está tirânico.

Não há delícia maior que esses imprevistos encontros de gente amiga na solidão dos desertos. Aquele homem ali, com sua fazenda, era um contato com a civilização – com o mundo paulista que deixamos lá atrás, lá longe, lá terrivelmente longe. A vontade nossa é de que o anfíbio adira à brasilidade do desamor ao tempo e não tenha pressa, e se deixe ficar dormitando nos guapés por duas, três horas, até que a conversa encetada com Costa Marques chegue ao fim. Tanta coisa interessante começara ele a dizer...

Mas na cabeça do condor há um cérebro chamado Lins, que é implacável. O relógio que tem no pulso, de vidro grosso, não se brasiliza. Lins manda:

– Embarcar!

E lá atropelamos as palavras com que nos despedimos do fazendeiro de ilustre cepa, homem de cultura fina que em Porto Jofre mantém sua fazenda como um posto da civilização no deserto.

O motor ronca. Os jacarés no fundo d'água enfiam as cabeças no lodo. O condor desliza, ganha impulso, ergue o voo novamente...

O rio embaixo vai se apequenando à medida que subimos. É uma serpente sem-fim, de cor café com leite. Lado a lado, o pantanal de sempre, o eterno pantanal de Mato Grosso, a eterna terra preta, as eternas manchas arbóreas. E tudo reduzido a mapa – miudinho visto lá das nuvens para onde nos leva o Lins.

Maravilhoso homem, este Lins! A gente se enternece ante a sua bondade infinita. Uma criatura que pode despejar-nos no rio das piranhas e não o faz! Nunca lhe vem essa veneta...

Pantanal, pantanal, pantanal. Súbito, após uma hora de voo, as margens daquele afluente do Paraguai começam a mudar. Surgem casebres de pescadores. Pequeninas roças.

– Cuiabá?

– Sim.

Olhamos ansiosos para o aglomerado de casas já à vista. Nenhuma bandeira boliviana desfraldada ao vento. Suspiro geral de alívio. A capital de Mato Grosso ainda é nossa.

Que susto!...

IV

Que é Cuiabá? Um abscesso que se fixou. Um garimpo do século XVII que se cristalizou em cidade. Um galho da civilização litorânea que há 200 anos os paulistas fincaram a quinhentas léguas de São Paulo. Um marco já bicentenário do nosso *gold-rush*.

Pegar o que tem valor comercial e está *in natura* na superfície da terra constitui o primeiro impulso duma civilização – e esse pega-pega traz em seus inícios uma febre aguda. Quando a goma da seringueira começou a ter crescente aplicação industrial nos países civilizados, vimos aqui a febre da borracha. Os homens de espírito aventureiro corriam em massa para a Amazônia, na ânsia de ordenhar as vacas vegetais produtoras do látex coagulável.

O mesmo fenômeno se deu quando foram descobertos os sertões ricos de ouro aluvial ou diamantes. O sonho de todos os aventureiros tornou-se batear cascalho, garimpar. Peneirada a terra do ouro e do diamante fáceis, a febre arrefeceu. Com a desvalorização da nossa moeda-papel, a caça ao ouro está agora renascendo.

A moda feminina trouxe por certo tempo a febre da *aigrette*, uma certa pena que as garças trazem displicentemente na cauda e as mulheres elegantes queriam em suas cabeças de vento. A *aigrette* era vendida aos gramas, como o ouro – e nunca houve tamanha hecatombe de garças. Com a mudança da moda, a febre da *aigrette* passou.

No trecho do rio entre Corumbá e Cuiabá anda hoje uma febre de capivara. Há bom preço nos Estados Unidos para o couro da capivara, de modo que as margens desse rio, que sempre foram um viveiro de capivaras, estão sendo limpas desses pobres mamíferos. São mortos aos milheiros.

Nossos avós notabilizaram-se em duas febres desse tipo: a caça aos negros africanos, feita pelos negreiros, e a caça aos índios dos sertões, feita pelos bandeirantes. Dois negócios de grande vulto, dos maiores da época.

Quando Sancho Pança teve a promessa dum reino na África, sua primeira ideia foi vender os súditos – e esfregou as mãos no antegozo dos lucros maravilhosos. Os sertões do Brasil andavam cheios de índios. Caçá-los para vendê-los no litoral iria tornar-se o grande sonho dos aventureiros – e surgiu o bandeirantismo.

O bandeirantismo era negócio e esporte a um tempo; o esporte da caça com todas as suas emoções primitivistas e o negócio de enriquecer depressa. Animal de presa que é o homem, nada o seduz tanto quanto a caça seja de veados ou de gente. Perseguir uma criatura viva, matá-la, que delícia! Pegá-la viva no sertão para vendê-la no litoral, que negócio!

Nossos pobres avós bandeirantes viram-se privados do maior prazer do esporte cinegético, que é matar. Muito a contragosto tinham de limitar-se a aprisionar os índios. O espírito comercial impunha-lhes esse grande sacrifício.

Como já estivesse intensa a caça ao ouro, a qual exigia músculos escravos em doses crescentes, fornecer aos mineradores tais músculos passou a ser tão bom negócio como juntar ouro. De modo que enquanto uns ficavam fossando a terra, outros afundavam pelos sertões atrás dos índios.

Pires de Campos sai de São Paulo com sua gente, disposto a varar quantas léguas de sertão fossem necessárias para dar com uma boa aldeia de índios desprevenidos. Entra por água, a única estrada daqueles tempos. Entra pelo rio Cuiabá, sobe-o, e afinal encontra uma presa fácil: os coxiponés, tribo selvagem que nem as demais.

Os bandeirantes eram a Civilização. Os coxiponés, a barbárie. Por entre estrondos de trabucos a Civilização assalta a aldeia da barbárie e vai trucidando o que não pode capturar. E Pires de Campos volta gloriosamente com uma grande ponta de gado bípede manietado e já sob o regime do chicote. A Civilização de hoje faz isso na África com meios ainda mais civilizados – gases asfixiantes e aviões de bombardeio. E o caso é que civiliza. O selvagem ou resiste e morre, ou à força de chicote se adapta à sífilis, ao álcool, ao alfabeto e mais mimos da civilização.

Em caminho Pires de Campos cruza com outro bandeirante, Pascoal Moreira, também saído à caça de índio. Conversam. Pires conta de como lhe ocorreu a expedição e traça o roteiro. Há ainda lá os coxiponés que ele não conseguiu matar nem capturar. Com um pouco de habilidade Pascoal pode conseguir outra redada.

Separam-se. Pascoal segue o rumo indicado. Alcança o rio Coxipó, que sobe, margeando. Cruza outro rio a que dá o nome de do Peixe, em virtude da grande quantidade de peixe seco encontrada na margem. Como o peixe não sai da água de moto-próprio para secar-se em varais, o bandeirante conclui que chegara à zona dos índios visados.

Prossegue cauteloso no avanço. Mais um rio, o Motuca – e esbarra numa defesa. Avisados da presença da Civilização, os índios haviam erguido uma forte paliçada, detrás da qual rechaçam os assaltantes.

Mas enquanto os trabucos troam e as flechas assobiam, um homem da bandeira lembra-se de examinar o cascalho do Coxipó. Bateia-o em seu prato de ferro estanhado – e arregala o olho. Granetes amarelos! Ouro!

Naquele momento a cidade de Cuiabá nascia. A descoberta do ouro mudou imediatamente os objetivos da bandeira. Pascoal desiste de caçar índios para catar ouro. O índio estava duro de roer e o ouro, facílimo. Ninguém mais pensou noutra coisa.

A nova da descoberta corre mundo. Chega a São Paulo, a Minas, ao Rio. E como fosse notícia de polpa, toda gente começa a sonhar com a sorte grande. Ir a Cuiabá era voltar magnata. Cuiabá! Cuiabá! Cuiabá! Essa palavra nova encheu o orbe.

Quem duvidar que a fama de Cuiabá tenha enchido o orbe, consulte as *Crônicas* de Barbosa de Sá. Diz ele: "Foi uma trombeta que chegou ao fim do orbe, soando a fama de Cuiabá por todo o brasílico hemisfério até Portugal, e ainda pelos reinos estranhos, tanto que chegaram a dizer que no Cuiabá se serviam de granetes de ouro em vez de chumbo nas espingardas de caçar veado, e que eram de ouro as pedras em que nos fogões se punham a cozer as panelas".

Esboça-se no Coxipó o arraial de São Gonçalo. Plantam-se roças por ali. Organiza-se a defesa contra os coxiponés. Nisto corre a notícia da mina de Miguel Sutil, um sorocabano – a maior ninhada de pepitas de ouro ainda descoberta no Brasil. Ouro de juntar aos punhados. No primeiro dia esse homem de sorte recolheu meia arroba.

O primitivo arraial é abandonado. Todos correm para a zona do Sutil. A cidade de Cuiabá começa a germinar. Acode gente de longe. Improvisam-se acomodações toscas. Ranchos de palha são vendidos a 400, 500 oitavas de ouro; se possuem mais alguns cômodos, alcançam o preço de 700 oitavas. Tendo a oitava quatro gramas, há aqui dois quilos e oitocentos gramas de ouro por um rancho de palha, ou seja, 50 contos em nossa moeda outubrista.

Esses abscessos formados pela febre do ouro têm um curso fatal. Em todos acontecem as mesmas coisas. Há notáveis pontos de encontro entre as tragédias do Klondike e as de Cuiabá. Jack London e Barbosa de Sá encontram-se.

O atropelo do povoamento se faz cada vez mais intenso. Sobrevêm calamidades. Doenças, comboios de víveres que se atrasam, com a mercadoria apodrecida pelo caminho. Carestia. Escassez de tudo. Milho pela hora da morte. Por quatro alqueires de milho dava-se um negro. Maleita. Opilação. O sal por preço fantástico. Um frasco de sal chegou a valer meia libra de ouro – ou 9 contos de hoje. Crianças ficavam sem batismo. Onde o sal?

As primeiras plantações foram um desastre. O milho das roças, logo que semeado os ratos o comiam, diz Barbosa de Sá; e as sementes que escapavam dos ratos e germinavam não escapavam aos gafanhotos; e o que escapava do gafanhoto vinha com espigas falhas, só sabugo – e algum grão que aparecesse, a passarinhada o levava.

Sobrevieram ratos às legiões. Nada, nem as roupas lhes escapavam ao rói-rói. E aquela gente em desespero entrou a parodiar Ricardo III da Inglaterra: "Meu reino por um gato!".

Surgiu por fim um casal de gatos, instantaneamente vendido por 1 libra de ouro – ou seja, 18 contos de agora. Que excelente negócio fez quem os comprou! A criação de gatinhos virou mina. Quantos vinham ao mundo eram vendidos a 2 contos por cabeça. Por fim foi tanto gato que já ninguém os queria nem de graça. A eterna lei da oferta e da procura.

Por mal de pecados desabou sobre a incipiente Cuiabá o inferno, sob forma do Fisco português. Surge Dom Rodrigo Cesar de Meneses, com 308 canoas e três mil homens, entre negros escravos e brancos. Era o fim de tudo. Portugal vinha reabilitar os ratos, a maleita, os gafanhotos, a opilação. O Fisco! E a pobre Cuiabá entrou a morrer.

Os ranchos caíram do valor de 500 oitavas para 50; roças de milho que valiam 4 mil oitavas, ou 300 contos, passaram a valer 7 contos – e por fim foram abandonadas. Dom Rodrigo abrira a boceta de Pandora.

"Tudo era morrer, gemer e chorar", diz Barbosa de Sá. Mas um dia as águas que trouxeram a calamidade levaram-na de novo – e Cuiabá respira. "Tudo melhorou", diz Barbosa; "cessaram as excomunhões, execuções, lágrimas e gemidos, pragas, fome, enredos e mecelanias, apareceu logo o ouro, produziram os mantimentos, melhoraram os enfermos."

Este depoimento mostra que se a civilização inventou os gases asfixiantes, os lança-chamas e a metralha, o Fisco português se antecipou com a câmara de horrores do Fisco. Era coisa que, como diz o cronista, fazia piorarem os doentes, não produzirem as roças, esconder-se o ouro, espirrarem dos olhos lágrimas, virem gemidos das gargantas, amiudarem-se execuções, pululem excomunhões – e, por cima de tudo, semearem-se enredos e "mecelanias" – que não sei o que é.

Paulo Setúbal já contou a história do ouro de Cuiabá. Havia de fato muito metal amarelo aflorante, e o que foi feito de peneiramento naqueles cascalhos assombra o homem de hoje. Graças ao negro escravo, a cascalheira foi lavada e catada numa área enorme. O que lá ficou foi apenas o ouro difícil, incrustado nos blocos de quartzo. O fácil saiu todo.

Por toda parte, ainda hoje, vê-se o solo revolvido, com amontoamentos de cascalho e regos abertos, lembrando as zonas de França logo depois dos tremendos bombardeios da Grande Guerra. E ficou a aridez, o deserto. Que triste o destino das terras que têm a desgraça de revelar ouro!

E para onde foram os milhares de arrobas do ouro cuiabano? Desenterrou-se de lá para enterrar-se em outros pontos muito longe de nós. Está no fundo das caixas-fortes dos bancos da Inglaterra e da Wall Street. A vida do ouro é essa: desenterrar-se com imenso esforço humano em um ponto para enterrar-se sem esforço nenhum em outro. Salva-se desse enterro só a pequena parte que sob forma de joias vai enfeitar o pulso, o dedo e o colo das mulheres, e também barrear de amarelo os dentes das pessoas de má calcificação orgânica.

As indústrias filhas do carbono e do ferro têm sobre o ouro a mesma atuação do ímã sobre a limalha. Os países produtores do ferro donde sai a máquina, e do carbono donde sai a energia que move a máquina, veem correr para si todo o ouro do mundo. Os milhares de arrobas extraídas de Cuiabá dormem nos cofres dos manipuladores do ferro e do carbono. Está na Inglaterra, na França, nos Estados Unidos, na Holanda – essa grande acionista da Royal Dutch.

O Brasil, produtor do ouro, reteve para si os buracos abertos no chão cascalhento. E lá naqueles fundões mato-grossenses ainda vegeta, como memória do feito, uma cidade pensativa, toda saudades e resignação – a veneranda Cuiabá.

A bateagem da zona aurífera exigiu o trabalho sem descanso, o suor, o sangue, a vida de dezesseis mil escravos negros. Graças ao sacrifício dessa pobre carne dolorosa, os depósitos da Wall Street regurgitam com uma boa contribuição nossa – e bem guardada. Se queremos tirar de lá um grama do ouro cuiabano, temos de dar em troca uma arroba de café, quase.

O bom-bocado não é para quem o faz, sim para quem o come. O mundo é dos que manejam o ferro e o carbono. Se em vez de ouro Cuiabá houvesse explorado suas jazidas de petróleo e ferro, o ouro de lá extraído estava lá mesmo, e ainda muito ouro de outras terras; e aquela imensa região estaria transformada num intensíssimo e povoadíssimo centro de civilização. Portugal jamais percebeu isso, e nós, seus digníssimos filhos, vamos pelo mesmo caminho.

O ouro esteriliza. Só o ferro e o carbono fecundam.

Quem reflete sobre a tremenda quantidade de ouro, milhares e milhares de arrobas, tiradas de Cuiabá, espanta-se do pouco dessa riqueza que ficou no local. Toda ela emigrou. Não havia a ideia de permanência. Tudo eram acampamentos provisórios, coisa de juntar a nata de ouro fácil que as chuvas agrumam à superfície da terra e abalar.

Não houve povoamento sistemático em Mato Grosso, à moda de São Paulo. Houve correria atrás do ouro, apenas.

Rush. Saque da terra. Consequência: o despovoamento. Um estado de milhão e meio de quilômetros quadrados com uma população que cabe toda no bairro do Brás positivamente não está povoado.

Ao saqueador só interessa o ouro aluvial: daí o nomadismo da mineração. Nessa corrida iam ficando para trás pequenos núcleos humanos. Desses núcleos nasceram as pequenas cidades contemplativas do norte mato-grossense – arraiais que não tiveram ânimo de levantar acampamento e por lá se deixaram ficar.

O maior desses núcleos virou a cidade de Cuiabá, um posto da civilização perdida no deserto imenso. Ficou parada, a crescer vegetativamente e à espera... De quê? Até bem pouco tempo nenhum cuiabano o saberia dizer. À espera de qualquer coisa. Dum imprevisto. Dum milagre. Por que esse milagre esperado há dois séculos não há de ser o petróleo?

A distância faz de Cuiabá uma ilha de urbanismo no pantanal sem-fim. De todos os lados, a mesma barragem implacável das léguas. Léguas e mais léguas. Só léguas. Sempre léguas. Tudo léguas. Léguas às centenas.

Na realidade só existe um problema em Cuiabá: a Légua, essa inimiga do homem que só pode ser vencida pela Velocidade. Não obstante, em matéria de velocidade, o homem em Mato Grosso permaneceu até anos atrás na mesma situação de inferioridade dos primitivos povoadores. Contavam só com os mais rudimentares meios de vencer a distância – as pernas, o cavalo e o rio. Ora, não foi com as pernas, nem com o cavalo, nem com os rios que o homem moderno matou a légua como quem mata uma cobra. Foi com a máquina a vapor e é hoje com o motor de explosão.

A tentativa de ligar Cuiabá ao mundo por meio da velocidade que a máquina a vapor desenvolve falhou. A Noroeste não teve fôlego para lançar seus trilhos além de Porto Esperança. E Cuiabá ficaria condenada a outros dois séculos de isolamento, se não entrasse em cena a maravilha que é o motor de explosão.

A elite de Cuiabá é muito fina. Cuida bastante da educação. Abundam homens de linda cultura, até filosófica. Seria interessante fixar as reações mentais dum homem como Estevam de Mendonça, precioso diamante Cullinan perdido por lá, quando o primeiro veículo acionado por um motor de explosão surgiu na cidade.

– "Fim dum ciclo", devia ter ele pensado; "começo de era nova. Máquina supressora da distância. Solução dum problema de transporte que parecia insolúvel. Multiplicação da eficiência do homem..."

De fato. O automóvel é o homem tremendamente multiplicado em sua eficiência pela máquina. É sua força muscular, sua resistência, aumentada mil vezes.

O mesmo indivíduo que com seus músculos não transporta aos ombros mais de trinta quilos de carga a uma distância de mais de uma légua em todo um dia de esforço, ao plantar-se num caminhão está *ipso facto* com a sua eficiência tremendamente aumentada. Ele que não carregava mais de trinta quilos, pode levar agora três mil; e em vez de uma légua que andava, pode vencer num dia quarenta ou sessenta, conforme as estradas, e sem derrear-se. Que aconteceu? Apenas aumento da eficiência desse homem graças à máquina que a si ele agregou.

Infelizmente, quando esse homem se articula com a máquina fica mais na dependência das estradas do que quando ia a pé ou a cavalo – e em matéria de estradas o Brasil continua perfeitamente coxiponé. Chamamos estradas a meros leitos para estrada, visto como esta, para o ser, exige pavimentação. Propriamente não temos estradas e sim leitos para futuras estradas.

Idênticas considerações deveria ter feito Estevam de Mendonça quando pousou lá o primeiro avião. Era a eficiência do homem mais aumentada ainda por um novo tipo de máquina movida pela energia mecânica. Era o esmagamento definitivo da distância, o fim do bissecular isolamento cuiabano. E como a generalização é rápida no cérebro dos homens de espírito filosófico, ele devia ter concluído que se pousava lá uma daquelas aves pousariam no futuro milhares. Porque o tudo é começar.

Infelizmente todas as soluções humanas são parciais. O automóvel exige estradas de rodagem com pavimentação, coisa ainda fora de alcance da nossa penúria brasileira. Nessas fitas de terra solta a que chamamos estradas, mal niveladas, mal conservadas, esburacadas pelo trânsito, acamadas de terrível pó durante a estação seca, ou toda ela atoleiros e lamas na estação das chuvas, o automóvel é quase um peixe fora d'água. Sua capacidade de vencer a distância fica reduzida ao mínimo, e ainda assim restrita aos meses do inverno.

Mais feliz, o avião não está na dependência das estradas de rodagem, visto que dispõe da maravilhosa volovia da camada atmosférica. O suave conde de Afonso Celso esqueceu-se de ufanar-se da nossa camada de ar atmosférico ser tão boa como a da Alemanha, da Inglaterra ou dos Estados Unidos. Mas a solução do avião também não é integral; muito restrita quanto ao transporte de cargas e muito cara por não produzirmos ainda o maravilhoso líquido que se transforma em energia mecânica.

O de que necessita Mato Grosso, e com ele o Brasil inteiro, ressalta imediatamente: estradas de rodagem pavimentadas e petróleo nosso. Com isso venceremos todos os obstáculos da distância em terra e do custo muito elevado das viagens pela aerovia universal.

Em estado nenhum, como em Mato Grosso, uma cabeça que pensa vê mais claro as linhas gerais do problema brasileiro – que não é outubrismo, nem dezembrismo, nem marxismo, nem estadodessitismo, nem reforma eleitoral ou de instrução, nem octologogias e sim algo charramente rastejante: estradas de rodagem de verdade, ferro e petróleo.

Meu Deus! Como uma noção elementar como esta não entra na cabeça do indígena! Parece tão simples mas deve ser terrivelmente obscura, já que pouquíssimos a percebem.

Ferro: matéria-prima da máquina, essa coisa aumentadora da eficiência do homem. Petróleo: matéria-prima da energia mecânica que move a máquina. Estrada de rodagem pavimentada: pista por onde corre a máquina número um, a que suprime a distância, a que vence a légua, esse terrível inimigo dos países de território imenso.

Resolvam-se esses problemas parciais e teremos tudo, tudo, tudo. Fiquem sem solução e não teremos nada, nada, nada.

Ninguém ainda mediu os serviços tremendos que o automóvel já prestou ao Brasil, apesar da deficiência das estradas. Esses serviços, entretanto, foram reduzidos ao mínimo pelo eterno matador da galinha dos ovos de ouro chamado Governo. Com os bárbaros impostos que lançou contra o automóvel, ficaram encarecidos em extremo o custo e o custeio da máquina número um; com os impostos canibalescos lançados sobre o combustível líquido, o "dá para trás" impediu o esmagamento da distância.

Basta acentuar um ponto: a gasolina americana chega a Santos a 300 réis o litro: se o consumidor paga por ela de 1.200 a 1.800 réis, a culpa não cabe aos americanos, sim ao fato de não sermos governados pela inteligência.

O progresso do Brasil está diretamente condicionado à facilidade, rapidez e baixo custo do transporte. Se houvesse inteligência, ainda que rudimentar, no que chamamos Governo, taxava-se tudo, menos o transporte, porque taxar o transporte é positivamente matar a galinha dos ovos de ouro.

O que se dá é justamente o contrário. Para pegar um imposto imediato sobre a gasolina, o governo mata impostos cem vezes mais avultados, que fatalmente adviriam da riqueza criada pelo barateamento do transporte graças ao combustível entrado livre de taxas.

Essa entrada livre de taxas, entretanto, seria apenas uma solução de passagem, porque a perfeita só a teremos quando o combustível líquido for produzido aqui. Nada mais básico, nada mais fundamental para o desenvolvimento duma nação do que produzir em casa o combustível necessário à sua economia. A grandeza e a riqueza dos países que o fazem atestam o axioma – e para contraprova temos a miserável situação de dependência e penúria dos países que consomem combustível alheio.

Um país pode importar tudo, menos combustível, seja sob a forma de pão para alimento dos organismos humanos, seja sob a forma de petróleo para alimento das máquinas – e o Brasil importa pão e petróleo. Quem corre os olhos pelas nossas estatísticas assombra-se ante a persistência da inépcia. Metade do que vendemos no estrangeiro esvai-se na compra de combustível: pão para os estômagos e petróleo para as máquinas. Economicamente, que é isso senão um lento e doloroso suicídio?

Está claro que o homem se adapta a tudo. O chinês está tão adaptado à sua miséria milenária que a tem como irredutível contingência humana. O pária da Índia acha natural que ele seja pária e não se rebela. Nós brasileiros vamos de tal modo nos afazendo à nossa miséria crônica que nem sequer a enxergamos. Não vemos uma população rural de milhões de criaturas descalças, vestidas de farrapos, roídas de todas as doenças. Não vemos a decadência fisiológica desse triste gado humano, que os da cidade olham comiseradamente como seres de outra espécie, novo tipo de pária da América. E são milhões! É toda uma multidão imensa de homens verminados, gemebundos, que se esfalfam no trabalho da terra para benefício e gozo duma elite urbana parasitária. Não vemos e não queremos ver. A avestruz nos ensinou a moda de esconder a cabeça sob a asa no momento do perigo.

Numa arguta opinião de Carvalho de Brito, publicada domingo último neste jornal pelo insigne Mathias Ayres, vem estas palavras: "Precisamos quanto antes melhorar o padrão de vida das nossas populações do interior, verdadeiros zeros econômicos no cômputo da riqueza do país. O caboclo que planta o seu algodão, fia e tece o seu vestuário rudimentar e come a roça que planta, é uma força econômica perdida para a coletividade".

Estude-se a fundo o porquê da coisa e ver-se-á que reside na deficiência e no preço excessivamente alto do transporte. Só nisso. E como o governo ataca o problema? Encarecendo ainda mais o transporte com as taxas ferozes sobre o combustível líquido e as máquinas de transportar. A ciência, a inventiva dos homens, deu à humanidade a maravilhosa máquina de solver todos os problemas do transporte terrestre, marítimo, fluvial ou aéreo: o motor de explosão acionado a gasolina. E que faz o governo do país que mais necessita de transporte? Taxa ferozmente, tranca, proíbe que aqui funcione ao alcance de todos a máquina maravilhosa...

A libertação, o fim do seu isolamento de dois séculos que Cuiabá entreviu quando por lá roncaram o primeiro automóvel e o primeiro avião, foi ilusório. Estevam de Mendonça esqueceu de levar em conta a contribuição que o governo iria dar às duas maravilhosas máquinas de suprimir a distância: o extremo encarecimento de ambas por meio de impostos que nem aos zulus ocorreria. E Cuiabá continua isolada, esperando, esperando.

A convicção dos que raciocinam com clareza é uma só: unicamente o petróleo arrancará Mato Grosso do seu entrevamento de 200 anos. O gigantesco Laocoonte, enrolado pelas serpentes das léguas sem-fim, só será libertado pelo sangue negro da terra – não vindo de fora, de longe, caríssimo, agravado pelas taxas ferozes da coisa federal, mas tirado dali mesmo e fornecido ao consumidor por preço mínimo.

Por preço mínimo, sim, porque, por mais incrível que o pareça, a nova Constituição criou a semente donde vai sair a ressurreição econômica do Brasil. Há lá um artigo áureo, o 17, que diz: "É vedado ao município, ao Estado e à União, a tributação sob qualquer forma do combustível produzido no país para os motores de explosão".

Nesse artigo a Constituição assegura o arranque de Mato Grosso. Por isso os que têm olhos de ver longe já estão a olhar para a frente. Estão a ver no pantanal o surto de torres de sondagem aos milheiros. Estão a ver a terra sangrando de mil poços o líquido redentor.

Sim. Só o petróleo vence a distância. Só ele é o Flit destruidor das léguas que trazem manietado o nosso Laocoonte. Só ele permitirá que o homem domine a vastidão mato-grossense e integre no mundo econômico tão desmesurado e rico território.

A cidade dos pobres

No rosário de surpresas que me foi Belo Horizonte, tive as contas graúdas, as médias, as pequeninas – e duas delas luminosas. Entre as graúdas, ver a cidade inteiramente asfaltada, toda nesse "tom de lisura" que só o asfalto dá. Não se trata do asfalto acidental, aqui e ali, que vemos em São Paulo e Rio. Mas em toda ela. Foi conta de surpresa graúda, e a número um.

Entre as contas luminosas, acentuo uma unidade de direção estética visivelmente provinda dum espírito único. Em todos os melhoramentos novos, e nos em construção, sempre o mesmo vinco.

– Quem é? Que é? Há um dedo em tudo isto...

A explicação veio logo. Há três anos que o desenvolvimento da cidade é presidido por um desses homens excepcionais que os americanos classificam de *aggressive man*, mas que além de *aggressive* (no alto sentido) possui também uma funda sensibilidade artística. Sente-se nos mil nadas que formam o impressionante todo a preocupação desse homem em fazer da sua administração uma obra-prima. Otacílio Negrão é o nome amorosamente sussurrado por todas as novidades urbanas de Belo Horizonte, e com tanta insistência, que no cérebro do observador duas palavras se juntam para a classificação da raridade: o "prefeito perfeito".

Aliás, Belo Horizonte impõe hoje esse tipo altíssimo de diretor urbano. Quem pode conceber a "Cidade Certa", dirigida por um prefeito incerto? Não somente a *noblesse oblige*. A Beleza também.

A política, essa velha arte de errar na escolha dos homens, às vezes cochila e acerta. Acertou maravilhosamente com o prefeito Negrão, criando assim uma contingência das mais sérias: Belo Horizonte nunca mais tolerará prefeitos medíocres. O padrão do homem adequado foi estabelecido duma vez para sempre. E tal é o valor de quem o estabeleceu que diante dele o facciosismo político desaparece. O juízo a seu respeito é o mesmo até nos oposicionistas por sistema.

O encontro de tal prefeito foi a primeira conta luminosa do meu rosário de surpresas. Outra foi Ozanam, a cidadezinha dos pobres, obra ainda em via de realização.

Todas as cidades dão de si resíduos. Dão o lixo comum, resíduo das casas, e dão a mendicalha, resíduo demográfico. Note-se que a pobreza não constitui um mal. Simples contingência da desigualdade econômica. Mas a mendicalha é um mal que envenena, suja, afeia os agrupamentos humanos. Ora, uma cidade tão linda e certa como Belo Horizonte não podia ser afeiada por esse doloroso lúpus facial. Não podendo admitir o afeiamento, os mineiros procuraram e acharam talvez a única solução: a cidade Ozanam.

O mendigo é um produto residual das cidades. Assim como na indústria do algodão sobeja o línter, resto último da matéria-prima trabalhada, assim os agrupamentos humanos produzem a mendicalha – línter demográfico. Mas por que motivo não proceder com a mendicalha do modo inteligente com que os industriais procedem com o línter? Se as fábricas "industrializam" o línter, por que não hão as cidades de "humanizar" a mendicalha? Esse raciocínio certo trouxe a solução certa. Tudo vai certo na Cidade Certa.

O línter humano será retirado da cidade e localizado na verdadeira usina de transformar mendigos em gente, que é a cidadezinha Ozanam. Lá será lavado, desinfetado, descaroçado, purgado, desverminado, higienizado, mercerizado, melhorado no possível e por fim humanizado. Humanizar o mendigo! Transformar o mendigo em gente! Positivamente a ideia é nova.

Como isso está longe da solução comum que ao problema dão todas as cidades do Brasil, consistente em deixar que a mendicalha siga o seu destino residual, se arrume como possa, coexista disseminada no corpo da população sadia, a encher o ar dos sábados com o cantochão da "esmolinha pelo amor de Deus" e a apodrecer em "casas de cachorro" que ela mesma ergue à beira das cidades, com barro, palha e lataria velha?

E quando não é esse deixar que a pobreza defectiva se arrume e se organize para a dolorosa caça aos vinténs dos sábados, temos a solução número dois: o asilamento. Os mendigos encarcerados em casarões odiosos, que os apavoram ainda mais que as célebres "misericórdias" onde os doentes sem recursos vão servir de material para experiências *in anima vile* dos estudantes de medicina.

A mendicalha solta determina a zoada típica, o tom, o som da mor parte das nossas cidades do interior – a música mendicante, o "esmolinha pelo amor de Deus" gemido em todos os tons da humildade rastejante, sobretudo nos pontos de maior aglomeramento humano – portas de hotel, cinema ou igreja, e mais ainda nas estações de estrada de ferro. Quando o trem para e o viajante enfia a cabeça na janelinha para uma espiadela, o que inevitavelmente vê é um chapéu roto estendido diante da cara clássica do "pobre" que geme no tom mais apiedante possível o "esmolinha pelo amor de Deus". O contato habitual do viajante com a maioria dos nossos agrupamentos urbanos, na curta parada dos trens, não pode ser mais feio, mais doloroso nem mais deprimente.

E se acaso não é assim, então temos a certeza de que os mendigos estão asilados, isto é, presos nas cadeias denominadas asilos pelo crime de terem nascido residuais.

(Noutras cidades, como São Paulo e o Rio, a toada das ruas não é mendicante – é zoológica. "Cabra com 24", "Hoje é o touro", "Elefante com 45", "Urso", "Vaca", "Borboleta", "Águia", "Burro"...).

Mas os mineiros de Belo Horizonte, metrópole filha da inteligência e da previsão, de nenhum modo podiam admitir qualquer dessas soluções que não solucionam – e ei-los a criar a cidade Ozanam, a solução que soluciona. Ao lado da cidade dos normais estão a erguer a cidadezinha dos anormais, dos defectivos, dos mendigos por contingência mental ou fisiológica. Mas nada que lembre o odioso asilamento; tudo, assistência inteligentissimamente organizada. Em que consiste?

A cidade Ozanam comporta uma série de órgãos a serviço dum corpo *sui generis*. Há as casas dos pobres – casinhas singelas, mas elegantes e confortáveis, com instalações sanitárias e banheiro de chuva, distribuídas em ruas asfaltadas – asfaltadas, sim. O mineiro acredita no asfalto, sabe da influência melhorante e civilizante desse resíduo do petróleo.

Um mendigo a quem foi mostrada uma das primeiras casinhas construídas deslumbrou-se, mas franziu o nariz diante do chuveiro.

– Chuva dentro de casa? Para que isso?

– Para banho, meu caro. Para lavar o corpo, porque a lavagem do corpo vai ser obrigatória.

– Então não venho morar aqui – disse ele. – Nunca tomei banho em toda a minha vida e não é agora, que estou velho, que hei de me molhar...

Quer dizer que até limpos serão os corpos dos moradores de Ozanam. Limpos e curados. A assistência física disporá dum Isolamento, duma Farmácia e dum Lactário.

E haverá ainda todo o aparelhamento para a mais assistência necessária: a espiritual, na capela da cidadezinha; a educativa infantil (porque os mendigos também se dão ao luxo de procriar), no Grupo Escolar, no Pavilhão de Recreio e na Biblioteca. O línter passará por uma série de máquinas até que se humanize, e para o seu aproveitamento final existirão oficinas de trabalho ajeitadas de modo a tirar o melhor partido da operosidade ainda subsistente nesses cacos humanos.

A ideia central da cidade de Ozanam consiste em elevar o nível físico, mental e moral da mendicalha até o ponto da *recovery*, isto é, até que ela possa produzir trabalho. Mas trabalho consentido, livre, diferente do trabalho forçado dos asilos. O mendigo deixará de ser mendigo e ingressará na classificação normal de "gente" – embora gente que em vista da sua condição defectiva não dispensa a ajuda guiadora do cérebro que lhe falta.

Na cidade Ozanam viverão em liberdade; curados, se curáveis; ensinados, se ensináveis; afeitos ao uso da água e do sabão; com escola para os filhos; com biblioteca; com capelinha para rezar; com cinema onde possam deslumbrar-se com a Shirley Temple; com ruas asfaltadas por onde circulem – com esse conjunto de coisas catalíticas da civilização, que agem educativamente pelo simples fato de nos rodearem.

Talvez quem isto leia tenha a impressão de algo excessivo, puramente ideológico e pois suscetível de fracasso. É que esse quem não leva em conta certas qualidades especialíssimas da mentalidade e da "civilização mineira": o senso da justa medida, o pragmatismo, o instinto da economia e do realizar o máximo com o mínimo de recursos – e sobretudo o senso da *mise au point*.

Inimigos da ostentação, os mineiros não fazem aquilo para espantar os povos, nem para inglês ver. O fim é um único: resolver de modo definitivo, e da maneira mais inteligente, o problema da mendicância numa cidade certa, cuja beleza não poderia, de maneira nenhuma, ser afeiada pela miséria às soltas, e cuja consciência não toleraria o remorso de sabê-la encarcerada num simples casarão de asilo.

As consequências próximas e remotas ressaltam à primeira vista. Arrancado ao pântano e colocado na terra firme da dignidade humana, parte do línter será recobrado e reintegrado no grupo humano normal. A parte insanável, irremediável, incurável, essa permanecerá improdutiva e como peso morto – mas sem a liberdade de ir macular a cidade linda. E se está certo Henry Ford no dizer, com base na sua experiência de aproveitamento dos defectivos, que só o idiota é caso perdido, Belo Horizonte conseguirá resolver de maneira radical um problema até aqui insolúvel.

E como está sendo feito isso? Com recursos do povo, assegurados por meio de donativos, renda de festas, subvenções etc. Iniciativa mista, particular e pública a um tempo e que provoca na população um entusiasmo comovedor. O "prefeito perfeito", diretor da obra, sente mais orgulho em mostrar aquilo do que a enorme área que asfaltou, porque de fato aquilo diz mais da superioridade do povo de Belo Horizonte do que todos os outros melhoramentos, comuns a tantas outras cidades. Aquilo é só de lá.

No dia em que a lição mineira for meditada e todas as nossas cidades tiverem como apêndice a cidadezinha dos pobres, humaníssimo disfarce da "usina recuperadora dos resíduos demográficos", a terrível e dolorosa chaga da mendicância estará curada.

Minas docet.

Júlio César da Silva

Há mais de um ano uma notícia estúpida correu: morrera Júlio César. Notícias de morte há que nos alegram; outras nos entristecem; outras nos revoltam. A notícia da morte de Júlio César eu a recebi com profunda revolta. Era uma estupidez da Morte levar uma criatura tão boa, tão fina, dessas que tanto enriquecem o mundo. Se numa galeria figura por muitos anos um quadro de Corot e de súbito o retiram, o lugar ficará vago, por mais telas novas que ali entrem.

Fui um profundo amigo de Júlio César. Sua morte valeu por me arrancarem à galeria da alma um Corot que já se me fizera orgânico. Revoltado, insultei os depredadores – a Vida, a Morte, o Destino.

Frequentemente, depois do serviço na repartição, vinha ele ao meu escritório, à tarde, antes de pegar o ônibus para o Belém, onde ficava a sua velha casinha. Estou a vê-lo surgir, sempre alinhado, como saído do alfaiate naquele momento. Também muito aprumado de físico. Os anos não tiveram força para perturbá-lo na indumentária nem no sereno brilho da inteligência.

Sereno, sim. Há inteligências de brilho fulgurante, faiscante, atordoante, como a desse esplêndido Martins Fontes que também nos deixou. Júlio era o dono da serenidade inalterável.

Nunca o vi exaltado. A maior ofensa que lhe fizessem, a maior injustiça, não o tirava daquele tom de Sócrates quando Xantipa, depois duma torrente de injúrias, lhe lançou ao rosto uma bacia d'água: "Depois da trovoada, o aguaceiro".

Júlio César havia alcançado esse cume da compreensão equidistante de todos os extremos – que é a filosofia. Estava na zona mais alta a que pode chegar uma criatura obrigada a viver num mundo de criaturas "certas de que estão certas" – e agressivas no demonstrar que é assim. Todos os conflitos da humanidade vêm da intolerância da certeza.

Homem que era, entretanto, Júlio também tinha suas certezas – mas com que suavidade! Nunca insistia em impô-las pela violência, nem sequer pela argumentação – que é a violência da lógica. Admitia a relatividade de tudo. Se um aguaceiro repentino o pegava na rua, mudava temporariamente de ideias sobre o grotesco dos guarda-chuvas. Uma agulhada nos rins afrouxava-lhe o ceticismo quanto aos médicos.

Tentei um dia convencê-lo de qualquer coisa. "Quanta razão eu te daria, Lobato, se não fosse esta dor que me está torturando!" Isso me fez lembrar duma passagem de Camilo. Certa vez Guerra Junqueiro, em plena crise mística, fez uma viagem a São Miguel de Seide para converter o grande torturado. Boa parte da noite passou o poeta a amontoar argumentos esmagadores do ceticismo – e ia acompanhando no rosto de Camilo a marcha da conversão. Vencera a campanha! Trouxera ao redil da fé aquela alma desgarrada. E certíssimo do triunfo, perguntou, no fim: "E então?". Camilo respondeu: "Dar-me-ia por vencido, se não fossem três bolinhos de bacalhau que me estão a espernear cá no estômago como três Voltaires".

Ter certezas é bom – mas admitir que até a má digestão as altera é sábio.

O prazer do meu convívio com Júlio César vinha da amplidão da sua tolerância por tudo quanto não fosse atentado contra a língua. Ah, nesse ponto era um sanguinário. Exigia correção gramatical até nas descomposturas. Sartorial, e gloticamente, Júlio lembrava um manequim. Por idiota que fosse a ideia, ele a perdoava se vinha bem-vestida.

O mundo o considerava pobre, porque para a ingenuidade do mundo pobre é não ter dinheiro. A mim, entretanto, Júlio sempre me deu a sensação dum dos homens mais opulentos de São Paulo – tanta era a riqueza que a cultura, a observação da vida, a experiência dos anos nele acumularam. Riquíssimo e pródigo: Júlio dava nababescamente. Um mão-aberta.

Sua memória ficara com o tempo um precioso museu de ideias, imagens, pontos de vista, finuras, pensamentos engenhosos, observações agudas, filosofias, graciosas galanterias – tudo que é flor espiritual. A quinta-essência dos grandes mestres da humanidade, de Luciano a Anatole France e Machado de Assis, ele a trazia consigo, bem digerida, para a educação estética dos que o rodeavam. Júlio, mais que poeta, foi um grande educador.

Muito espírito anda pelo mundo que lhe deve a lapidação. Muito primor humano, em sentimento e ideia, foi orientado e plasmado por ele. Sua força criatriz exercitava-se sobretudo num mister – formar criaturas femininas. Deixou poemas vivos de maior valor que seus poemas em verso.

Dar. Enriquecer os outros. Júlio era isso. Dos nossos numerosos encontros sempre saí aumentado – sem que ele, com o dar-me, se empobrecesse. Júlio veio ao mundo com o destino de cornucópia.

Raro na vida o que não cansa. *Tout lasse...* Júlio não cansava. Não era desse tipo de amigos de meia hora, uma hora ou duas – dos que passado esse tempo nos forçam ao "Até logo". Todos temos o nosso ponto de saturação – na amizade como no amor. Mas amigo nenhum se saturava de Júlio César. Horas, dias que com ele conversássemos era tempo encantado no começo, no meio e no fim do encontro. Eu, de mim, nunca o larguei por outra causa que não as contingências do horário da vida.

Os que o viam pela primeira vez implicavam-se com o seu apuro externo e interno, vendo nisso uma atitude. Não era, Júlio jamais teve atitudes. Seu apuro não passava da sua naturalidade. Quando muito, podemos dizer que Júlio César foi uma atitude da Vida.

Sua bondade filosófica chegava a ponto de não ver a maldade humana. "Deixe, deixe." Tão longe foi nisso que me dava a ideia do Perdão feito homem. Consequência social: a Mesquinhez Humana jamais o perdoou...

Júlio!... Posso dizer que sei o tesouro que essa palavra me diz.

Apelo aos nossos operários

Programa proposto por M. L. aos operários da empresa editora que trazia o seu nome.

Toda empresa industrial que se respeita e pretende desenvolver-se cada vez mais deve basear-se nos seguintes princípios:

1º) O verdadeiro objetivo de uma indústria não é ganhar dinheiro, e sim bem servir ao público, produzindo artigos de fabricação conscienciosa e vendendo-os pelos preços mais moderados possíveis. A indústria que se norteia por estes princípios nunca para de crescer, nem de desdobrar-se em benefícios para todos quantos nela cooperam. Torna-se uma obra de paciência, consciência e boa vontade – três elementos sem os quais nada se consegue no mundo.

2º) Uma empresa industrial depende da cooperação de três elementos: os diretores, os operários e o consumidor. Sem o concurso destes três fatores a indústria não pode subsistir. Assim, os diretores, os operários e o consumidor funcionam como sócios da empresa, e nessa qualidade têm direito à participação nos lucros.

O sócio-consumidor participa nos lucros recebendo artigos cada vez mais caprichados e por preços cada vez mais baixos. A indústria que procura lesar esse sócio, impingindo artigos malfeitos e caros, não é indústria, é pirataria.

O sócio-operário participa nos lucros sob forma de constantes aumentos de salários. A indústria que não sabe ou não pode proporcionar este lucro ao sócio-operário não cumpre a sua alta missão.

O sócio-capitalista participa dos lucros sob forma de dividendos razoáveis. Ele forneceu o capital necessário à montagem da indústria e tem direito a uma remuneração proporcional.

3º) Os diretores da empresa fazem parte do seu operariado, com a única diferença que lhes cabe o trabalho mental da organização e da coordenação. A eles incumbe promover com inteligência e segurança a venda dos produtos de modo que nunca falte trabalho na fábrica e que, pela boa direção dos negócios, os três sócios aufiram os lucros a que têm direito.

Mas a todo direito corresponde um dever. O dever do sócio-capitalista é não desprezar os outros sócios, querendo tudo para si; é contentar-se com uma quota justa, que não sacrifique o sócio-consumidor nem o sócio-operário.

O dever do sócio-operário é dar à empresa a soma de trabalho que ao nela ser admitido se comprometeu a dar. Tanto lesa a indústria e a aniquila o mau patrão como o mau operário. Por mau operário entende-se todo aquele que trabalha de má vontade, procurando nas horas de oficina "encher o tempo", em vez de produzir. O operário que assim procede prejudica a si próprio, à sua família e à sociedade em que vive. Se todos fizessem o mesmo, que sucederia? A empresa cessaria de dar lucros, teria de baixar os salários e por fim de fechar as portas, privando de trabalho inúmeras criaturas humanas.

Precisamos não nos esquecer nunca de que *o trabalho é a lei da vida*.

Sem trabalho não se vive. Tudo que na terra existe a mais da natureza é produto do trabalho humano. Só o trabalho pode melhorar as condições de vida dos homens. Se assim é, nada mais inteligente do que trabalhar com alegria, consciência e boa vontade.

Nas empresas industriais de alto tipo o salário é uma forma prática de dar ao sócio-operário a sua parte nos lucros da produção. Mas como há de uma empresa auferir lucros suficientes para isso, se o operário produz pouco e de má vontade? Quem paga o salário não é o capital. Este apenas fornece as máquinas. Quem paga o salário é a produção, o que vale dizer que o operário se paga a si próprio. Ora, se assim é, quanto maior, mais eficiente, mais econômica e rápida for a produção, mais os lucros avultam e maiores serão os salários. Como pode pretender melhoria de salário o operário que produz mal, se o salário é uma consequência da sua produção?

A economia de tempo e material representa lucro e aumento de salário. Quem pode fazer um serviço em uma hora e o faz em duas; quem mata o tempo em vez de produzir; quem dá dez passos em vez dos oito necessários; quem espicha a sua tarefa; quem se esconde atrás de uma porta; quem maltrata uma máquina; quem estraga uma folha de papel; quem perde um minuto que seja de trabalho, lesa a empresa, e lesa, portanto, a si próprio. No fim do ano a soma desses pequenos desperdícios representa muito. A empresa que consegue evitá-los habilita-se a beneficiar o público com melhoria de preços e o operário com melhoria de paga.

Trabalhemos, pois, com amor e boa vontade, conscientes de que somos um organismo capaz de ir ao infinito, se todas as células cooperarem em harmonia para o fim comum. Podemos nos transformar numa empresa que nos orgulhe a todos – e a todos beneficie cada vez mais. Para isto o meio é a preocupação constante de produzir com o mais alto rendimento em perfeição e presteza.

Quem não pensar assim prestará um verdadeiro serviço à empresa, ao público e aos seus colegas, retirando-se. Nossa empresa saiu do nada, é filha de um modesto livrinho e, tendo vencido mil obstáculos, já faz honra a São Paulo. Mas devemos considerá-la apenas como um início do que poderá vir a ser. Está em nossas mãos torná-la um jequitibá majestoso à cuja sombra todos nós possamos nos abrigar – nós e mais tarde nossos filhos. Mas se não trabalharmos com boa vontade e consciência do que estamos fazendo, o jequitibá não assumirá nunca a majestade que tem na floresta e não dará a sombra de que todos precisamos.

A geada

A grande geada de 1918 foi a maior jamais observada na terra paulista. M. L. percorreu durante dez dias as linhas da Paulista, da Mogiana e da Sorocabana "vendo a geada" e de volta publicou suas impressões.

I

Em linhas gerais

a situação determinada pelos grandes frios de junho desenha-se com bastante relevo. A lavoura principal do país, a parte sólida por excelência do patrimônio nacional, foi destruída por metade e está rudemente combalida no restante. Daí a premência de restaurá-la. Para isso: necessidade absoluta de adotar uma cultura de transição, cujo produto valha ouro como vale o café; e adotá-la em proporções tais que permitam um relativo equilíbrio. Só há um produto capaz disso: o algodão. Mas muito algodão!

Uma safra que baste apenas para o consumo interno seria em tempos normais uma grande coisa. Agora é nada. São Paulo precisa produzir, dentro de poucos meses, fibra que baste para o seu consumo, e que saia exportada em fortíssima escala. Do contrário é a bancarrota.

As futuras colheitas de café, por quatro ou cinco anos pelo menos, serão insignificantes. A de 1919 não irá além de três milhões, se lá chegar. Produzirá 120 mil contos. Que valem 120 mil contos? Que valem 120 mil contos para quem só ao Estado precisa dar metade, e para o seu giro interno necessitou sempre de 400 mil?

Vê-se daqui como é séria a situação das nossas finanças públicas. Como se comportarão elas com tão súbita embolia na entrada anual de ouro?

O sistema político de São Paulo, e em grande parte o do Brasil, repousa na exportação do café. Café e borracha foram os bois de coice que na República sempre arcaram com todo o peso da carreta financeira, arrancando-a dos maus passos lamacentos. Fiados na rijeza dos seus músculos, os nossos estadistas cometeram os maiores crimes administrativos e econômicos, sacando desapoderadamente sobre o futuro para cobrir lacunas do presente.

Um belo dia, porém, graças à esperteza do inglês congregada à nossa proverbial inépcia, o boi da borracha se viu retirado do serviço. Ficou sozinho na canga o pobre boi do café – e obrigado a puxar carga dupla.

Lá ia indo, mordido da berneira dos impostos, taxas e sobretaxas, escorvado com as alfafas das valorizações e outras mezinhas de curandeiro. Mas vem a geada, desaba sobre o café o Polo – e ei-lo descadeirado de vez. Como agora, assim perrengue de três quartos, pode ele operar com o quarto restante um serviço de tiro anteriormente distribuído por oito valentes pernas?

A situação agravou-se seriamente; e ou os nossos governantes colocam na canga um heroico auxiliar capaz de façanhas, enquanto o boi "Rubídio" sara e restaura as forças, ou desta feita o carro afunda até aos fueiros na lama da derrocada.

Está visto que este auxiliar não pode ser outro se não a preciosa fibra do ouro branco.

Basta, porém, indicá-lo? O lavrador está farto de saber melhor do que ninguém que o bom esparadrapo é de algodão. Mas, derrancado, tonto ainda com a pancada que levou na cabeça, tem direito de esperar que pressurosamente o ajudem a atrelar no carro, bem arreado e sadio, o novo boi. E como é assim, nunca foi imposta à ação governamental uma tarefa mais séria e urgente.

Vai nisso a salvação de ambos, lavoura e governo. Para salvar-se, o governo há de botar espeques na lavoura. Do contrário, desabamento a dois. Até aqui o café despejava no Tesouro, todos os anos, com regularidade de ampulheta, a carrada de ouro que constituía a base, o núcleo central, o peão da nossa vida financeira. Apesar disso o país ia escorregando pela rampa da falência, como por um pau de sebo abaixo.

O regime do déficit normalizou-se. Não há ingênuo que admita a hipótese de vê-lo expungido dos orçamentos. O déficit persiste, insiste; estufa, engorda, prolifera – e dá até crias municipais.

Já se alteou, na República, a mais de 2 milhões de contos. Já forçou o ilustre financista Bulhões a inventar uma teoria explicativa *sui generis*: o déficit cresce porque enriquecemos. A riqueza pública aumenta: logo, é natural que o déficit aumente.

A orgia republicana alterou até as velhas regras da lógica e da aritmética. Outrora "mais" dava "mais". Hoje dá "menos". Mais riqueza pública significava menos recurso ao crédito, mais abundância, mais saldos. Hoje mais riqueza significa mais déficit, pior câmbio, moratórias maiores. Uma charada. A ciência das finanças do velho Adam Smith está positivamente revogada e substituída por uma espécie de ciência esotérica.

Só os grandes iniciados possuem a chave dos mistérios. Breve veremos como este ocultismo financeiro malabariza o problema.

Mas, malabarize-o como malabarizar, venham as teorias cabalísticas que vierem, um ponto do problema não admite "histórias": – ou o Estado acode à lavoura e salva as suas finanças, ou despenha-se com ela no abismo – como aconteceu na terra da borracha.

A lavoura está nesta posição: necessitada de crédito mais do que nunca e mais do que nunca sem crédito. Do capital particular não pode socorrer-se. Além de escasso, esse capital é arisco e caro: a lavoura não suporta juros de 1%.

O mecanismo comissário de Santos não tem forças para ampará-la. Opera adiantamentos por um ano: não tem elasticidade para dilatá-los a quatro ou cinco. Também não adiantará dinheiro com a garantia de algodão: não é seu negócio o algodão. Fechadas essas duas portas, só resta uma: o Estado. Ele, só ele, pode e há de remediar o aperto.

Forças conjugadas, nascida uma da outra, lavoura e Estado vivem em simbiose – e são sócias forçadas na prosperidade e na desgraça.

Um fazendeiro da Noroeste formulou assim o seu caso, que é o caso de metade da lavoura paulista: "Perdi quinhentos mil pés. Estou reduzido a benfeitorias e terra nua. Quero recomeçar. Quero lançar-me no algodão. Tenho as energias precisas, mas falta-me o dinheiro para a empreitada. Recorri a um capitalista amigo e tomei com o previsto não. Recebi outro não do meu comissário em Santos. Ora, por mais boa vontade e fibra que eu tenha, por melhor que sejam as minhas terras, posso tudo, menos inventar dinheiro. Sem dinheiro esta máquina não anda. Negam-mo de todos os lados? Paciência. Vou vegetar à moda do caboclo, e a fazenda que leve a breca. Resta-me uma esperança, o Estado. Se ele for inteligente, virá ajudar-me. O proveito será recíproco".

Outro fazendeiro torrado pela geada dizia: "Eu tenho um sócio fidalgo que mora na capital. Sempre viveu à custa do meu trabalho. Come-me todos os anos uma boa parte dos lucros, e em troca me dá, principalmente, a honra de ser meu sócio. É poderoso, influente, acatado, e vive com estadão num palácio. Se paro de trabalhar e produzir, quero ver como ele se aguenta! Fio-me nisso. Todos andam inquietos; eu, não. O meu sócio desta vez há de pular, há de fazer das tripas coração, inventar, falsificar dinheiro se preciso for, para me socorrer nesta apertura. E vai fazê-lo, fingindo que o faz pelos meus belos olhos, porém na realidade movido pelo interesse próprio, pelo instinto de conservação". – Quem é esse sócio?

– O governo.

É isso mesmo. Lavoura de café e governo são entidades xifópagas, interdependentes, sócias. O lavrador sabe muito bem disso, e por essa razão está calado, esperando. Em crises infinitamente menos graves gritou muito mais. Hoje não grita, espera. Sabe por intuição que pela primeira vez a geada alcançou o sócio rico; e que este não poderá limitar-se a belas palavras e promessas, como tantas vezes. As boas cartas desta feita vieram parar às mãos do parceiro que sempre "ficava burro".

Em relação ao comércio do café sucede o mesmo. Os ases passaram para as mãos da lavoura. Quem ditará os preços será, por um lustro no mínimo, o escalavrado produtor, mormente se o algodão lhe correr a contento. Poderá resistir. Senhor de duas culturas contíguas, tocadas pelo mesmo braço, na mesma terra, escorar-se-á numa quando lhe procurarem arrebatar, a preço de custo, a outra. Resistirá – e pela primeira vez, porque na monocultura toda resistência era impossível. O café vai entrar em alta longa. Coliguem-se contra ela todas as forças baixistas: a alta existirá, resistirá, persistirá. Com uma série de safras de café pequenas, e muito algodão nas tulhas, os lavradores de São Paulo serrarão de cima durante longos anos. E quem sabe se um dia não hão de abençoar esta grande geada e cognominá-la de Geada de Ouro? Que não é possível neste mundo?

II

Um lavrador geado em cem mil pés definiu ornitologicamente a situação:

– "Antes do dia de São João éramos um periquito verde; veio o pealo e viramos tico-tico arrepiado. E vai ver que ainda acabamos em vira, depois das queimas de agosto..."

A imagem não é das piores. Até no que tem de jocosa é típica. Quando a desgraça é "por demais", dá mesmo vontade de rir sem gosto e fazer pilhérias macabras.

Quem se der o trabalho de gastar uma semana em excursão pelo ex-oceano do café – a coisa de que mais nos orgulhávamos, nós paulistas, pela sensação de riqueza vitoriosa que todos ali sentíamos – voltará murcho, cabisbaixo, e geado por dentro nas esperanças – tamanho foi o desastre.

Quase tudo destruído. Tudo torrado. Tudo pardacento. Verde, coisa nenhuma...

Pelas colinas onde exuberavam as ondas verde-escuras dos cafezais sem-fim, e as manchas esmeraldinas da cana, e a poliverdura das copeiras, matas e pastos, impera hoje a gama grisalha das sépias, dos ocres secos e dos vermelhos queimados, numa moxinifada de tons sujos e mortos.

Não é a paisagem clássica do outono – folhas amarelas a soltarem-se ao vento, e na desnudez incipiente das árvores a certeza de que elas se precaveem contra as insídias do frio, para um despertar mais belo após a estagnação do letargo hibernal. A vegetação não hibernou: morreu. As folhas estorricadas não se destacam dos ramos, porque estes, mortos, não têm mais força para alijá-las de si. Morreram ambos, dum mesmo traumatismo celular: – a seiva congelou-se-lhe nos vasos e pela dilatação rompeu a rede de canalículos por onde circulava. E assim permanecerão unidos até que venham separá-los as chuvas.

As árvores mortas lembram aqueles cadáveres descritos por Euclides da Cunha em Os sertões – "higrômetros singulares...". Conservam-se intactas, guardando a atitude que tinham em vida, cheias, repolhudas. Às primeiras chuvas, porém, esboroar-se-ão e transformar-se-ão em lenha arreganhada.

Cafezais belíssimos, a flor da lavoura cafeeira de São Paulo e, portanto, do mundo, em linhas como tiradas a régua, uniformes, a mesma altura, o mesmo bojo – granadeiros da riqueza perfilados aos milhões... Mas mortos, imóveis, como asfixiados por um gás de guerra –, em forma ainda, com todas as folhas a postos...

A impressão é dolorosíssima. E se dum cafezal erguemos os olhos para pousá-los na mata que surge adiante, a impressão persiste. Foram-se as matas. O aspecto atual é de um fim de tudo.

Submetidas à congelação, cada planta comporta-se a seu modo. Há as que enegrecem a fronde, e semelham árvores emersas dum banho de nanquim. Ostentam outras colorações terrosas, que sobem, em escala, da terra de Siena ao amarelo claro da palha de arroz. As pastagens de catingueiro batidas de geada confundem-se com o roxo-terra do chão. E nesses plainos escampos, léguas e léguas, em todas as direções, outra nota de verdura não nos reconforta os olhos além do pontilhado verde-veronês da vassourinha. Só ela, as laranjeiras, a alfafa, o eucalipto e uma ou outra praga de campo, resistiram à torra. Dos capins, só a infame barba-de-bode, nos cerrados de terra seca.

O gado, nas invernadas de catingueiro onde engordava ou criava, dispersa-se faminto, de focinho sempre rente ao chão. Não ergue a cabeça sequer para ver passar o trem, tão sério se tornou para ele o problema alimentar. Se acode às capoeiras de "encosto", encontra lá a mesma penúria: a torra foi uniforme e geral.

Em torno às casas, os alegres retângulos sempre verdejantes das hortas e pomares são hoje um amontoado informe de galhaça ressecada. Foram-se as belas mangueiras copadas. Das bananeiras viçosas não se salvou uma. Os mamoeiros, a cana, a mandioca, a mamona: torrados.

Nunca se fez maior dispêndio deste adjetivo e do verbo correspondente. Tais palavras dão o tom em todas as palestras. Nos trens, nas estações, nas ruas, nos clubes, nos hotéis, nos cafés, o assunto é sempre o mesmo, obsedante, e sempre escandido pelos lúgubres vocábulos.

– A fazenda tal?
– Torrada.
– São Manuel? Jaú?
– Torradinhos.
– Tem notícias da Noroeste?
– Torrada inteira.
– E do Paraná? A Araraquarense? A Douradense?
– Tudo torrado.

E não há nisso, o que é o pior, nenhum exagero. A maioria das mais belas fazendas de São Paulo ficou numa noite reduzida a chão apenas. Tudo quanto nelas representava o labor do homem, anos e anos de trabalho paciente, o melhor do esforço e da inteligência dos nossos fazendeiros, tudo desapareceu, completamente destruído. Ficaram a terra e as benfeitorias.

Volta, brota de novo, dizem os otimistas.

Perfeitamente. Mas, brotado ou replantado, não representará isso uma nova formação de cafezais? Essa volta não exigirá uma soma de trabalho e um espaço de tempo iguais aos despendidos com a primeira formação? Logo, a geada de junho se traduz numa fantástica destruição de capital, feita em escala de que não há notícia de outra em nenhum país do mundo. Faça o que fizer, pule o que pular: quem perdeu, digamos, cem mil cafeeiros perdeu, destruído, queimado, incinerado, um capital de 100 contos.

É, portanto, necessário, no ativo das nossas magras riquezas, dar baixa às centenas de mil contos representadas pelas centenas de milhões de cafeeiros torrados.

Essa é a dura verdade. Por enquanto, iludidos pelas aparências, ninguém dá a devida importância ao prodigioso desastre.

Fiam-se em que há exagero, e não percebem como o café é ainda o supedâneo sobre o qual toda a economia de São Paulo repousa.

Mas dentro de poucos meses, à medida que se escoar a safra deste ano, todos sentiremos, direta ou indiretamente, os reflexos da nevada. Que há exagero, isso há. Mas para menos. Pela primeira vez em nossa terra acontece semelhante anormalidade: exagero às avessas...

No meio deste quadro apavorante, como se comporta o homem?

Percebe-se que ele ainda está sob uma impressão de estupor. A pancada foi demasiado forte e insidiosa. Há uma tonteira geral. As ideias andam embaralhadas.

Uns sacodem os ombros: Que fazer? Outros riem-se – riem um riso *sui generis* – um riso de geada. A maioria queda-se num langor fatalista. "O que tem de ser tem muita força" – é um princípio corrente, de alta sabedoria, repetido amiúde pelos que, por força do bom-senso, exercem entre os demais a função de pajés. "Deus tira, Deus dá" – é outra ficha de consolação.

Apela-se para o governo, sem grande fé no governo. Apela-se para o algodão, sem muita fé no algodão. Apela-se para a Providência – Deus é brasileiro, mas sem grande fé nesse brasileirismo. "Vê-se que Deus é brasileiro", dizem os céticos, apontando a balbúrdia em que isto vai. E todos aguardam o mês de setembro, a ver como se comportam na primavera as plantas queimadas.

Até agora nenhum movimento sério se denunciou entre os fazendeiros – as vítimas, para uma associação, um congregamento de esforços, uma ação conjunta. A grande geada não foi suficiente para movê-los a isso. Esperam, talvez, uma chuva de formicida no rabo...

Num clube de formosa cidade oestina, centro de intensa produção de café, os grandes fazendeiros da zona comentavam calmamente a situação.

– "Precisamos nos reunir, formar o centro da lavoura, organizar partido, congregar energias", declamava um deles.

– "Impossível", interveio outro; "nós descendemos na maioria de negociantes de animais. Se nos reunimos, logo um procura jeito de embaçar o outro. À toa, sem fito de lucro muitas vezes, só para poder depois piscar o olho e considerar-se o mais esperto".

Há bastante psicologia nessa charge. O vício do barganhismo aciganado estragou a nossa gente. E tanto, que ainda hoje, quando se negocia uma fazenda, as partes interessadas não se referem à transação em termos honestamente lisos. É sempre de jeito a permitir a clássica piscadela d'olho.

– "Impingi a minha fazenda a Fulano", diz o vendedor.

E o comprador vai nas mesmas águas:

– "Passei a perna em Sicrano: ele não sabe o que me vendeu".

Ambos, entretanto, estão convencidos de que nenhum foi logrado: o negócio se fez pelo valor real.

Ora, com este vício no sangue, como hão de associar-se os lavradores, se a base da associação é a confiança recíproca? Isso faz morrer em germe todas as tentativas de agremiação, e impede, ainda num momento grave como este, que parta da lavoura o grande movimento coesivo que lhe daria uma força gigantesca. E no entanto todos sabem de que prodígios é capaz a união.

Sabem, mas inconscientemente sacrificam tudo pelo prazerzinho atávico de piscar o olho...

III

Os estragos da geada não ficarão apenas – apenas! – no que hoje se vê. Irão além. O fogo não tardará a completar a obra do gelo. Já começaram as queimas, detidas, felizmente, pelas últimas chuvinhas. Inda assim enormes extensões de matas, capoeiras e campos já estão reduzidos a cinzas. Logo que agosto, o mês clássico do fogo, entre com as suas longas estiagens, São Paulo assistirá ao maior incêndio que jamais assolou as suas terras.

Com a frouxidão das nossas posturas municipais relativas ao caso, com os nossos costumes, com a escassez da população rural, não há aceiro, nem ação prática protetora da vestimenta do solo.

É incalculável a soma de males que faz ao nosso país o regime do fogo anual. Os sertões do Centro são já um deserto, árido e nu, carrasquento e inútil, por obra da queima sistemática.

Inúmeras outras regiões caminham para esse mesmo fim. Aqui em São Paulo, nos campos marginais da Sorocabana, observa-se a fatura do deserto artificial. Há até o caso típico da palmeirinha indaiá, que num prodígio de adaptação meteu terra adentro o caule, de modo que as palmas brotam à flor do solo. Só assim consegue subsistir, conformada ao regime periódico do fogo.

Os males da queimada, os prejuízos que ela acarreta ao solo, ninguém os poderá calcular. São infinitos. Todos os sais extraídos da terra pelas plantas durante um período vegetativo se veem de um momento para outro em estado de cinzas, depositados à superfície, de onde as águas os arrastam para os córregos, para os rios, para o mar, anemiando assim o solo. Ninguém dá ao fenômeno o devido valor, porque tais prejuízos não se fazem sentir no momento e em moeda. Mas representam ônus tremendos, e dificuldades sem conta, que amontoamos para o futuro.

Quem ateia o fogo? Ninguém. Ninguém e todo mundo. Os malvados de alma neroniana, amigos do belo espetáculo anual. Os descuidados. O acaso. As estradas de ferro. E até – diz o caboclo manhoso, inventando álibis para isentar-se de uma culpa velha – o sol. "Fogo de agosto gera por si." Mas a grande incendiária, não resta dúvida, é a locomotiva das nossas estradas de ferro que usam lenha. Basta uma delas, a Sorocabana, por exemplo, para atear fogo no mundo. Esta estrada, hoje inglesada em "Railway", parece até que, para divertir os seus passageiros, ou aliviá-los da infinita lombeira causada pela velocidade de 20 SP (entenda-se *Snail Powder*) que imprime aos seus trens maravilhosamente bem organizados em matéria de atraso, transforma a chaminé das locomotivas em pistolões pirotécnicos. É de ver, por entre rolos de fumo, o lindo efeito daqueles borbotões de faíscas que o vento espalha em todo o percurso pelos campos marginais.

Por estas e outras razões a opinião sensata pende a crer no incêndio geral em agosto. E assim, aos prejuízos já verificados da geada, teríamos de acrescentar ainda os iminentes, em ser, mas inevitáveis, do fogo. Só em setembro, pois, com a entrada das chuvas, é que se tornará possível um cálculo completo do desfalque determinado pela grande geada na economia de São Paulo.

Quanto aos estragos só da geada, não há ainda base segura para um cálculo sério. Entretanto, medido a olhômetro, único instrumento de emprego possível no momento, não haverá exagero em computar em quatrocentos milhões o número de cafeeiros perdidos. Ao preço de mil-réis o pé, só aqui temos uma destruição de capital equivalente a 400 mil contos. Porque – insistimos – brotados após uma poda geral, ou replantados de novo, em qualquer das hipóteses o fato significará uma "reconstituição" exigidora de novos capitais, muito trabalho e muito tempo.

Em seguida aos do café vêm os prejuízos da cana. Esta cultura, generalizada como está no Estado inteiro, em grande escala nos centros açucareiros, em pequena escala por todos os recantos onde se produzem rapadura e pinga para o consumo local, avulta fortemente no ativo da riqueza paulista. E como o açúcar, a rapadura e o álcool são gêneros de primeira necessidade, a nossa população haverá que importá-los, caríssimos, desfalcando assim as suas reservas monetárias. Depois da cana virá, talvez, a mamona, cultura nova que assumiu em consequência da guerra uma amplitude imprevista.

Quase completa como foi a queima dos mamonais, um milhão de sacas, pelo menos, da colheita em perspectiva, deixará de entrar em movimento.

Há ainda a mandioca, atrasada de um ano; há as frutas. Destas, a banana exerce uma importante função alimentar. Cultivada em toda parte, em todos os quintais, em todas as sitiocas, entra na alimentação popular numa quota que só agora será devidamente avaliada. A sua ausência forçará o consumidor à substituição – e milhões de criaturas vão pagar a preços da hora da morte as tantas calorias que a preciosa fruta lhes proporcionava de graça.

Também as mangas, o abacaxi, o mamão e mais miuçalha, representam, pela abundância, um valor econômico muito mais alto do que parece, e sua falta determinará a necessidade de carregar a mão nos sucedâneos. Inúmeras outras coisas, de pequeno valor econômico nas unidades, mas avultado no total, entram ainda em jogo. Tudo somado alçará a meio milhão de contos os prejuízos da inexorável onda de frio com que nos mimoseou o Polo.

Quer isto dizer que São Paulo vai, durante um lustro pelo menos, trabalhar com redobrado esforço a fim de restaurar-se na situação em que se achava no dia do flagelante meteoro.

E para isso ainda é mister recorrer a uma cultura intermediária – transitória – de espera. Uma cultura que se faça no próprio terreno ocupado pelo café; que lhe não prejudique a brotação; que se dê bem nas terras e no clima cafeeiro; que tenha nos mercados uma cotação; que seja mercadoria exportável; que não desequilibre o funcionamento normal das fazendas; uma cultura providencial, em suma, espécie de dom do céu para consolo e arranjo das vítimas que esse mesmo céu, em momento de inclemência, arruinou. Essa cultura – o estado de São Paulo inteiro, numa estupenda unanimidade de vistas já a elegeu – é o algodão.

Mais estradas...

> *Depois de sua volta dos Estados Unidos M. L. manteve-se em silêncio. Só o rompeu quando, após a revolução paulista, o interventor Valdomiro Lima lançou um planejamento de construção de quinze mil quilômetros de estradas de rodagem. Na onda de condenação do projeto pelos paulistas ressentidos, a nota discordante foi este artigo de M. L., o qual punha as estradas acima até do amargor da derrota.*

São Paulo fala novamente em estradas. O governo traçou um plano de quinze mil quilômetros, ao custo de 500 mil contos, distribuídos por uma série de anos. A "opinião pública" imediatamente se assanhou e os catões de sobrecasaca murmuraram que era muito, que o momento não comportava obra de tal vulto, que não estávamos em condições etc. Consequência: o governo fez como o caramujo – encolheu-se, e parece que São Paulo vai continuar como até aqui – ridiculamente descalço, isto é, sem rodovias pavimentadas.

Porque São Paulo, apesar de supor que tem estradas, não tem estradas; ou as tem em tão miserável mínimo que é como se as não tivesse. Vejamos isso.

Diz a estatística oficial que há em São Paulo três mil quilômetros de estradas estaduais; vinte e cinco mil de municipais, e mil e tantos de particulares.

Seria alguma coisa tal quilometragem, se merecesse o nome de estrada a infâmia de poeira, buracos, pontilhões furados e lameiros que esses vinte e cinco mil quilômetros de vias municipais na realidade representam. Se chove uns dias, o tráfego intermunicipal para. Só a nado pode alguém passar duma cidade a outra – e natação em lama. Os Fords viram anfíbios, viram jacarés e operam os maiores prodígios de malabarismo nas derrapagens e atolamentos mais inconcebíveis. Apesar disso a serpente de lama de vinte e cinco mil quilômetros continua a receber o nome de estrada!...

Se não chove, a serpente de lama transforma-se em serpente de pó infernal. Os Fords – sempre eles! – trafegam dentro dum rolo móvel de horrendo pó vermelho. O audacioso viajante, ao chegar em casa, sacode-se e "dá aterro". E a coisa continua a receber o nome de *estrada*...

Além dessas *estradas* municipais, existem três mil quilômetros de vias apedregulhadas que devemos ao "presidente estradeiro". Quando Washington Luís, mostrando-se com mais visão do que todos os governos anteriores, iniciou a abertura dessas estradas, foi um brado de alarma! A "opinião pública" protestou – que ele estava pondo fora o dinheiro do povo, que era aquilo um crime contra a economia paulista, que a ocasião não era oportuna etc. Os mesmos argumentos que agora se erguem contra o projeto Valdomiro Lima. E Washington Luís foi depreciativamente cognominado "estradeiro". Hoje isso constitui o seu maior título de glória.

São essas estradas do "estradeiro" as únicas que merecem o nome de estradas. E que o merecem em parte, porque estão ainda muito longe de ser o que precisam ser. O simples fato de estarem na categoria das estradas de pedregulho mostra que são de terceira classe. Há acima delas as de macadame, as de asfalto e as de concreto.

Deste último tipo, que constitui a primeira classe, só nos consta que haja o trecho que vai de São Paulo a Santo Amaro – uma miséria.

Quer dizer que São Paulo, o orgulhoso São Paulo que até guerras já faz, continua tão rudimentar em matéria de estradas como os mais capengas países do mundo – China, Paraguai...

Tomemos, para comparar, três estados americanos de população equivalente à de São Paulo – Illinois, Ohio e Texas, dos quais temos uma estatística de 1926 – já bem atrasada. Apesar disso seus números nos envergonham: de estradas de 4ª classe tinham esses estados, respectivamente, 7.942, 2.254 e 15.150 quilômetros.

De estradas de 3ª classe (correspondentes às nossas famosas rodovias washingtonianas) tinham: o Ohio, 5 mil, e o Texas, 9.555 quilômetros. O Illinois, nenhuma – nem sequer as usa.

Estradas de 2ª classe, ou de macadame: Illinois, 7.200; Ohio, 2.800, e Texas, 3.400 quilômetros.

Estradas de 1ª classe, de asfalto ou concreto: Illinois, 7.300; Ohio, 5.200, e Texas, 1.180 quilômetros.

Essas estradas acarretavam em 1926 uma despesa de 66.200.000 dólares para o Illinois; de 45.500.000 dólares para o Ohio, e de 44 milhões de dólares para o Texas.

As taxas sobre automóveis arrecadadas em 1927 produziram para o Illinois, 14.797.000 dólares; para o Ohio, 10.379.000; e para o Texas, 15.028.000.

Os números relativos à construção e conservação das estradas desses três estados em 1926 correspondem em nossa moeda (13 mil-réis o dólar) a 860 mil contos para o Illinois, 590 mil contos para o Ohio e 572 mil contos para o Texas.

Isso num ano. Aqui toda gente arrepia os cabelos com um minguadíssimo dispêndio de menos que isso repartido numa longa série de anos! O defeito do projeto Valdomiro Lima está apenas em ser pequeno demais para São Paulo, isso sim. Por estreito, por mesquinho, por muito pequeno para São Paulo, sim, devia ser criticado. Os recursos de São Paulo, já desenvolvidos ou latentes, estão a exigir, a clamar em altos brados pela extensão desse projeto.

Porque é supremamente ridículo o que sucede entre nós. Quem viaja pelo interior entusiasma-se com o que vê produzido pela iniciativa particular. Fez ela por toda parte o máximo que lhe estava nas forças; mas esse trabalho formidável de criação se vê peado, paralisado, sabotado, anquilosado pela inépcia ou miopia duma série de governos que jamais estiveram na altura do povo paulista. Este faz sempre o máximo; seus governos dão-lhe sempre o mínimo. É soberanamente grotesco esse mínimo de estradas que até hoje os governos de São Paulo deram ao heroico povo paulista – heroico no trabalho.

O mal vem dos governos serem compostos de homens que vivem muito a cômodo na capital. Desconhecem as necessidades do interior. Não amassam a lama das estradas municipais. Não se empoam de vermelho dos pés à cabeça. Não veem os seus carros derraparem horrorosamente nos dias de chuva. Não sabem o que vai de atolamentos por aí afora.

Nós precisávamos botar tropeiros, carreiros e *chauffeurs* no governo. Então, sim, teríamos lá em cima gente na altura de compreender o que a estrada de rodagem significa e precisa ser.

Mas o dinheiro?

Ora, o dinheiro! Já faltou alguma vez dinheiro para uma patota? Para ser gasto em coisas improdutivas acaso faltou? Se o povo pacientemente o dá para a infinidade de coisas inúteis em que o gastamos, com que prazer não o daria para um serviço que vem tão enormemente beneficiá-lo de modo direto e indireto!

O triste deste incidente das estradas de rodagem de São Paulo é a verificação de que elas têm ainda de ser "pregadas", apesar de toda a vida da humanidade, sobretudo depois da conquista romana, não fazer outra coisa senão provar e reprovar, demonstrar e redemonstrar até ao infinito da exaustão, que o transporte é tudo, absolutamente tudo num país; e que, portanto, não há vida, nem civilização, nem riqueza, nem nada, sem caminhos facilmente trafegáveis, por onde as gentes e as mercadorias escoem.

Dias atrás o diretor do serviço de estradas de rodagem de São Paulo fez uma longa conferência sobre o assunto. Dá tristeza isso. O fato de aparecer um conferencista procurando demonstrar a necessidade de estradas quer dizer que estamos ainda em fase de catequese...

Se num país realmente civilizado aparecesse alguém a demonstrar em público a necessidade de estradas, seria recolhido ao hospício mais próximo, ou a um museu, como curiosidade teratológica. Aqui, não. Aqui ainda é preciso demonstrar (e a quem? a paulistas!) que a estrada é isto e aquilo, e que sem estradas não é possível transporte, e que sem transporte não é possível riqueza nem coisa nenhuma...

Também cremos que é aqui o único país no mundo em que se faz necessário demonstrar com argumentos de Anchieta para os índios que é necessário ter petróleo e ferro, porque sem a máquina que sai do ferro e sem a energia que move a máquina não existe civilização, nem riqueza possível.

No entanto constitui axioma indiscutido no mundo inteiro – ou nas partes do mundo onde o homem raciocina com a cabeça e não com o rabo – que o problema supremo da humanidade é o TRANSPORTE; que tudo, tudo, tudo na vida se resume a uma questão de transporte. E que para o transporte são indispensáveis três elementos: ferro, para a construção do veículo que recebe a carga; energia (carvão ou petróleo), para mover esse veículo; e uma superfície plana, lisa, rígida, convenientemente pavimentada, sobre a qual o veículo possa deslizar. Matéria-prima do progresso, portanto: ferro, carvão ou petróleo e estradas – conjugados.

Esta noção rudimentaríssima, que até os negros d'África já assimilaram, ainda não entrou na cabeça da nossa gente. Ainda necessita ser pregada nos jornais, na tribuna e nas palestras de esquina. E o argutíssimo *Homo brasiliensis* ainda pisca o olho finório, dizendo: "Marosca. Neste pau tem mé!" e outras observações chimpanzeicas.

E ainda a opinião pública se levanta, formalizada, como se houvesse ingerido todo um conselheiro Acácio, com sobrecasaca e tudo, para murmurar: "O momento não é oportuno para pensarmos em obra de tal fôlego. Prudência, amigos, prudência..."

E o pobre país continua sem transporte, a cair em buracos, a derrapar, a atolar-se, sem estradas decentes, sem ferro, sem carvão, sem petróleo, pobre, encalacrado, perebento, analfabeto, eusebíssimo...[1]

---

[1] *Monteiro Lobato estava em luta contra o Departamento Mineral, cujo diretor era Eusébio de Oliveira... Nota da edição de 1946.*

Jesting Pilate

Sob este curioso título, que é tirado de uma frase de Bacon e significa a ironia indiferente de Pilatos quando perguntou a Cristo o que era a verdade, um escritor inglês, já de nome no mundo das letras com um romance, publicou um livro de viagens que está fazendo carreira. Aldous Huxley é um filósofo de grande penetração; em vez, porém, de escrever um tratado de sistemática, meteu-se a viajar em redor do mundo e vai produzindo filosofia à medida que a paisagem humana a sugere.

Foi sobretudo na Índia que Huxley filosofou, porque não há ambiente mais próprio para ideias gerais do que aquele inconcebível viveiro humano. Não pretendo falar desse livro, que já anda transplantado em todas as línguas e bem merece passar também para a nossa. Apenas quero citar as observações que lhe ocorreram em Benares e me parecem de invulgar penetração.

Huxley chegou a Benares num dia de eclipse do sol e pôde observar como o animal humano da Índia reage diante desse velho fenômeno da interposição de um astro entre dois outros.

Foi um espetáculo extraordinário. Pelo menos um milhão de hindus se reuniram no *ghaut* dessa cidade – isto é, na escadaria imensa, para fins de banho, que vai ter ao Ganges. Todos os arredores de Benares estavam agitados. As estradas, cheias de peregrinos em silenciosa procissão rumo ao rio sagrado. Nas cabeças vinham trouxas e utensílios caseiros, e provisões, e as roupas novas que os hindus piedosos entrajam depois do banho ritual. Os velhos apoiavam-se em bastões. As mulheres traziam os filhotes enganchados nas ancas. Uma procissão de cansaço e fatalismo.

O eclipse gerou a crença de que uma grande serpente ia devorar o sol. E para salvar o sol dava-se aquela gigantesca mobilização de indianos rumo ao rio sagrado.

O *ghaut* grande de Benares (porque existem outros menores) compõe-se de uma série de degraus de duzentos metros cada um. De bordo de uma lancha Huxley viu a imensa escadaria literalmente cheia de gente às camadas; uma verdadeira escada de cabeças.

Toda aquela inumerável multidão tinha os olhos no céu. A serpente já começava a cravar a dentuça no astro-rei. Chegara o momento de interferir – de salvar o sol, e então todos os que se achavam no primeiro degrau, o que é banhado pela suja água do rio, nela se atiram. E foi um lavar-se, um esfregar-se, um gargarizar, um escarrar, um murmurar orações que não tinha fim. Numerosos agentes policiais apressavam os banhistas, para que novas levas humanas viessem cumprir o velhíssimo ritual. Dada a massa imensa de um milhão de seres ali reunidos, o banho, mesmo apressado pela polícia, iria durar o dia inteiro.

O tempo corria e a serpente continuava a roer o sol. Isso impunha muita unção no desfiar dos rosários, no murmurar palavras de rezas, no gargarejar o mais convictamente possível e no esfregar-se com vontade – e depressa, como gritavam os guardas da lei.

Depois de contemplar durante duas horas aquele espetáculo, Huxley sentiu-se refarto e desembarcou. As ruelas estreitas que ligam o *ghaut* à cidade estavam formigantes de mendigos, que nesse abençoado país são criaturas sagradas (como o foram durante certo tempo em São Paulo). Acocoram-se ao sol, diante das escudelas onde os passantes caridosos jogam alguns grãos de arroz. No fim do dia a escudela está com a quantidade de arroz necessária para que o mundo não se prive da vida de um pitoresco mendigo.

Huxley ia rompendo caminho pelas ruelas cheias de peregrinos de rumo ao *ghaut* quando em dado momento viu sair de sob uma abóbada um touro. Um touro sagrado, porque na Índia não são somente os pobres que gozam desse privilégio. O mendigo mais próximo cochilava de cabeça sobre os joelhos porque os "que comem pouco dormem muito", para poupança das energias. O touro viu a escudela já pelo meio de arroz e aproximou-se muito naturalmente. Sacou fora a língua e em duas lambidas trasfegou aquele cereal para outro depósito. O mendigo prosseguiu na sua soneca, sem perceber que a renda de todo um dia de pedinchamento escapara de suas mãos. O touro correu os olhos indiferentes sobre a massa humana e voltou a abrigar-se sob a sua abóbada.

Até aqui um quadro da pitoresca paisagem humana, que é na Índia mais interessante que em qualquer outra parte do mundo. Agora a reação que o fato provocou em Huxley, e o modo singularmente lógico e penetrante como filosofou.

Diz ele que, sendo estúpidos e desprovidos de imaginação, os animais se conduzem muito mais sabiamente que os homens. Levados pelo instinto fazem em dado momento o que é necessário fazer. Comem quando sentem fome, procuram a água quando sentem sede, fazem amor na estação propícia, repousam ou movem-se quando têm tempo para isso.

Já os homens, como possuem inteligência e imaginação, olham para trás e para a frente; para o ontem e para o amanhã; observam os fenômenos e inventam para eles engenhosas explicações; depois concebem jeitos complicados e indiretos de atingir fins remotos. A inteligência que os tornou senhores do mundo força-os a agir como perfeitos cretinos.

Nenhum animal, por exemplo, admite que o eclipse seja obra de uma serpente a devorar o sol, isso porque não possui inteligência nem imaginação. Essa teoria só pode ocorrer a um ser dotado de inteligência. E só um animal inteligente como o homem pode conceber que uma série de micagens ou gestos rituais – gestos e sons – tenha força para influir nos fenômenos da natureza. Enquanto o animal, fiel ao seu instinto, deixa que o eclipse transcorra naturalmente, em nada alterando o seu viver normal, o homem, o ser inteligente, larga de tudo, empreende uma peregrinação penosa e consome as suas energias em fazer coisas absolutamente idiotas.

Com o tempo, é verdade, o homem vai aprendendo que fórmulas mágicas, gestos rituais, sons chamados rezas etc. de nenhum modo lhe dão o que ele quer ou pede. Mas até que a experiência lhe ensine isso (e o homem leva séculos para aprender uma coisinha mínima) conduz-se de um modo infinitamente mais estúpido que o animal irracional.

"Foi o que pensei ao ver o touro sagrado lamber dum golpe o arroz do mendigo adormecido", diz Huxley. Enquanto milhares e milhares de homens, isto é, seres racionais e inteligentes, empreendiam uma peregrinação longa, por caminhos poeirentos, padecendo toda sorte de incômodos, com o fim de praticar num certo trecho de certo rio de água imundíssima uma série de gestos tendentes a beneficiar uma estrela distante de nós noventa milhões de quilômetros, o touro tratava de seu estômago e apanhava o alimento onde o via mais fácil. Não é claro que o cérebro vazio do touro o fez agir com muito mais "inteligência" que os seus senhores?

Para salvar o sol, aquele milhão de hindus se reuniu na margem do Ganges, observa Huxley, mas para salvar a Índia quantos deixariam suas casas? Uma soma imensa de energia que, canalizada numa orientação prática de boi sagrado, poderia libertar e transformar o país, é despendida na prática de superstições imbecilíssimas.

E o filósofo inglês, que é um produto requintado dos séculos e séculos de experiência inglesa, conclui com a lógica habitual: "A religião é um luxo que no seu estado presente a Índia não pode cultivar. A Índia nunca será livre enquanto seus filhos não tiverem pela religião o mesmo entusiasmo frio e cético que nós temos pela Igreja anglicana. Se eu fosse um milionário hindustânico, legaria minha fortuna para a instituição da propaganda ateísta".

Essas dúvidas que sobre a inteligência do homem o viajante inglês teve na Índia são as mesmas que todos os cérebros bovinamente racionantes têm em qualquer campo da atividade humana. A ação da inteligência no Estado, por exemplo. Não há boi que faça o que os grandes estadistas fazem, visando o bem da humanidade e só conseguindo a nossa desgraça.

O último artigo de Francisco Nitti mostra bem claro os desastres para os quais a inteligência dos estadistas vai arrastando o mundo. O homem, porém, continua a crer no Estado; continua a apelar para o Estado; continua a delegar para o Estado a função de providência. Serão precisos séculos e séculos de misérias para que compreendamos que isso a que chamamos Estado não passa de um cancro que deu na humanidade, um cancro talvez inexplicável e com o qual temos de viver em simbiose. Nada de bom pode vir de um cancro para o organismo que ele parasita – e o homem – tão longe ainda de raciocinar como o boi sagrado de Huxley – continua a esperar do seu monstruoso cancro toda sorte de salvações...

Quem é esse Kipling?

Nós no Brasil sempre vivemos de tal maneira no mundo da lua que só agora a nossa gente está a conhecer Rudyard Kipling, um dos três ou quatro escritores realmente grandes da atualidade. E a conhecê-lo por uma pontinha, porque o único livro de Kipling aqui traduzido e publicado – *Mowgli, o menino lobo* – constitui metade da matéria de uma das suas obras – *The Jungle Book, O livro da floresta*. E, no entanto, já está ele velho em anos vividos, e mais velho ainda dentro da sua notoriedade universal de glória indisputada.

Há bem pouco tempo só quem conhecia alguma outra língua podia entre nós pôr-se em contato com a universalidade – e para isso veio a fúria de absorver francês na classe que chamamos alta, ou que se chama a si própria alta. Essa gente escapou de um mal: muramento em vida dentro de uma língua paupérrima em literatura e para a qual, de tudo quanto a humanidade produziu, desde Lucrécio até Henry Mencken, só foram vertidos uns trabucos lacrimogêneos de Escrich e aquela galopada sem-fim, para ganhar dinheiro, de Dumas. Escapou de um muramento para cair noutro: murou-se no francês. O fascínio da França foi tão forte nessas almas simples que não conseguiram ir além. Pararam em Paris e, a fim de justificar a parada, encamparam a sério, botocudamente, a altíssima ideia que o francês faz de si próprio, do seu *esprit*, da sua comida, das suas francesinhas de bem fazer a quem lhas paga, da sua civilização *faisandée*, da sua *grivoiserie* eterna etc. etc. E tivemos por cá essa geração, ou essas compridas gerações de basbaques mais realistas do que o rei – mais franceses que o francês, negadores do resto do mundo por puro amor à França.

O mundo continuou seu caminho, malgrado a nossa negação – e se em represália não fomos também negados é que o mundo desconhece a nossa existência. Surgiram enormes vultos nas várias literaturas que pelo mundo vicejam – como esse Kipling na Inglaterra, como Eugene O'Neill e Mencken na América, como Joseph Conrad... no mar, como toda uma plêiade na Rússia – e nós a deles só termos notícias unicamente através das diluídas traduções francesas, sempre muito orgulhosos do nosso *bras dessus bras dessous* com a gente gálica! Engalicamo-nos assim até à medula. Mantivemo-nos com o máximo heroísmo na atitude do cachorrinho que, orgulhosamente, sacudindo a cauda, segue um viandante, certo de que é esse quem move o mundo.

A Editora Nacional rompeu com o mito. Começou a dar livros de autores outros que não os franceses, e nessa literatura o povo, com certo espanto, começou a ver que o mundo não é apenas bordel ou alcova, com uma eterna historinha de *lui, elle et l'autre*. Que há descampados e florestas imensas, montanhas, planuras de neve, tigres e panteras e elefantes. Que há perspectivas, em suma, e ar livre. E que há almas pânicas (de Pan, o deus das pastagens, das florestas, dos pastores, de todos que lutam ao ar livre).

Pânico. Detenhamo-nos um momento nesta palavra, hoje com algum uso por aqui. O suavíssimo Cândido de Figueiredo, pobre homem que nos envenena as origens, insinuando-lhes definições idiotas através de seu dicionário, diz que pânico é "o que assusta sem motivo: terror infundado".

Mentira, asneira. Asneira, como tudo quanto esse dicionário diz. Primacialmente, pânico significa, como define Webster, emoção contagiosa como a que era suposta produzir-se à aproximação do deus Pan.

Em face do desconhecido, do inexplicável da natureza, das ameaças ocultas no sombrio da floresta, do escachoo das grandes quedas-d'água, do rugir das feras, o homem sente essa emoção contagiosa chamada pânico. É Pan que se aproxima, é alguma montaria de Pan, é um elemento, uma força qualquer das com que Pan brinca – e a emoção pânica surge, sempre com a sua caraterística de contagiosa.

Diante dos mistérios da natureza, Kipling sente essa emoção pânica, fixa-a com os recursos artísticos do seu estilo e faz que ela contagie o leitor. Reside nisso o seu gênio.

O cenário de Kipling é quase sempre a Índia, como o de Jack London, outra alma pânica, é quase sempre a fria terra do Alasca. Seus personagens nunca são os personagens franceses – um macho que caça uma fêmea pertencente a um terceiro e num hotel exercita uma função fisiológica que o deixa desapontado e de crista caída. É o tigre crudelíssimo e covarde – Shere Khan; é a pantera negra de movimentos elásticos – Bagheera; é a tribo dos Bandar-logs, que nas ruínas de uma cidade morta, engolida pela *jangal*, brinca de cidade, como nós aqui, bandarloguissimamente, brincamos de país; é a serpente das rochas, Kaa, magnífica de velhice e arte; é Jacala o Mugger do Mugger-Ghaut, velho crocodilo comedor de *coolies*; é Purun Bhagat, o primeiro-ministro de um principado indiano que se fez santo e gastou meia vida num pincaro do Himalaia, meditando sobre o grande milagre da vida; é Quiquern, o cachorrinho do esquimó Kotuko; é Dick Heldar, gênio artístico vitimado pela inferioridade egoística de uma tal Maisie – a Mulher; é Kim, o menino que cavalgava canhões...

Kipling é a vida, a Natureza, o Ar Livre, a Fera, a Índia inteira, como Joseph Conrad é o Mar com todos os peixes e tempestades. Pan, em suas infinitas modalidades, o surpreende e assusta, e Kipling anota esses sustos e os põe em composição artística para que também os leitores o sintam e se assustem panicamente.

Cândido de Figueiredo diz candidamente que pânico é medo sem motivo. Eu queria metê-lo no caminho dos Dholes, os Cães Vermelhos do Dekkan em razia depredatória pelos domínios de Mowgli – para ver se os figos do figueiral desse homem não se arrebentavam todos e se ele não rasgaria imediatamente aquela página do seu dicionário. O medo causado por um avanço de Dholes é para ele medo sem motivo...

Cada conto de Kipling é uma obra-prima que vale toda a clorótica literatura francesa atual. Tomemos "The Undertakers", que poderíamos traduzir como "Os necrófagos". Três personagens só – Jacala o velho *mugger* (crocodilo da Índia), o Chacal e o Adjudantcrane. Este Adjudant é uma espécie de Grou, coisa parecida com o nosso Jaburu de bicanca tucanal, mas reta.

Encontram-se ao pé de uma ponte e conversam. O Chacal, miserabilíssimo e sempre faminto, lamuria e bajula o *mugger*, de cujos restos vive. Chama-lhe Protetor dos Pobres, Orgulho do Rio e outras coisas que os nossos chacais de dois pés costumam dizer dos *muggers* que viram governo.

Toda a psicologia do lambujeiro, do fraco, do covarde, do miserável, estampa-se nos gestos e palavras desse animalzinho no qual Kipling, talvez sem intenção, pinta o bajulador humano. Nas atitudes e palavras do Grou estampa-se a esperteza do "aproveitador". Dá ideia de um tabelião da roça que faz política e rói verbas da Câmara. Já o *mugger*, cônscio da sua força, reproduz exatamente a psique dos nossos grandes homens, isto é, dos homens que galgam posições, e pelo simples fato de se verem lá em cima, com a faca e o queijo na mão, julgam-se não só onipotentes como onisciente. "Eu penso assim. É assim. Eu, eu, eu..."

O Mugger do Mugger-Ghaut era, do focinho à cauda, todo eus – todo ele – e o Chacal batia no peito, concordando até com o que o crocodilo não dizia.

Nessa conversa dos três necrófagos, o *mugger* rememora ou, melhor, conta a história de um dos mais terríveis dramas da dominação britânica na Índia, o Indian Mutiny, no qual se ergueram para o massacre em massa dos ingleses todas as tropas de sipaios.

Como a conta? Conta como podia contá-la. Um crocodilo dos rios só pode ter conhecimento de uma guerra pelos cadáveres que boiam nas águas e ao sabor da corrente vão derivando rumo ao mar. Jacala teve notícia, pelo seu primo, o Gavial, comedor só de peixe, de que as águas do Gunga – o Ganges – "estavam muito ricas" – e rumou para lá. De fato, encontrou-as riquíssimas, tantos eram os cadáveres de ingleses que passavam boiantes. Jacala engordou como nunca em sua vida e muito apreciou o fato dos "caras-brancas" não usarem as pesadas joias que usam os nativos. Joias pesadas fazem mal até a estômagos de crocodilo. Fartou-se e refartou-se do sólido *beef* britânico.

Depois houve um arrefecimento na procissão de cadáveres. As águas começaram a empobrecer-se. Por pouco tempo, aliás. Novas ondadas de corpos recomeçaram a derivar – mas desta vez cadáveres de nativos. Era a revanche, era o inglês já a dominar o motim e a massacrar a carne indiana a tiros de canhão.

É preciso parar. Quem se mete a falar de Kipling esquece-se de que o mundo tem mais o que fazer e espicha-se como se estivesse a escrever livro. Kipling é a vida, é a Natureza – e a Natureza sempre foi muito comprida.

Forneçamos Kipling, e autores que tais, ao nosso pobre povo, até aqui envenenado pelos romancistas da alcova francesa e por dicionaristas como o tal do medo sem motivo. Demos-lhe escritores pânicos – porque só eles sabem a Vida e só suas obras contagiam os leitores com a mais alta das emoções – a Emoção Pânica.

Machado de Assis

Por ocasião do centenário de Machado de Assis, La Prensa *encomendou a Lobato um artigo a respeito. Lobato escreveu-o comovidamente.*

A 21 de junho do ano da graça de 1839, reinando no Brasil a jovem majestade de Dom Pedro II, nascia no Rio de Janeiro, de pais pobres, uma criança de sangue misturado. Três quilos de carne humílima, pigmentada, nevrótica – mas que misteriosamente evoluiriam presididos por musas e filósofos, na predestinação de dar ao mundo Alguém.

Les petites marionettes
Font, font, font,
Trois petits tours
Et puis s'en vont.

Emergem do oceano do "Unde", dão três voltinhas e submergem-se no oceano do "Inde". Emergem as marionetes aos milhões, e aos milhões se submergem. Folhas da árvore da vida. As folhas passam, leva-as o vento – só a árvore parece eterna. Marionetes, marionetes – brancas, pretas, amarelas, cor de cobre, de olhos azuis ou negros, de cabelos encaracolados ou lisos. Surgem carne sensível apenas, rãzinhas nuas e inermes, que choram e mamam, e exigem das mães prodígios de amor para lhes assegurar uma sobrevivência que qualquer filhote de inseto alcança sem o ajutório de ninguém. Crescem, *font trois petits tours et puis s'en vont* – desintegram-se na crise da morte, desaparecendo do plano físico.

Nem todas se somem, entretanto. Nalgumas de exceção, por influxo de causas misteriosas, uma coisa imponderável e inanalisável se desenvolve, a que chamamos inteligência criadora, esse algo que aumenta a natureza por meio de contribuições não previstas pela Mater Suprema: que a aumenta com as obras do pensamento artístico. Do pensamento. Todas as marionetes pensam. Sua função última é pensar, mas pouquíssimas – uma em milhares – pensam construtivamente e de modo a darem ao mundo flores novas.

Muitas dessas flores vieram da Grécia antiga – e nenhuma da moderna. Outras nasceram em Roma. No marasmo medieval o clarão das fogueiras iluminou uma orquídea preciosa – Erasmo. A liberdade moderna fez que desabrochassem muitas. Essas flores, filhas do pensamento, penetram na história simbolizadas pelas poucas letras de um nome. Dizemos Homero, dizemos Horácio, dizemos François Villon – iremos dizer Machado de Assis. Nomes. Nomes das orquídeas raras que floriram no caudal sem-fim das *marionettes qui font, font, font; trois petits tours et puis s'en vont.*

Ninguém as adivinha ao nascedouro. Todas nascem a mesma coisa – três quilos de carne que mama e chora. As que vingam sobreviver transformam-se em seres astuciosos ou tontos – os adultos – cheios de defeitos ou tortuosidades adaptativas, deformados pela terrível premência de serem forçados a viver na multidão sob o regime darwínico da luta, a parasitarem-se uns aos outros ou às ideologias que se vão formando – religiões, Estados, morais. E morrem de mil maneiras, de mil moléstias, apagando-se da memória coletiva da maneira mais absoluta.

Que ideia, que lembrança, temos hoje dos milhões de criaturas que deram suas três voltinhas durante o grande século de Péricles?

No dia acima citado, de junho de 1839, nasceu no Rio de Janeiro a humílima criança que ia dar ao pedaço de mundo chamado Brasil o maior nome da sua literatura, isto é, a mais bela orquídea de pensamento jamais desabrochada nesse setor das Américas.

Joaquim Maria Machado de Assis. Um "pardinho". Era com este nome que as orgulhosas marionetes de tez branca denominavam pejorativamente os filhotes das marionetes de pele pigmentada. A pele pigmentada estava em desfavor, por ser característica dos homens primitivos que os brancos caçavam nos *kraals* africanos, para metê-los no trabalho duríssimo da cana-de-açúcar ou do café. Negros. O negro misturado com o branco dava o pardo.

Joaquim Maria veio ao mundo misturado. E pobre, paupérrimo, humílimo. Um zero. O mais absoluto dos zeros. Perfeito nada social.

Mas recebera a marca divina. Iria subir sempre. Talvez que o Destino o fizesse nascer no degrau último justamente para que a sua ascensão fosse completa e ele pudesse ter a intuição perfeita de tudo. Quem nasce em degrau do meio só adquire experiência daí para cima – e jamais será um completo.

E o moleque Machadinho foi crescendo na rua, e foi subindo o morro social. E foi estudando como e onde podia, ao acaso dos encontros e dos livros, sem mestres, sem protetores, apenas guiado pelas forças internas. E vendeu balas em tabuleiros, e ajudou missas como coroinha, e fez-se tipógrafo – meio de ainda no trabalho manual ir aperfeiçoando a sua cultura nascente. Aproxima-se dos letrados, ouve-os com respeito, assimila o que pode, observa-os, classifica-os. Aprender, foi a sua primeira paixão, e vai aprendendo sobretudo a observar o jogo das *marionettes* entre si, na eterna luta miudinha da vida – a enganarem-se mutuamente, a pensar uma coisa e dizer outra, a fingir, a mentir em benefício próprio, a enfeitar os *trois petits tours* de todas as engenhosas truanices que a luta impõe.

Machado sobe sempre. Começa a escrever, isto é, a lançar no papel as suas ainda informes reações mentais. Mostra-se desde o começo extremamente cauteloso. Não inova. Não destrói. O senso da justa medida será sempre o eixo perfeitamente calibrado de sua existência e da sua estética.

Sobe. Firma o lado econômico da vida acarrapatando-se ao Estado. Compreende bem cedo que no Brasil só como funcionário público teria o sossego da ausência de cuidados materiais, propício à realização do seu sonho instintivo – perpetuar-se sob a forma de um nome. Mas admitiria ele, em seus devaneios de moço, que o seu nome iria no Brasil ser o maior de todos, o único inacessível à lima do tempo?

E no entanto o Destino marcara-o para isso. Machado de Assis é o grande nome do Brasil, tão grande que ficou em situação de absoluto destaque, acima até da meteórica rutilância de Rui Barbosa. Imenso gênio que este era, faltou-lhe o dom da criatividade artística para ascender ao degrau supremo da escada, lá onde Machado de Assis se assentou sozinho.

Talvez o mais luminoso espírito da crítica no Brasil, uma mulher, Lucia Miguel-Pereira, publicou sobre ele, há três anos, um livro. Trezentas e quarenta páginas espelhantes. A mais alta realização indígena em matéria de análise literária – uma lição da mulher aos homens. Não há estudo biográfico menos enriquecido de anedotas, menos policial, menos sensacionalista – nem mais empolgante.

Para abordar o perigoso tema, Lucia Miguel-Pereira deixa-se ficar no estado d'alma de Thoreau diante da placidez de Walden Pond. Situa-se diante da misteriosa lagoa humana que foi Machado de Assis e com extrema simplicidade conta as reações que a contemplação do plácido mistério lhe causa. E o leitor sai do livro com a sensação física do biografado.

Entre as obras de Machado de Assis cumpre acrescentar mais esta: a biografia que ele determinou.

Machado de Assis, na sua ascensão ao Perfeito, parte do quase enfadonho. O medo de inovar, de exceder-se, de dizer demais, tira qualquer interesse aos seus primeiros romances – mas o leitor enfadado sente que há ali uma inapreensível superioridade. Talvez a da língua, que começa a produzir efeitos novos. De uma plasticina pobre, como é a língua portuguesa, começam a brotar surpreendentes finuras – e ficamos sabendo que a riqueza de uma língua não vem da sua opulência vocabular. Pobre também é a argila, que dá toscas panelas nas mãos do oleiro ou dá o Perseu nas de Benvenuto Cellini. Por fim a grande revelação veio: não há língua pobre, não há argila pobre, para um grande artista. Há artistas pobres. Há artistas tão miseravelmente pobres que só sabem escrever jogando com toda a riqueza vocabular da língua. "Fizeste-la rica porque não pudeste fazê-la bela", disse Zêuxis ao discípulo que pintara uma Vênus excessivamente enfeitada.

Machado de Assis ensinou o Brasil a escrever com limpeza, tato, finura, limpidez. Criou o estilo lavado de todas as douradas pulgas do gongorismo, do exagero, da adjetivação tropical, do derramado, da enxúndia, da folharada intensa que esconde o tronco e o engalhamento da árvore.

Antes dele havia grandes mestres que começavam contos assim: "O pegureiro tangia o armento para o aprisco". Era o lindo, o extasiante, a beleza de espernear. Machado de Assis provou que isso é o idiotamente feio. Como o provou? Fazendo o contrário. Escrevendo. "O negro tocava o gado para o curral."

Machado de Assis expulsou do estilo todas as falsidades. Expulsou até o patriotismo e a grotesca brasilidade – essa intromissão da política de *terroir* na arte. Foi contemporâneo de casos de superidiotia, em que poetas de nome falavam em "céu brasileiramente azul". Para Machado de Assis um céu azul é simplesmente, e sempre, um céu azul – só.

Ensinou-nos a escrever tão bem, dando-nos uma série de obras tão perfeitas de equilíbrio e justa medida, que "abafou a banca", como diria um meu amigo analfabeto, impenitente jogador de roleta. E não só a abafou no Brasil, como ainda em Portugal. Nem o próprio Eça de Queirós, o talento mais rico em arte que Portugal produziu, chega à perfeição de Machado. Em Eça há "elegâncias", maneirismos, atitudes – deliciosas atitudes, mas que o impediram de planar nas regiões seieníssimas do estilo de Machado de Assis.

Os contos de Machado de Assis! Onde mais perfeitos de forma e mais requintados de ideia e mais largos de filosofia? Onde mais gerais, mais humanos dentro do local, do individual? Temos de correr à França para em Anatole France encontrarmos um seu irmão. Este, entretanto, desabrolhou no mais propício dos canteiros – animado por uma alta civilização, estimulado por todos os prêmios, rodeado de todos os requintes do conforto e da arte. Já o pobre Machado de Assis só teve como ambiente um sórdido Rio colonial, e prêmio nenhum afora a sua aprovação íntima, e parquíssima renda mensal para a subsistência; e como leitores, nada do mundo inteiro, que era o leitor de Anatole – mas apenas meia dúzia de amigos. O preço pelo qual vendeu ao editor Garnier a propriedade literária de toda a sua obra – 8 contos de réis, 500 mil-réis cada livro – mostra bem claro a extrema redução do seu círculo de leitores.

Mesmo assim, cercado por todas as limitações, foi de sua pena que saiu a primeira obra-prima da literatura brasileira, essas *Memórias póstumas de Brás Cubas*, livro que um dia o mundo lerá com surpresa. "Será possível que isto surgisse num país *in fieri*, lá pelos fundões das Américas", dirão todos.

E deu-nos depois *Dom Casmurro*, o romance perfeito; e *Esaú e Jacó* e *Quincas Borba* e finalmente *Memorial de Aires*, obra em que estiliza e romanceia o nada – o nada de uma velhice – da sua velhice de quase 70 anos.

Entremeio aos romances foi produzindo contos – e que contos! Que maravilhosos contos, diferentes de tudo quanto se fez no Brasil ou na América! Contos sem truques, sem *machine*, sem paisagem de enchimento, tudo só desenho do mais cuidado, como os de Ingres. Tipos e mais tipos, almas e mais almas – uma procissão imensa de figuras mais vivas do que os próprios modelos. E em que estilo, com que pureza de língua!

A literatura brasileira é pobre de altos valores. Muita gente na canoa, muito livro, muito papel impresso, muita vaidade e, modernamente, muito cabotinismo. Mas está redimida de todos esses defeitos pela apresentação de uma obra de solidez eterna, tão duradoura quanto a língua em que foi vazada.

"Missa do Galo", "Uns braços", "Conto alexandrino", "Capítulo dos chapéus", "Anedota pecuniária" – é difícil escolher entre os contos machadianos, porque são todos água da mesma fonte. Ah, se a língua portuguesa não fosse um idioma clandestino...

Antes de escrever estas linhas reli várias obras de Machado de Assis – e só por já me haver comprometido com *La Prensa* é que me animei a dizer sobre ele, tão pequenino, tão insignificante, tão miserável me senti. Envergonhei-me de juízos anteriores em que, por esnobismo ou bobagem, me atrevi a fazer restrições irônicas sobre tamanha obra. E se não desisti da incumbência foi por me proporcionar ensejo de penitenciação em público. Porque, francamente, acho grotesco que na atualidade brasileira alguém ouse falar de Machado de Assis conservando o chapéu na cabeça. Nossa atitude tem de ser a da mais absoluta e reverente humildade. Quem duvidar, releia o "Conto alexandrino" ou a "Missa do Galo".

Somos todos uns bobinhos diante de você, Machado...

A cautela desconfiada com que o Machado de Assis social viveu no meio carioca permitiu-lhe o máximo de felicidade possível no seu caso – um caso difícil, de extrema superioridade mental aliada a extrema sensibilidade de um orgulho sem licença de manifestar-se em vista do tom da pele e do cargo incolor que ocupava na administração. Quantos ministros orgulhosos e ocos não foram seus superiores legais e sociais – a ele que, por natureza, era o mais alto do Brasil? A vassoura do esquecimento já varreu para a lata do lixo o nome de todos esses magnatas, de todos esses seus "superiores"; mas o nome de Machado de Assis continua em ascensão.

Havia nele um curioso gregarismo. Sempre gostou de grêmios, sociedades literárias; chegou até a fundar uma academia de "imortais" da qual foi o presidente e se tornou o único imortal sem aspas. A explicação disso talvez fosse a sua ingênita necessidade de observar o "jogo das marionetes": agremiando-as em torno de qualquer tolice humana, tinha-as comodamente à mão para o estudo, como o anatomista tem em seu laboratório reservas de coelhos, cães e macacos em gaiolas, para uso experimental.

A filosofia de Machado foi mansamente triste. Estudou demais as cobaias, conheceu demais a alma humana. Filosofia sem revolta, calmamente resignada. A conclusão última aparece em Brás Cubas, o herói da vulgaridade satisfeita que termina as memórias póstumas com um balanço em sua vida terrena. Balanço com saldo. Que saldo? "Não tive filhos, não transmiti a nenhuma criatura o legado da nossa miséria."

Saldo equivalente apresentou a vida de Machado de Assis. Não teve filhos. Não legou a criatura alguma os seus pigmentos, a sua gagueira, a sua tara epiléptica, o seu desencantamento das marionetes – já que não poderia legar-lhe também o seu gênio. E não houve em sua vida ato de maior generosidade. Que coisa terrível para uma criatura qualquer, ainda que de mediana sensibilidade, conduzir pela vida afora a carga tremenda de ser filho de Machado de Assis!

– Sabe quem é aquele corvo triste que vai saindo daquela repartição?

– Aquele corcovado, moreno, careteante?

– Sim. Pois é o filho de Machado de Assis...

Estamos a ver o ar de apiedada compunção que se estamparia no rosto do informado.

A natureza só permite aos gênios uma filha: sua obra. Machado de Assis compreendeu-o como ninguém, e depois de dar ao mundo a mais bela das filhas afastou-se do tumulto sozinho, cabisbaixo, na tranquilidade dos que cumprem uma alta missão e não deixam atrás de si nenhuma sombra dolorosa.

Bibliografia selecionada sobre Monteiro Lobato

DE JECA A MACUNAÍMA: MONTEIRO LOBATO E O MODERNISMO, de Vasda Bonafini Landers. Editora Civilização Brasileira, 1988.

JUCA E JOYCE: MEMÓRIAS DA NETA DE MONTEIRO LOBATO, de Marcia Camargos. Editora Moderna, 2007.

MONTEIRO LOBATO: INTELECTUAL, EMPRESÁRIO, EDITOR, de Alice M. Koshiyama. Edusp, 2006.

MONTEIRO LOBATO: FURACÃO NA BOTOCÚNDIA, de Carmen Lucia de Azevedo, Marcia Camargos e Vladimir Sacchetta. Editora Senac São Paulo, 1997.

MONTEIRO LOBATO: VIDA E OBRA, de Edgard Cavalheiro. Companhia Editora Nacional, 1956.

MONTEIRO LOBATO: UM BRASILEIRO SOB MEDIDA, de Marisa Lajolo. Editora Moderna, 2000.

NA TRILHA DO JECA: MONTEIRO LOBATO E A FORMAÇÃO DO CAMPO LITERÁRIO NO BRASIL, de Enio Passiani. Editora da Universidade do Sagrado Coração/Associação Nacional de Pós-Graduação em Ciências Sociais, 2003.

NOVOS ESTUDOS SOBRE MONTEIRO LOBATO, de Cassiano Nunes. Editora Universidade de Brasília, 1998.

REVISTA DO BRASIL: UM DIAGNÓSTICO PARA A (N)AÇÃO, de Tania Regina de Luca. Editora da Unesp, 1999.

UM JECA NAS VERNISSAGES, de Tadeu Chiarelli. Edusp, 1995.

VOZES DO TEMPO DE LOBATO, de Paulo Dantas (org.). Traço Editora, 1982.

Sítio eletrônico na internet: www.lobato.com.br
(mantido pelos herdeiros do escritor)

■

*Este livro, composto nas fontes Electra LH, Rotis e Filosofia,
foi impresso em papel pólen soft 80 g/m^2 Imprensa da Fé.
São Paulo, Brasil, março de 2010.*